大学受験スーパーゼミ 徹底攻略・きっちりわかる

英文解釈の技術100

杉野 隆／桑原信淑 共著

音声オンライン提供版

桐原書店

はじめに

本書は，高校や予備校での長い英語指導の経験を踏まえて，私たちが自信を持って受験生である皆さんにお教えできる，英文解釈の技術 100 をわかりやすくまとめたものです。英文解釈の技術とは，一見して英単語の無秩序な集合と思える英文の中に，その主要素を発見し，骨格をつかむことです。

大学入試問題の英語長文には，文法参考書にある 5 文型の用例のようなわかりやすい構造の英文は見あたりません。文の主要素（SVOC）は，それぞれ複数の語からなる句や節の形をとっており，さらに接続詞によって文は複雑に入り組みながら幾重にもつながっています。また，それぞれの要素にはいくつもの修飾語句がぶら下がっています。その結果，先に言いましたように，入試英文は英単語の無秩序な集合のように見えるのです。このような入試英文をいかに攻略するのか。私たちが考えたのは皆さんの持っている文法力を，複雑な構造の英文を理解するのに生かすということでした。

本書では徹底して文の主要素，とりわけ主語(S)，述語動詞(V)を把握できる技術にこだわっています。なぜなら，SV が発見できれば文の大きな構造をつかんだことになるからです。SV を中心に，節を押さえて句を押さえて，それぞれの語群相互の関連を把握すること — これが本書における英文解釈の技術の基本です。その上に組み立てられるテクニックの数々については，本文をお読みください。また，本書では句を（　　）で，従属節を［　　］で囲み，文の構造を浮かび上がらせる方法をとっていますが，最終的にはそのような書き込みをせずに，眼で文を追いながら句・節を判別し，反射的に構造を把握できるようにしてください。

問題文はいずれも骨があるものを選んであります。それは，どんな複雑な文でも本書でお教えする技術を駆使すれば解けますよ，ということを実際に皆さんに体験していただきたかったからです。また，これから入試に直面される皆さんに自信と勇気を持ってほしかったからです。一度読んで理解できなくても一向にかまいません。その場合には全文訳を読んでからもう一度解説を読んでください。大切なのは本書の解説を理解し，解釈の技術を身に付けることなのです。本書を二度，三度読み返し，100 の技術をマスターしたとき，皆さんはおそるべき英語力を身に付けておられることでしょう。皆さんの成功を願ってやみません。

1994 年 7 月

著者

改訂に寄せて

本書『英文解釈の技術 100』の改訂版をもって,「英文解釈の技術シリーズ」三部作が完成しました。本書の旧版,及び『基礎英文解釈の技術 100』が,長年にわたり多くの皆さんに読み継がれてきたことは著者冥利につきますが,それだけに責任の重さを感じていたところ,この度,幸いにも旧版 2 冊を改訂し,さらに『入門英文解釈の技術 70』をシリーズに加えることができました。

本書『英文解釈の技術 100』の改訂では,『入門英文解釈の技術 70』『基礎英文解釈の技術 100 新装改訂版』と用語及び解説の手順をそろえ,シリーズとしての統一を図りました。さらに,文法を武器にして英文の構造をどのように分析するのか,そのプロセスをできるだけわかりやすく解説するという視点で見直し,読者の皆さんが自力で未知の英文を読みこなす能力を身に付けていただけるよう,補足をいたしました。

また,英文解釈は「文法の運用→文の構造把握→論理構成→和訳」という一連の知的活動で,英文の内容が高度になればなるほど,それに比例した高度な日本語の運用能力が要求されます。英文解釈の能力を高めるには,本書のような英語の学習と並行して,各種情報を得ながら日本語の能力を向上させることも必要です。

今回の改訂に当たり,改めて英文を読み直しましたが,収録してある英文はどれも良問ぞろいで,読めば読むほどに解釈力が向上すること請け合いです。さらに,今回付属となった CD を活用して,リスニング,ディクテーション,音読を納得がいくまで繰り返しましょう。満足感が得られたとき,皆さんの英語力は飛躍的に向上しているはずです。ご健闘を祈ります。

2009 年 1 月

著者

時代やニーズの変化を受け,これまでCDで提供してきた音声をオンラインで提供することになりました。より便利に音声を活用して学習していただけますことを願っています。

2024 年 4 月

桐原書店

もくじ

■否定構文の把握

■倒置構文の把握

■挿入構文の把握

■そのほかの重要表現

本書の構成と利用法

英文を解釈するためには，その英文の構造が複雑になればなるほど，構造を見抜く力が重要になります。本書では，難関大・最難関大レベルの入試英文に太刀打ちするために，どんなに複雑な構造の英文が出題されても必ず読める，100 のテクニックをわかりやすく解説しています。本書を活用することで，未知の英文をすばやく読み，和訳を組み立てるコツが身に付きます。

■本書の効果的な利用法

本冊

例題

- **単語の品詞**を推定しながら，文の構造を考えましょう。

▼

- 文型，**修飾関係**のほか，and/but/or などの**等位接続詞が結合する表現**を見つけましょう。

▼

- **句や従属節の役割**も考えましょう。

▼

- 自分で和訳してみましょう。

解説

- 解説を読み，**ポイントとなる文法の要点**を確認しましょう。

▼

- 文法の知識をどのように構造把握や解釈に運用するのかに注意して読みましょう。

例題・語句

品詞や自動詞・他動詞の区別，表現などを載せています。**文構造の理解に役立てましょう。**

倒置構文の把握

85 目的語が文尾に回った倒置を見抜け

made の目的語を指摘して，下線部を訳しなさい

By nature, Einstein was, according to all accounts, the gentlest of men, and by conviction he was a pacifist, yet he made intellectual discoveries that led the way to the invention of weapons with which the species could destroy itself. Inspired wholly by a love of knowledge for its own sake, and by an awe at the creation which bordered on the religious, he made possible **an instrument of destruction** with which the earth could be totally disfigured.

（大阪大）

解法 **倒置**の要因には，ある語（句）を強調することのほかに，やはり**語調**の問題があります。例えば，以下を見てください。

I made it known to everyone.　（SVOC）
S Vt O C

I made known the fact [that SVX].　（SVCO）

このように，**目的語（O）が長いときに，VCO の語順になりやすいのです。**下線部はもっと複雑ですが，基本的には同じ構造になっています。

さて，冒頭部。等位接続詞 **and** に結ばれて，By nature, Einstein was ...「生まれつきアインシュタインは…であった」と by conviction he was ...「信念についても彼は…であった」という 2 つの等位節が形づくられています。

yet《だが》 he《彼は》 made《をした》 intellectual《学術上の》 discoveries《発見》 [that《(それは)》 led the way《導いていく》
（接） S Vt （形） O（先） （関代）S Vt O

例題・語句 by nature 副 生来／ account 名 話，報告／ by conviction 副 信念の上では／ pacifist 名 平和主義者／ lead the way to N「N へと導く」／ the/our species 名 人類／ inspire Vt を与える／wholly 副 もっぱら／for its own sake 副 それ自身が目的で／awe 名 畏敬の念／ border Vi 近い／ the religious 名（〈the ＋形容詞〉）で「宗教的なもの」／ disfigure Vt（外観・美観）を損なう

への	作ること	を	武器	で	(それ)
(to	the invention)	(of	weapons)	[(with	which) ...]]
(前)	(名)		M(先)	(前)	(関代)

with which では，which が前置詞 with の目的語になっています。「アインシュタインは平和を愛したけれども，人類自らを破滅に追いやることにもなる武器を作りかねない発見をした」という意味です。

構文図解

図解を見て，自分の文構造の理解を**チェック**しましょう。

	鼓舞されて	すっかり		
(Being)	Inspired	wholly	and	{by a love of knowledge ..., / by an awe at the creation ...,}
	分詞構文(過分)	(副)		

彼は	を…にした	可能な	道具	のための	破壊
he	made	possible	**an instrument**	(**of**	**destruction**)
S	Vt	C	O(先)		M

を使えば	(それ)	地球が	ことにもなる	完全に	美しさを損なわれる
[(with	which)	the earth	could be	totally	disfigured].
(前)	(関代)	S	(仮過)	(副)	V(受)

possible an instrument of destruction が倒置

Inspired は **Being が省略された**受け身の分詞構文です。あっさり「触発されて」と訳しましょう。さてポイントは，he made an instrument of destruction possible の**目的語(O)**である下線部が，with which 以下の制限を受けて修飾されているため，**倒置**されて possible の後に回るという文型の変形がなされていることです。

全文訳

全文訳を見ながら，**自分の和訳を添削**しましょう。

《全文訳》 あらゆる話によると，アインシュタインは生来，この上なく心のやさしい人であったし，またその信念においては平和主義者であった。だが彼は，人類が使用すれば自らを破滅に追いやることになりかねない武器を，発明させる知的発見をした。知識のための知識愛とほぼ宗教的とも言える創造に対する畏敬の念とにもっぱら触発されて，使用すると，地球がその美しさをまったく失うことになりかねない破壊のための道具を可能にしてしまったのである。

演習問題

例題と同じ手順で取り組んでみましょう。

演習 85　次の英文の下線部を訳しなさい。 (解説・解答→別冊：p.39)

A dramatic presentation of the use of the hand in conversation was portrayed through the medium of the dance by a modern dance performance presented by students at New York University. The dance interpreted an adolescent speaking over the telephone. No word was spoken, but the wide variety of gestures made clear to everyone what the performer was saying.

(小樽商科大)

演習：語句

例題の語句と同様に利用しましょう。

演習：語句 through the medium of N「N を通して，を媒介として」／ adolescent 名 青年

苦手な人は，いきなり例題に取り組むのではなく，最初に解説を読んでから例題にチャレンジしてみましょう。和訳は英文の図解を見ながら書いてみると練習になります。とにかく読み通し，何度でも，できるまでねばり強く取り組んでみましょう。必ず努力は報われます。

復習トレーニング

- 文構造と意味が理解できたら，音声を聞いて，すらすら読めるまで音読しましょう。

▼

- 音声を再生し，英文を見ないで**音声についていく練習**をしましょう。

▼

- 音声を聞いて意味を考えたり，ディクテーションの練習もしてみましょう。最後は暗唱できるのが目標です。

音声は「復習トレーニング」(p.202) に対応しています。
音声は下のQRコードから聞くことができます。

音声 ▶

TR 2 音声のトラック番号を示しています。

復習トレーニング

p.2 ～ p.200 の英文 100 題を，解釈のポイントを示す太字なしで掲載しています。学んだことを思い出しながら，もう一度自分で和訳してみましょう。

また，音声は，各英文を 1 回ずつ読んでいます。意味を考えながら聞く，音読する，ディクテーションをするなど，活用してください。

音声 ▶

TR 2 　本文：p.2

❶ We all know from a study of history the progress of the working people from the stage of barbarism to that of slavery, serfdom and later individual freedom. In the early days of human history the wants of the masses were few and simple.

TR 3 　本文：p.4

❷ The radio telescope is a new, rather than a better tool for studying the sky. Many of the radio sources in space found with the radio telescope cannot be seen through the ordinary telescope. And in the same way, most of the stars seen by the ordinary telescope cannot be heard with the radio telescope.

TR 4 　本文：p.6

❸ *The Star* — one of America's oldest newspapers — was established in 1852. Until the late 1950's, it was the most popular newspaper in Washington. Even after it lost its leading position to the *Washington Post*, many observers considered it to be one of the best newspapers in America.

TR 5 　本文：p.8

別冊

演習問題の解説，解答集です。構文図解，要点を押さえた解説を収録しています。例題と同じ手順で利用しましょう。

26 演習 26 (問題→本冊：p.53)

Happiness and true freedom come only when we assume full responsibility for who and what we are. As long as we feel comfortable putting blame on others, we will never be required to think over and change our own behaviors.

【全文訳】幸福と真の自由は，私たちが自己の存在と人格に全責任を負って初めて得られる。私たちが他人に責任を負わせて気安くしているうちは，自己の行動をよく考えて，それを変える必要に迫られることは決してないだろう。

【解説】第1文でonlyはwhen部を修飾し，「～のときにのみ→～して初めて」の意味。共通関係は以下のとおり。

for { who (C①) / what (C②) } we (S) are (Vi)

whoも**what**も，**ともにareの補語**。また，第2文の**putting ...** は**分詞構文**(→48課)。behaviorsはthink overとchangeの目的語。

27 演習 27 (問題→本冊：p.55)

Although man has been growing mentally richer ever since he started to think, the computer allows and will continue to allow him to perform vast "mental" tasks in a relatively short time.

【全文訳】人間は思考を始めて以来，精神的により豊かになってきているけれども，コンピューターによって人間は比較的短時間に相当の「頭脳」作業ができているし，これからもできるだろう。

【解説】下線部の共通関係を見抜く。また，文脈からallow＝enable.

the computer { allows (Vt①) } him

英文解釈の勉強はこうする！

教科書などの解釈の勉強法では，「英文を見ると未知の単語に眼がいって，すぐに辞書を引く」「本文全体に眼を通さずに，授業に臨む」「わからない単語の訳を本文と無関係に辞書から書き抜いて，本文を読み出す」「テキストに日本語を書き込む」などはおすすめできない勉強の仕方です。どんな英文でも，まずは自力で解読して，辞書は予習のまとめの段階で引くように努力すると力がつきます。以下に効果的な予習・復習の手順を挙げておきますので，参考にしてください。

▶予習・復習の手順

❶ まず，新しい課を2回ぐらい**通読**し，**大体の内容を把握**。これで速読力がつきます。そのとき，名詞・動詞・否定語をマークする。

❷ 次に1頁くらいずつ，**音読**を2～3回する（音声教材を利用すると効果的）。

❸ **段落ごとの大意**を大雑把に頭の中でまとめる。

❹ **各文の構造**をSV... を中心に**品詞**を考えながら**分析**する。**句や節のまとまり**を判断したり，**修飾関係**も考える。**従属節を**[　　]に，**句**（前置詞句etc.）を（　　）でくくる。動詞を見たら**動詞の語形**（原形・現在形・過去形etc.)を判断する。**代名詞**，特にitの用法やtheyの示す**中身をはっきりさせる**。「それ／それら」と訳してすませないこと。

❺ and/but/orに着目し，頻繁に使われる「**共通関係**」「**共通構文**」を意識して，**語・句・節どうしの関係**を立体的にとらえる。

❻ 意味を考えるときは，**節や句を単位に語順にそった理解**を心がける。それによって，英語の表現形式に慣れるのが容易になる。

❼ **未知の単語や熟語**も，最初は自力で文の流れ（文脈）から判読する。

❽ 辞書を使って未知の部分を確認する。発音，品詞，訳語，できれば例文も。

❾ ノート（A4版が使い勝手が良い）左頁に英文（コピーを貼るのも良い）・文構造を書く。和訳は右頁に書いて授業中に添削する。自信のある人は手ごわい英文についてのみ実行すればよい。左頁下に単語・熟語・構文・例文・語法などを整理する。ノート右頁下半分ぐらいは授業用にあけておく。

❿ **復習として，全文暗記**を目指してひたすら音読。和訳を見て英語を書いてみる。

『英文解釈の技術 100 音声オンライン提供版』プラス

このコーナーでは，本シリーズの『入門英文解釈の技術 70』『基礎英文解釈の技術 100 音声オンライン提供版』で取り上げた170項目で，本書で解説していない事項についてまとめました。どれも基本として押さえておくべきもの，また，解釈する上で実践的に役立つものばかりですから，確認しておきましょう。

『入門英文解釈の技術 70』より

1 be 動詞の用法

be 動詞には動詞と助動詞の 2 つの使い方がある。

(1) 動詞としての be 動詞

- **be ＋修飾語(M)**((M は時・場所など)
  → be 動詞は「いる・ある・起こる・行われる」という意味を表す。
- **be ＋補語(C)**(C は名詞語句/節・形容詞語句)
  → be 動詞は「…である」という意味を表す。

(2) 助動詞としての be 動詞

- **〈be ＋現在分詞〉** →進行形
- **〈be ＋過去分詞〉** →受動態

2 名詞

名詞は**形容詞**・**副詞**に転用され，そして**同格語**にもなる。

3 従属節の目印

(1) 従属接続詞の **that** ・ **if** ・ **whether** で始まる節は**名詞節**か**副詞節**。

① **that 節** ・ **whether 節**は**主語(S)**になる。

② **if 節は S にならない**。文頭の if 節は通常は**副詞節**。

③ **省略される接続詞**は **that** のみ。

(2) 疑問詞節は名詞節。

(3) **関係詞**（関代・関副）**で始まる節**は，**名詞節**か**形容詞節**。

that 節 ・ **when 節** ・ **where 節**は，**名詞節**・**形容詞節**・**副詞節**になる。

4 副詞節中の省略

(1) 〈S ＋ be〉 は**省略**される場合がある。省略される S は主節の S とは限らない。

(2) if 節・(al)though 節では，**一般動詞も省略**される。

(3) as 節は「**とき・ので・ように**」が基本的意味。「とき」には「つれて」も含む。

(4) 様態の as 節「(…する)ように」では，以下の**省略**が行われる。

① 主節と共通する語句(SV，C，現在分詞・過去分詞)　② 〈S ＋ be〉

(5) as 節は **C** になる。

5 関係詞節を含む文

関係詞節を含む文は 2 つのタイプがある。

(1) 並列タイプ：主節の後に関係詞節が続く。

I have a friend **[who** is a doctor**]**.
S　Vt

(2) 割り込みタイプ：主節の中に関係詞節が割り込む。

The person **[who** came here yesterday**]** is waiting for you.
S　Vi

6 〈前置詞＋関代〉の修飾先

〈前置詞＋関代〉は節内の S・V・O・C のいずれかを修飾する。

This is the house [(in which) I live].

この文では，(in which)が副詞句として動詞 live を修飾している。

7 〈名詞＋ that SV〉タイプの英文の見極め

〈名詞＋ that SV〉の**タイプは 3 つ**ある。

(1) that は関代で S・O・C か前置詞の O。

I am not the person **[that** I was 10 years ago**]**.
(先)　(関代)C　S　Vi

(2) that は関副でS・O・Cにも前置詞のOにもならない。先行詞は限られた少数の名詞か副詞。

Tokyo is the place **[that** I live **].**
（先）（関副）S Vi

(3) that は**接続詞**で，S・O・Cにも前置詞のOにもならない。that 節は**同格節**。

I believe in the idea **[that** everyone is equal**].**
S Vt O → （接）

先行する名詞は関副の先行詞以外の名詞。先行の名詞と同格節は離れることがある。

The idea occurred to me that everyone is equal.
（名詞）（同格節）

8 〈名詞＋ SV〉

〈名詞＋ SV〉を見たら，that を入れて **that 節を設定**する。上記**5**のどちらのタイプかをチェックする。

9 〈It is ＋形容詞/過去分詞＋ that 節〉

以下の2つの条件がそろったときは形式主語構文と決める。

It is true [(that) he is kind.]

①It is の後が形容詞か過去分詞

②(that) SV が見えた

10 〈It is ＋名詞＋ that 節〉

〈It is ＋名詞＋ that 節〉には**4つのタイプ**がある。

(1) It が前出の表現を受けていない場合

① 形式主語構文　② 強調構文

(2) It が前出の表現を受けている場合

③ that 節は関係詞節　④ that 節は同格節

(3) 〈It is, that 〉の強調構文と〈not ～ but ...〉の組み合わせは4種類。

① It is not A but B that VX.　② It is not A that VX(,) but B.

③ It is B that VX, not A.　④ It is B, not A, that VX.

11 不定詞(to Ⓥ)の役割

toⓋには**名詞的・形容詞的・副詞的**の3つの用法がある。文中で不定詞の用法を判別するときは，**名詞的→形容詞的→副詞的の順でチェック**すると効率的。

(1) 名詞的 to Ⓥ は S・O・C になる。

(2) 名詞的でなければ**形容詞的**で，前の(代)名詞と意味上関係があることが多い。

(3) 形容詞的でなければ**副詞的**。修飾先は動詞・形容詞・副詞・文。

12 Ving の判別

文中で **Ving** を見たら，**名詞的→形容詞的→副詞的の順でチェック**し，用法を判別する。

(1) 名詞的 Ving は S・O・C か前置詞の O。**Ving を削除して文や意味が成立しなければ動名詞**。

(2) 動名詞でなければ**現在分詞**。形容詞的であれば以下の2つの役割を持つ。

① 名詞を前・後から修飾　　② 補語(C)

(3) 形容詞的でなければ**副詞的で分詞構文**。

13 比較級

比較級の前に not があれば肯定文(＞)の逆向きの不等号にイコールをプラスする**(≦)**。

- I have <u>more than 10 books.</u>（肯定文）

  X ＞ 10:「10 冊を超える本」

- I don't have more than 10 books.（否定文）

  X ≦ 10:「10 冊以下の本」

14 Neither/Nor VS

Neither / Nor VS では，単に「S もまた～ない」と訳すだけでなく，Neither / Nor が**否定する対象を具体的に把握**する。

15 英文解釈の手順

英文解釈の手順は，まず① **構造を判断してから意味へ**，次に② 構造上の可能性が複数あるときは**意味で決定**する。

『基礎英文解釈の技術 100』より

1 過去完了

過去完了を見たら，**「基準」となる過去の「時」**（同一文中にある**過去時制で書かれた出来事や過去を示す副詞**）を探し，それをもとに英文の**「時間の流れ」を把握**する。

2 関係詞の先行詞

先行詞が関係詞の直前にあるとは限らない。例えば，関係詞の前に名詞が複数ある場合には，関係詞にそれぞれの名詞を代入してみて，文脈に合う名詞を先行詞とするなど，**代入法により関係詞から離れた先行詞を押さえる。**

3 共通関係

共通関係を把握するには〈**A and B**〉を想定し，**何が A で何が B か**をつかむ。

When you know a language, you can **speak** and **be understood** by others who know that language.

A　B

「一般に人がある言語を知っているときには，その人はしゃべることができ，またそれを，その言語を知っているほかの人たちにわかってもらうことができる」

等位接続詞（ここでは and）に注目し，接続詞の後に置かれる **B**（ここでは be understood）を見つけ，次に**それと文法上・文構造上同質の A**（ここでは speak）を探す，というように，**B を確認してから A をキャッチ**する。

4 省略

(1) 助動詞の後に，動詞の繰り返しを避けるために隠された動詞を確認する。

(2)「否定語は省略されない」のが英語の原則。

A ： He isn't kind.「彼は親切じゃないね」

B ： He is （kind）.「彼は親切だよ」

▶上の対話で，B の is の後に not を補ってはいけない。

5 強調構文の疑問形

(1) 直接疑問：〈疑問詞＋ **is it** that ～?〉

It is peace that you want.「きみが望むのは平和です」
→ What **is it** that you want?

(2) 間接疑問：〈疑問詞＋ **it is** that ～〉

I know what **it is** that you want.

6 形容詞的 to Ⓥ

形容詞的 to Ⓥ には**同格的に訳せる**ものがある。特に名詞と同形の他動詞があるときに有効である。

my plan **to visit** Kyoto は I plan **to visit** Kyoto. と解されるので，**同格的**に「京都に行く（という）計画」と訳すとよい。

7 文頭の To Ⓥ の判別

(1) 副詞的で**「目的」**を表す場合が多い。

To be a leader in business today, SVX.
「今日，実業界で指導者になるには…」

(2) 「目的」でなければ次に**「条件」**の可能性が高い。

To give a only one example, SVX.
「たった１つの例を挙げると…」

8 現在分詞

(1) 現在分詞は**動詞の原形**に **-ing** をつけて**形容詞の働き**を持たせた「詞《ことば》」。

① 名詞を修飾する働きをする。

a child **swimming** in the river

② 補語になる。

The baby lay **sleeping** on his mat.
(The baby = S, lay = V, sleeping = C)

(2) 形容詞的でなければ**副詞的**で「**分詞構文**」

Being disappointed, she turned away.

「がっかりして彼女は顔をそむけた」

9 〈no ＋名詞(C)〉と〈no ＋形容詞＋名詞〉

no が付くと**名詞・形容詞**が「**逆の意味**」を持つ。

(1) 〈**no** ＋名詞(C)〉

He is **no** fool.「彼は馬鹿どころかその逆だ」（→とても賢い）

(2) 〈**no** ＋形容詞＋名詞〉

This is **no** easy task.「これは（たやすいどころか）難しい仕事だ」

本書の略号・記号一覧

S	主語
V	動詞または述語動詞
C	補語
O	目的語
O_1	間接目的語
O_2	直接目的語
P	述語
X	SV 以外の文の要素
M	修飾語句
V_i	自動詞（相当句動詞）
V_t	他動詞（相当句動詞）
v	助動詞
助	助動詞（相当語句）
Ⓥ	動詞の原形
Ving	動詞の原形＋-ing
群前	群前置詞
N	名詞
進	進行形
受	受け身
現完	現在完了
過完	過去完了
現分	現在分詞
過分	過去分詞
代	代名詞

代動	代動詞
代不	代不定詞
S（形）	形式主語
S（真）	真主語
O（形）	形式目的語
O（真）	真目的語
名	名詞（群）
形	形容詞（句）
冠	冠詞
副	副詞（句）
動名	動名詞
不	不定詞
疑	疑問詞
否	否定
比	比較級
前	前置詞
接	従属接続詞
等	等位接続詞
先	先行詞
関代	関係代名詞
関副	関係副詞
関形	関係形容詞
仮過	仮定法過去
仮過完	仮定法過去完了

■準動詞に関しては，以下のように文型を（　）付きで示しています。

to read（V_t） a good book（O）

1 前置詞句を(　　)に入れて文意をつかめ

次の英文の下線部を訳しなさい

We all **know** from a study of history **the progress** of the working people from the stage of barbarism to that of slavery, serfdom and later individual freedom. In the early days of human history **the wants** of the masses **were few** and **simple**.

（東京経済大）

解法　最初から手ごわい英文が出てきました。英語って本当に難しいなあ，とため息をついている皆さんの姿が目に浮かびます。とにかく，from や of など，前置詞がたくさん目に入ります。この前置詞がじゃまになって文意がなかなか読みとれませんね。

こんなときは，じゃま者は消すのみです。**〈前置詞＋名詞〉を(　　)に入れてしまう**のです。その理由は後回しにして，さっそく試してみましょう。

私たちは	皆	を知る	により 研究すること	を 歴史
We	all	**know**	(from a study)	(of history) /
S	(同格語)	Vt	M	M

進歩	の	労働する人々
the progress	(of	the working people) / from ...
O	(主格の of)	M

ひと目でわかったでしょう。**〈前置詞＋名詞〉を(　　)に入れて，残った部分をまとめてみる**と，We know the progress.「私たちは進歩を知るのだ」という文意が簡単にとれましたね。このように文の主要素は，主語 (S) や述語動詞 (V)，さらには目的語 (O) や補語 (C) なのです。〈前置詞＋名詞〉は**「前置詞句」**と言います。この前置詞に支配される名詞は**前置詞の目的語**と呼ばれていて，前置詞といっしょになると，**形容詞や副詞の働き**に変わるのです。上の例文で言えば，「何によって知るのか」，「どんな進歩か」を説明する**修飾語 (M)** にすぎないのです。ですから，これらを(　　)でくくってしまうわけです。

例題：語句　barbarism 名 未開／slavery 名 奴隷の身分／serfdom 名 農奴(制)／wants 名 必要なもの／the masses 名 一般大衆

先を続けましょう。from 以下を people につなげたのでは意味が通りません。少し戻って progress にならどうでしょう。progress が動詞なら〈progress from A to B〉で「A から B へと進歩する」が成立しますから，from 以下は**名詞 progress を修飾**しています。内容上，of をはさんで the working people が S（主語），progress が P（述語）の関係になっています。（→ 53 課）。**to の直後の that** は名詞 the stage「段階」の繰り返しを避けている**代名詞**ですね。

さて，いよいよ下線部です。第 1 文と同様に，3 つの〈前置詞＋名詞〉を（　　）でくくって，構文からはずしてみましょう。

(In《には》 the early days《初期の頃》) (of《の》 human history《人類の歴史》) /
　　　M　　　　　　　　M

the wants《必要なものは》 (of《の》 the masses《一般大衆》) **were**《あった》 **few**《ごくわずか》 and《また》 **simple**《単純で》.
　S　　　　M　　　Vi　　C①　（等）　C②

S と V がはっきりして，The wants were few and simple. という簡単な文型になりますね。このように，文頭に前置詞がきても，〈前置詞＋名詞〉を（　　）でくくれば，**残りの名詞のトップが主語**になるわけですから，文意を簡単につかめます。主語が文中深くに入った実例を挙げておきましょう。

In central, eastern and southern England, more and more land is being used to grow wheat.

「中部，東部および南部イングランドでは，ますます多くの土地が現在小麦の栽培に利用されている」

《全文訳》 私たちは皆，歴史を研究することによって，労働する人々が未開の段階から奴隷，農奴，そして後には個人の自由の段階まで進歩したことを知るのである。人類の歴史の初期の頃には，労働に従事する人々が必要としたものはごくわずかで，かつ単純なものだった。

演習 1　次の英文の下線部を訳しなさい。　（解説・解答→別冊：p.2）

Tocqueville's concern, to a large extent, became a reality. In the process of creating a land of abundance, Americans began to judge themselves by materialistic standards.

（産能大）

演習：語句　concern 名 心配／to a large extent 副 大部分は／of abundance 形 豊富な（→ 51 課）／materialistic 形 物質主義的な

2 動詞の時制でSVをキャッチせよ!

次の英文の下線部を訳しなさい

The radio telescope is a new, rather than a better tool for studying the sky. **Many of the radio sources** in space found with the radio telescope **cannot be seen** through the ordinary telescope. And in the same way, **most of the stars** seen by the ordinary telescope **cannot be heard** with the radio telescope.

(愛知大)

解法 人間の身体を支える最も重要なものは骨格です。骨格がなければ，人間という存在はありえないのです。前課では，文の骨格にあたるものが**SとV**であることを学びましたね。この例題でも，〈S + V〉をいかに探すのかがポイントです。

第1文を見てください。まず，修飾語句を全部(　　)に入れてしまいましょう。前課の応用で，〈前置詞+(動)名詞〉の for 以下が省けます。次に rather than「というよりは(むしろ)」の前後を以下のようにつなぎます。

a new「新しい」
a better「よりすぐれた」 } tool「道具」

つまり，この文の骨格は，The radio telescope is a tool. です。どうです，これが見抜けると文意がはっきりしてきますね。

第2文はちょっと複雑ですが，まずは〈前置詞+名詞〉を(　　)でくくってみましょう。

多くは	の　電波源	の　宇宙	発見される	を用いて
Many	(**of the radio sources**)	(in space)	found	(with the
S	M	M	(過分)	M

電波　望遠鏡		できない　見られることが	によって　通常の　望遠鏡
radio telescope)	/	**cannot be seen**	(through the ordinary telescope).
	←(主部)(述部)→	V(受)	M

どうでしょう。この文をわかりにくくしているのは，found と cannot be seen と

例題:語句 the radio telescope 名 電波望遠鏡／radio sources 名 電波源(電波を放射している天体)

いう２つの（助）動詞なのです。等位接続詞 and がありませんから，両方がＶということはありません。明らかに「時」を示しているのは **cannot be seen** です。さらに，**前文の述語動詞（is）は現在形**でしたね。cannot be seen がＶに決定です。つまり，Many of the radio sources cannot be seen.「電波源の中には見えないものが多い」が，文の主要素ＳＶなのです。found は過去形ではなく過去分詞で，形容詞的に the radio sources を修飾して，「発見される電波源」となっています。

第３文の下線部もまったく同様です。**動詞の時制に注目**して，現在形の（助）動詞をマークしてみましょう。ほら，すぐわかりましたね。

また　に　同様　ほとんどは　の　恒星　見られる　によって
And (in the same way), / **most** (**of the stars**) seen (by the
(等)　M　S　M　← (過分)

普通の　望遠鏡　できない　聞くことが　では　電波　望遠鏡
ordinary telescope) / **cannot be heard** (with the radio telescope).
M　← 主部　述部 →　V(受)　M

前文同様，Ｖにあたるところは現在形，つまり **cannot be heard** しかありません。あとは，〈前置詞＋名詞〉を（　　）でくくれば，Most cannot be heard.「ほとんどは聞こえない」というＳＶがキャッチできます。**述語動詞（V）を見破るには，（助）動詞の時制に注目する** — これが原則です。

《全文訳》電波望遠鏡は，宇宙を探査するためのよりすぐれたというよりはむしろ，新しい道具なのである。電波望遠鏡を用いて見つけられる宇宙の電波発信源の中には，通常の望遠鏡では見えないものが多いのだ。また同様に，普通の天体望遠鏡で見える恒星でも電波望遠鏡ではとらえられないものがほとんどである。

（解説・解答→別冊：p.2）

演習 2　次の英文の下線部を訳しなさい。

The old conception of national character based on biological differences has long been exploded; but differences of national character arising out of different national backgrounds of society and education are difficult to deny.

（名古屋大）

演習：語句 conception 名 考え／base O on N「O を N に基づかせる」／biological 形 生物学の／explode Vt を論破する／arise Vi 生じる

3 OとCにSPを読め！

次の英文の下線部を訳しなさい

> ***The Star*** — one of America's oldest newspapers — **was established** in 1852. Until the late 1950's, **it was** the most popular **newspaper** in Washington. Even after it lost its leading position to the *Washington Post*, many **observers considered it** to be **one** of the best newspapers in America.
>
> （北星学園大）

解法 前課では，動詞の時制だけを拾って，SV をキャッチする方法を学びました。そして，文の骨格である SV を確定することが，いかに大切なことであるかもわかりましたね。でも，骨格だけでは何かが不足していませんか。骨格が肉体といっしょになって初めて，人間として生きることができるのです。前置詞句のような修飾語句は（　　）でくくれたとしても，肉体はそうはいきません。この肉体にあたるのが，目的語（O）と補語（C）です。

例題に移りましょう。第 1 文は，2 つのダッシュ（－）にはさまれた部分が The Star の内容を示しているだけで，in 1852 をとれば SV しか残りませんから，問題はありません。

第 2 文はどうでしょう。

まで	後期の	1950年代	The Starは	だった	最も	人気のある	新聞
(Until	the late	1950's,) /	it	**was**	the most	popular	**newspaper**
	M		S	Vi	(副)	(形)	C

で	ワシントン
(in	Washington).
M	

〈前置詞＋名詞〉を（　　）でくくると it was ～ newspaper がはっきり姿を現してきました。was は補語をとる自動詞ですから，newspaper という C がないと文が成立しませんね。さて，下線部です。

でさえ	後	The Starが	を失った	その	1位の	地位	に対して	ワシントン	ポスト
Even	[after	it	lost	its	leading	position	(to the	*Washington*	*Post*)],/
(副)→	(接)	S	Vt		O			M	

例題：語句 establish [Vt] を設立する／popular [形] 人気のある／lose O to N「O を N（競争相手）にとられる」／observer [名]（特定領域を関心を持って）見守る人

many《多くの》	observers《見守る人たちは》	considered《を…と見なした》	it《それ》	(to be《である(と)》	one《1つ》	(of《のうちの》 the best《最高の》 newspapers《新聞》	(in《で》 America《アメリカ》)).
(形)	S	Vt	O	C→(不)(Vi)	(C)	M	M

after「の後」以下，カンマまでは従属節ですから，文全体のSVは考える必要はありません。lose one's position to ～は「地位を～に取られる」の意味。

さて，ポイントはカンマ以下の主節にあります。**considered it to be one ～**の文型に注意を集中してみましょう。

observers	considered	it	(to be)	one	of ～
S	V	O		C	
		↓	↓	↓	
		It	was	one	of ～
		S	V	C	

to be one of ～を補語とする，SVOCの文型が見つかりました。さらに，**OとCとの間には意味上必ずSとPの関係が成立**することからも，it (to be) one → it was one であることがわかるので，「それが1つである」と訳すことができます。したがってこの部分の訳は，「観測筋は，ザ・スター (it) が～の1つであると見なした」となります。

《全文訳》 アメリカで最も伝統のある新聞の1つ，『ザ・スター』は，1852年に創刊された。1950年代の末までは，それはワシントンで最も人気のある新聞であった。そして，『ザ・スター』がその首位の座を『ワシントン・ポスト』にゆずった後でさえ，それがアメリカで最高の新聞の1つだと見なす観測筋が多かったのである。

(解説・解答→別冊：p.3)

演習 3　次の英文を訳しなさい。

Some can point to tangible successes — wells dug, schools and roads built, forests planted, water systems installed. Others have seen village cooperatives established, health practices improved, education levels lifted.

(神戸商科大)

演習:語句 tangible 形 目に見える，形のある／install Vt を設置する／cooperative 名 協同組織

4 〈V it C + to Ⓥ〉は形式目的語構文

次の英文の it が何を指すのかがわかるように，下線部を訳しなさい

These days, many enterprising Japanese businesses are **finding it profitable to reimport** goods made in Japan. Many technical products are being sold abroad at prices much lower than those recommended by the manufacturers for the domestic market.

（東北大）

解法　**SVOCの文型**では，「**OがCする**」となり，**OとCがSとPの関係になる**ということがわかりましたね。この課はその応用です。英語というのは，1つ何かがわかったら，それから発展させてまた違う何かをつかむ，この姿勢が大切なのです。では早速下線部に挑戦してみましょう。

今日		多くの	商魂たくましい	日本の	商社は	
These days,	/	many	enterprising	Japanese	businesses	/
M		形①	形②	形③	S	

を…と考えている		もうけになる	こと	を逆輸入する	商品	造られた	で	日本
are **finding**	**it**	**profitable**	(**to**	**reimport**	goods	made	(in	Japan)).
Vt	O(形)	C	O(真)→(不)(Vt)		←	(過分)	M	

ここでのポイントは，are finding it profitable to reimport ～の部分です。O にあたる **it** と C にあたる **profitable** は，**S と P の関係**が成り立ちますから，無理に訳せば「それが利益になる（と考えている）」とできますね。では，前に指すものがないこの it はいったいどんな役割を持っているのでしょうか。

are finding	it	profitable	to reimport ～	
V	O	C	(O)	(it は形式目的語)

おなじみの〈**V it C + to Ⓥ**〉の**形式目的語構文**ですね。つまり **it** は，**文の形式を整えるのに用いられている it** で，**to Ⓥ が具体的内容**，つまり**真目的語**なのです。ですからこの部分の訳は，to Ⓥ 以下を it にそのまま当てはめて，「～を逆輸入することが利益になる（と考えている）」となります。その後は made が過去分詞で goods を

例題：語句　enterprising 形 商魂たくましい／reimport Vt を逆輸入する（*cf.* import Vt を輸入する ↔ export Vt を輸出する）／domestic 形 自国の（↔ foreign 外国の）

形容詞的に修飾し，「日本で造られた商品」と訳せます。簡単でしょう。

数多くの　工業　製品が　現在売られている　外国で　で　値段
Many technical products / are being sold abroad / (at prices)
(形)　S　V(進)(受)　(副)　M

はるかに　安い　より　値段　勧められている　によって　製造業者(メーカー)
much lower than those recommended (by the manufacturers)
(副)　(比較級)　(代)　(過分)　M

向けに　国内の　市場
(for the domestic market).
M

下線部以下の文を分解すると，上記のようになります。V は前文の are が現在形でしたから，同じように現在形を持つ are being sold がそれに当たると，すぐに見当がつきますね。直接的には比較級 lower 以下が前にある prices を後ろから修飾，much が lower を修飾という構造です。recommended は，形容詞的に those (= the prices) を修飾しています。この部分は〈recommend + O + for N〉で，「O を N に推薦する」という意味ですから，recommend those (= the prices) for ～と考えると，「その値段を～に勧める」という意味がつかめます。

なお，find 以外に〈it C + to Ⓥ〉を従える動詞に，think, feel, make, consider などがあります。

《**全文訳**》 今日，商魂たくましい日本の商社には，日本製の商品を逆輸入するのが利益につながると考えているところが多い。というのは，数多くの工業製品が，日本のメーカーによって，国内市場向けに希望されている値段よりはるかに安い値段で，現在外国で売られているからだ。

(解説・解答→別冊：p.3)

演習 4　次の英文の下線部を訳しなさい。

Television hasn't been with us all that long, but we are already beginning to forget what the world was like without it. Before we admitted the one-eyed monster into our homes, we never found it difficult to occupy our spare time.

(都留文科大)

演習:語句 what the world was like「世界がどのようであったか」／ occupy Vt を費やす，ふさぐ／ spare time 名 余暇

5 訳より先に役割を考える

次の英文を太字の語に注意しながら訳しなさい

In most instances the speech of the first settlers lives on when they come in substantial numbers and **people** the land with their descendants.

（青山学院大）

解法　さて皆さん，これまでの課で，英文読解には knack「コツ」が必要だということが身にしみるほどわかったと思います。このコツさえのみ込めば，英語はおもしろいほどわかってきます。

このコツでいちばん大切なのは S と V を見つけること，これは，何度も繰り返して言ってきたことです。そのためには，文の主要素と品詞・句・節の関係を整理することが必要でしたね。ここで，再確認しておきましょう。冒頭から見ていきます。

(In《に》 most《ほとんどの》 instances《場合》) / the speech《ことばは》 (of《の》 the first《最初の》 settlers《植民者たち》)
M　S　M

lives《生きる》 on《続けて》 [when《～のときは》 ...
Vi　(副)

M（修飾語句）をはずすと，the speech lives on「言語は生き続ける」がこの文の主要素であることがはっきりしましたね。それはどんなときか，when 以下に目を移してみましょう。

when《場合に》 they《その植民者が》 come《やってくる》 (in《で》 substantial《相当の》 numbers《数》) / and《そして》 **people**《(?)》
(接)　S　Vi　M　(等)　(?)

the《その》 land《土地》 (with《を》 their《自分たちの》 descendants《子孫》).
(?)　M

例題：語句　settler 名 植民者／live on Vi 生き続ける／substantial 形 相当の，かなりの／descendant 名 子孫

アレレッ，and 以下に動詞がない!?　どうしたんでしょう。これでは文の骨格がわかりません。しかし，等位接続詞の **and や but，or などには，同じ役割の語(句・節)をつなぐ性質**がありますから，and が何をつなぐのか，また people と land がどういう関係にあるのかを検討しましょう。

まず，people を主語となる名詞と考えると動詞がありません。次に前置詞 in の目的語と考えて (in ... numbers and people) とくくると，“they come the land ...” となって冠詞 the の付いた名詞 land の役割が不明です。people を名詞と考えたら，身動きが取れなくなりました。

people は名詞じゃない (!?)，しかも land の後には動詞がありませんから，land が主語でないのは明白です。あとは動詞の目的語の可能性しかありませんが，**people を動詞と考える**とつじつまが合うではありませんか。実は people は “people O with N” で「O (場所) に N (人) を住まわせる」という意味になる他動詞なのです。図解で構造を確認しましょう。

they (S) ｛ come (V①) (in substantial numbers)
　　　and people (V②) the land (O) (with their descendants).

このように，なじみの語 people をすぐに「人々」と訳しているうちはこの文を読解することは永遠に不可能です。大切なのは，**訳より先に「文中での役割」を考えること**なのです。

《**全文訳**》 たいていの場合に，最初にやってきた植民者たちが話していたことばは，その人たちがかなりの数で入植し，しかもその土地に自分たちの子孫を住みつかせる場合に，存続するものなのである。

(解説・解答→別冊：p.4)

演習 5　次の英文を訳しなさい。

Animals studied by Americans rush about excitedly, with an incredible display of hustle and pep, and at last achieve the desired result by chance. Animals observed by Germans sit still and think, and at last evolve the solution out of their inner consciousness.　(名古屋大)

演習：語句 incredible 形 信じられない／display 名 表すこと，表明／hustle 名 (精力的な) 活動／pep 名 元気／observe Vt を観察する／evolve Vt (理論など) を引き出す，発展させる

6 not ときたら but に注目

次の英文の下線部を訳しなさい

People with a high level of intuition don't really make impulsive decisions; rather, they have a certain "feeling" and then act upon it. <u>The truly impulsive person does **not** act in response to a "feeling" about the right path **but** as a reaction to tension and anxiety.</u>

（京都外国語大）

解法　またまた難しい英文が出てきました。不明な単語は飛ばして読み，まずはSとV，さらにはOを確定しながら，文の骨格に迫っていきましょう。早速1つ1つ〈前置詞＋名詞〉を（　　）でくくり，SとVを決めていきます。

第1文です。

People《人々は》 (with《を持つ》 a high level《高い水準》) (of《…の》 intuition《直観力》) don't really《実際には…ない》
S　M　M

make《を下す》 impulsive《衝動的な》 decisions《決断》; rather《むしろ》, ...
Vt　(形)　O

rather の前までは，いつものように修飾語句を（　　）でくくり，SVO の形にすると，People don't really make decisions.「人々は実際には決断を下さない」という骨格が浮かび上がってきます。ここで，don't really の not と後の rather は「～ではなくて，むしろ」と後の文へとつながっていきます。

they《彼らは》 have《を持つ》 a certain《ある種の》 "feeling"《「感じ」》 and then《それから》 act upon《に基づいて行動する》 it《それ》.
S　Vt①　(形)　O　(等)　(副)　Vt②　O

it が feeling を指すこと，また，they have，they act という SV を見抜けば，あとは feeling「感じ，フィーリング」をどう訳すかだけですね。「そういった人たちは，ある種の『感じ』を持ってから，それに基づいて行動する」となります。

さて，第2文，この課のポイントに入ります。not が何を否定するのかを考えましょう。

例題：語句　intuition 名 直観力／impulsive 形 衝動的な／decision 名 決断／act upon Vt に基づいて行動する／tension 名 緊張

The truly《本当に》 impulsive《衝動的な》 person《人は》 does (**not**) act《行動する(のではなく)》
(副)　(形)　S　V

not (in response to《に応じて》 a "feeling《「感じ」》") (about《に関しての》 the right path《とるべき正しい道》)
M　M

but《て》 (as a《として》 reaction to《への反応》 tension《緊張》 and《と》 anxiety《不安》).
M

実はこの文には〈**not ～ but ...**〉「**～ではなく…**」の構文が使われています。この場合，not が否定するものは but に続くものと同質の語（句・節）ですが，この文のように，見せかけで not が述語動詞を否定することがあるので要注意です。ここでは，まず but の後の前置詞句に対応する前置詞句の前に not を移動して person acts not ～ but ... と考えるとわかりやすいのです。とにかく，**否定語がきたら，but に下線を引いてマークしておくことが大切**です。また，〈**not A but B**〉は〈**B (and) not A**〉の形をとることもあります。

He is **not** a statesman **but** a politician.
→ He is a politician **(and) not** a statesman.

この例文は，「彼は政治家ではなくて，むしろ政治屋である」となります。結局は，〈not ～ but ...〉の構文は，第 1 文の not ～，rather と親戚関係にある構文ということがつかめれば，しめたものです。

《全文訳》 直観力の水準が高い人たちは，実際には衝動的な決断を下すことはない。むしろ，そういった人たちは，ある種の「感じ」を持ってから，それに基づいて行動するのである。ところが，本当に衝動的な人は，とるべき正しい道に関する「感じ」に呼応しないで，緊張と不安への反応として行動するのである。

（解説・解答→別冊：p.4）

演習 6　次の英文を訳しなさい。

The study of mythology need no longer be looked on as an escape from reality into the fantasies of primitive peoples, but as a search for the deeper understanding of the human mind. （慶応義塾大）

演習：語句 mythology 名 神話（学）／ look on O as C「O を C と見なす［考える］」

7 従属節を[ ]でくくれば構造が見えてくる

次の英文の下線部を訳しなさい

By intelligence we mean a style of life, a way of behaving in various situations, and particularly in new, strange, and perplexing situations. The true test of intelligence is not **how much we know** how to do, but **how we behave when we don't know** what to do.

（立命館大）

解法 ちょっと見ると複雑な文ですね。第1文では，of や in といった前置詞が目につきます。第2文では，how や what などの疑問詞が出てきて，いっそう複雑な印象を与えます。こんな場合はこれまで学んできた通り，〈前置詞＋名詞〉などの修飾語句を（　　）でくくって，主語や動詞を把握していけばいいのです。

第1文のポイントはカンマがあることです。カンマは「すなわち」，つまり語（句）を言い換えたり，内容を示す場合に用いられます。

方法　の　人生　すなわち
a style (of life),
O

によって　知性　私たちは　を言う
(By intelligence) we mean
M S Vt

方法　のための　振る舞うこと
a way (of behaving)
（同格語）

つまり，**a way (of behaving)**「身の処し方」は，**a style (of life)** と**同格の関係**にあります。さらに behaving を2つの句（in various situations, in situations）が修飾しています。and「しかも，それも」は強調を込めた補足のために使われています。

このように見ると，一見複雑な文も単純なSVOの文型だとわかります。難しい単語も見当たりませんから，これで問題ありませんね。

ところが，第2文はそうはいきません。文全体のSVのほかに，SVの関係を含むものが文の一部になっています。

例題:語句 mean Vt を言う，意味する／particularly 副 特に／perplexing 形 当惑させる

The true test《真の基準は》 (of《の》 intelligence《知性》) / is《である》 not《なく》
S　M　Vi

[how much《いかによく》 we know《を知っているか》 (how《いかに》 to do《身を処すべきか》)], / but《て(むしろ)》
C①→(疑)　(副)　S　Vt　O→(疑)　(不)(Vi)

[how《いかに》 we behave《振る舞うか》 [when《ときに》 we don't know《を知らない》 (what《何を》 to do《するべきか》)]].
C②→(疑)　S　Vi　(接)　S　Vt　O→(疑)　(不)(Vt)

文全体の述語動詞は is，そして前課で学んだ **〈not ～ but ...〉**「～ではなくて…」という構文があることに気づいたはずです。文を複雑にしているのは，how much we know ～や how we behave ～，という節の存在です。これら疑問詞で始まる 2 つの節は従属節の 1 つ，名詞節で，主節の述語動詞 **is の C** になっています。従属接続詞で始まる when we don't know ～も従属節ですが，これは副詞節として behave を修飾しています。従属節を［　　］でくくれば「かたまり」がはっきりします。

一方，how to do や what to do は **〈疑問詞 + to Ⓥ〉** で，それぞれ従属節の中で**目的語**となり，**名詞句**を作っています。これらの句は（　　）に入れます。このように，**まず文中の V を確定し，それから各節が文の中でどのような役割を果たしているか**を丹念に検討します。どんな複雑な文も **SV を決め，従属節を［　　］でくくる**と，文全体の構造がはっきりします。

《全文訳》 知性とは生き方，すなわちいろいろな状況，しかも特に初めてで，予想外の，かつ当惑するような状況における身の処し方のことを言う。知性があるかどうかの真の基準は，身の処し方をいかに多く知っているかではなくて，どうしていいかわからないときに，いかに振る舞うかなのである。

演習 7　次の英文を訳しなさい。　（解説・解答→別冊：p.5）

Magazines, newspapers, advertisements and television programmes are full of thin, beautiful people and make fat people feel ugly or guilty. Many people in Britain think that you need to be slim if you want to look good.　（和歌山大）

演習：語句　be full of N「N でいっぱいである」／ ugly 形 みにくい

8 代動詞 do を見たら元の動詞を突き止めよ

次の英文の下線部を訳しなさい

We do not often pause to think why we like some people more than others. But if you **do**, ten to one, you will find that those on the preferred side are mostly those of good disposition.

（広島大）

解法 前課までの学習で，述語動詞を決定することの大切さがわかりすぎるくらいわかったと思います。この課では動詞に焦点を合わせてみましょう。今回は，**動詞の繰り返しを避けるために使われる代動詞 do** を考えてみます。その前に，例題の英文の構造を解き明かしていきましょう。まず第 1 文。

私たちは　(ことは)あまりしない　一休みする　(～する)ために　を考える
We　do not often　pause　(to　think
S　Vi(否)　(不・副)　(Vt)

なぜ　を好きなのか　ある　人々　より以上に　ほかの人たち
[why　we　like　some people　more than　others]).
O→(疑)　S　Vt　O　(副)　(比較級)

why (疑問詞) 以下の従属節は，今回は不定詞 to think の目的語として登場しました。[　　] でくくると文の構造がはっきりしてきます。pause to think は「ちょっと考えてみる」とか「一休みして考える」くらいの意味です。pause は名詞のときは「区切り」という意味になります。

さて，第 2 文。今回のポイント，if you do の **do** にご注目!

しかし　しばし考えてみるなら　十中八九　(あなたは)　だろう　をわかる
But [if　you　**do**], / (ten to one),　you　will　find
(接)　S　V　M　S　Vt

ということ　人たちは　の　好まれる　側
[that　those　(on the preferred side) /
O→(接)　S　M(過分)

である　たいてい　人たち　を持った　良い　性質
are　mostly　those　(of　good disposition)].
Vi　(副)　C　M

例題：語句 pause Vi ちょっと休む／ten to one 副 十中八九，きっと／disposition 名 性質

if you do の do は，**先行する動詞または動詞を含む語群の繰り返しを避けるために使われる do** で，こうした**代動詞 do** を見たら，必ず元の動詞を突き止めることが大切です。繰り返しですから，前文の動詞を見れば明らかに pause to think why ～を受けています。「もし少しでも考えてみるなら」くらいの訳になります。

文全体の動詞は **will find** ですね。この目的語となっているのが that 以下です。あとはこの節の文構造を分析すれば完璧です。

前置詞句を（　　）でくくって，that those are those という骨格が読みとれましたか。この those が，2 つとも前文の people を受けていることがわかればしめたものです。そして，それぞれどんな人たちかを示しているのが，on と of 以下の修飾語句（M）で，それぞれ形容詞的に修飾しています。

those《人たち》 (on《の》 the preferred《好まれる》 side《側》) / those《人たち》 (of《の》 good《良い》 disposition《性質》)

（代）← M　（代）← M

最後に代動詞 do が姿を消す例を見てみましょう。

He has eaten more in ten minutes than I have in an hour.

下線部の have を「を持っている」ととってはいけません。have の後に過去分詞の done の存在を読みとること。その鍵は **He has eaten と I have を対比させること**にあります。**have は have done → have eaten の代用**だったのです。一瞬「何だろう」と思ったら，**前を見直す**のも大事な技術です。

《**全文訳**》 私たちが，特定のある人たちをそのほかの人たちよりも好きになっているのはなぜかなんて，わざわざ考えてみることはあまりない。でも，ちょっと考えてみれば，きっと，好かれるタイプの人たちは，たいてい気立てのいい人たちだということがわかる。

演習 8　次の英文の下線部を訳しなさい。　（解説・解答→別冊：p.5）

Many words are acquired through reading. Children learn words at school in the same way as they do at home: by observing how the words are used in intelligible contexts. The difference is that the academic environment depends more on written contexts.　（群馬大）

演習：語句 acquire Vt を得る／intelligible 形 わかりやすい／context 名 文脈／environment 名 環境

9 〈否定語 + as 節〉の訳に要注意

次の英文の下線部を訳しなさい

The historian tries to impose on events some kind of rational pattern: how they happened and even why they happened. **No** historian starts with a blank mind **as** a jury is supposed to do.

（東京学芸大）

解法　大学入試というのは，どうしてこうも複雑な構造を持った英文が出題されるのでしょうか。特に下線部などは…。皆さん，そうは思いませんか。でも，皆さんが難しいと思う構文は，受験生なら誰でも難しいと感じているのです。ライバルに差をつけるためにも，もうちょっとのガンバリが必要です。では，第 1 文からチャレンジしてみましょう。

歴史家は	(し)ようとする	を押しつけ	に　(大)事件
The historian	tries	(to impose	(on events)
S	Vt	O →(不)(Vt)	(M)

ある種のもの	からなる	合理的な	型
some kind	(of	rational	pattern)):
(O)		M	

これなら何とかなりそうです。普通なら〈impose O on N〉で「O を N に押しつける」の意味ですが，不定詞 to impose の O，つまり some kind 以下が長いために，後ろに回ったのです。「歴史家たちは，事件にある種の合理的な型を無理に当てはめようとしているのだ」と訳せますね。

次はコロン（：）がありますから，「すなわち」となり，some ～ pattern がどんな「合理的な型」なのかを説明している部分です。

どのように	事件が	起きたか	とか	さえ	なぜ	事件が	起きたか
: [how	they	happened]	and	even	[why	they	happened].
(疑・副)	S	Vi			(疑・副)	S	Vi

わかりましたね。they は events を指しています。

例題：語句　impose O on N「O を N に押しつける」／ rational 形 合理的な（←→ irrational 不合理な）／ jury 名 陪審（員）／ be supposed to Ⓥ「Ⓥすることになっている」

さて，下線部に移りましょう。ここでのポイントは，**〈否定語＋様態「～のように」〉の as 節の訳し方**です。

ゼロの　歴史家は　着手する　を持って　白紙の　心
No historian starts (with a blank mind)
S　Vi　M

ように　陪審員が　になっている　すること
[**as** a jury is supposed (to do)].
(接)　S　V(受)　C→(不)(代動)

主節の SV はすぐにわかりますね。「歴史家は着手する」のです。ではどのようにか。そして最終的には No で全体を否定すれば完全な訳のできあがりです。

〈No ＋名詞〉はとりあえず「ゼロの～」と訳しておきます。「ゼロの historian は，jury が～するように着手する」という構文をまず押さえます。as は「～のように」ですが，**否定語を使って訳す場合には「～とは違って」**，または**「～のようには」と訳します**。次に，前課で登場した**代動詞 do** は start with ～の代わりに用いられていることに気づけば，「ゼロの歴史家は，陪審員がそう（着手）するように（は），白紙の気持ちで着手する」という文意が読みとれます。

最後に，「ゼロの～」で置き換えた **No** を「いかなる～も決してない」と訳して，文全体を一気に否定すればよいのです。

《全文訳》 歴史家は，事件にある種の合理的なパターンを押しつけようとする。すなわち，事件がどのようにして起きたのかとか，なぜ起きたのかということまでもである。いかなる歴史家も，陪審員がそうすることになっているのと違って，先入観を持たずに着手することはないのである。

（解説・解答→別冊：p.6）

演習 9　次の英文の下線部を訳しなさい。

Golf and tennis rarely seem “fun” for Japanese as they are for Western amateurs; they are serious undertakings that require expensive equipment and elaborate preparation.

（慶応義塾大）

演習：語句 undertaking 名 仕事／ equipment 名 道具／ elaborate 形 念の入った

10 代不定詞 to の元の形を突き止めよ

次の英文の下線部を訳しなさい

For a long time I have had trouble saying 'No' and I had a lot of pressure from my friends and the other kids at school. For example, if they found out I was with a guy, they would pressure me into doing something wrong ... you know what I mean? <u>I really didn't want **to**, but I was afraid I would lose him and my friends.</u>

（静岡大）

解法　この課のポイントは下線部です。すでに動詞の繰り返しを避けた代動詞の do については学びましたね。今回は，**動詞の重複を避けるため**の原形なしの**「代不定詞」**が登場します。下線部に入る前に，第 1 文から訳していきましょう。

難しい単語はありませんね。前置詞が気になりますが，これは前置詞句を（　　）でくくれば解決です。have had trouble (in) saying「(私は) ～と言うことに困難を持ってきた」の意味をくみとって，後の前置詞句を（　　）でくくれば，文の骨格が浮かび上がってきます。I have had trouble ～ and I had pressure.「私は (～に) 困ってきた。そのため圧力を受けた」という文意が読みとれますね。

さて，第 2 文。文頭に For example「例えば」がありますから，どんな「圧力」かを例に挙げた文というわけです。

例えば	～なら	彼らが	を見つけた	～ということ	私が	いる	とともに　男の子
(For example), /	[if	they	found out	[(that)	I	was	(with a guy)],] /
(副)	(接)	S	Vt	O→(接)(省略)	S	Vi	M

彼らは	(する)のだった	に強いる	私(に)	…へ	をすること	何か…こと	悪い
they	would	pressure	me	(into	doing	something	wrong)
S		Vt	O	M→(前)	(動名)(Vt)	(O)	(形)

過去の回想

if 節の found out の後には **that (接続詞) の省略**があります。これを［　　］でくくると，they would pressure me がこの文の骨格であることがわかりますね。

例題:語句 have trouble (in) Ving「V するのに苦労する」／ pressure Vt に圧力をかける，強制する／ you know what I mean「ね，(私の言うことが) おわかりでしょう」

〈pressure O (人) into Ving〉は「O (人) にVするように圧力をかける，人に圧力をかけてVさせる」です。

さて，下線部です。

私は　本当に　望まなかった　(?)　しかし
I really didn't want **to**, but ...
S　Vt　O

否定の強調

「私は望まなかった」――これが骨格です。では，どうすることを望まなかったのでしょう。want の後は to Ⓥ ではなく **to** しか見当たりません。英語というのは繰り返しをきらう言語ですから，省略語 (句) は前文のどこかにあるはずです。文意から「何か悪いことをする (= do something wrong) こと」を望まなかったわけです。つまり，前文の doing ～を不定詞 to Ⓥ ～に換え，その代理をしているのが to です。**動詞あるいは動詞を含む語群の反復を避けるために原形なしの to に換える，これが代不定詞です。**

次の but は前文の内容の流れを変えるのに用いられますから，

が　私は　いた　を恐れて　ことになるの　を失う　彼　と　(自分の)　友だち
but I was afraid [I would lose him and my friends].
(等)　S　Vi　C　S　Vt　O

となり，実際には「何をしたのか」が読みとれますね。

《全文訳》 長い間，私は「ノー」と言えずに困ってきた。そのため学校で友人やほかの生徒から，大いに圧力を受けたのだ。例えば，私が男の子といっしょにいるのを見つけると，連中は私に圧力をかけて，何か悪いことをさせたものだ。ね，おわかりでしょう。本当にそう (何か悪いことをするのを) したくなかったのに，私は彼や友人を失うことが，こわかったのだ。

(解説・解答→別冊：p.6)

演習 10　次の英文の下線部を訳しなさい。

We can no longer consume energy so wastefully. We can lead a comfortable life, even if it's not a life of luxury. We can take buses instead of cars. We can burn wood in a fireplace to heat our homes if we have to.

(慶応義塾大)

演習：語句 consume [Vt] を使いつくす，消費する／wastefully [副] むだに／even if [接] たとえ…だとしても (= though ... may ～)／instead of [群前] ～の代わりに

⑪ 関係詞の支配範囲を［　　］でくくれ

次の英文の下線部を訳しなさい

Consider the difference between an amateur and a professional photographer. <u>The person **who** uses his camera occasionally to capture a birthday party, a scenic view, or a family outing will snap a few pictures of the cherished moment, eagerly await the outcome, then, often as not, feel disappointed with the results.</u>

（東北学院大）

解法　またまた手ごわい英文の登場です。特に下線部の場合，The person から results までが長い一文ですから，途中で息切れしてしまいそうです。でも，ご心配なく。前置詞句や従属節を（　　）や［　　］でくくり，まずSとVを決めていくという解釈の本道を押さえて読めば，視界はパッと開けてきます。

第1文は，Consider the difference between A and B「AとBの間の違いを考えてみよう」という導入部です。Aはアマ，Bはプロのカメラマンですから，ここは問題なく訳せますね。

次は第2文，いよいよ下線部です。ポイントはwhoという関係代名詞です。関係詞が入ると文全体のSVが見えにくくなりますから，要注意です。Sはすぐわかりますね。The person です。

人は　(その人は)　を使う　カメラ　時折　ために　を撮る
The person ［ **who** uses his camera occasionally (to capture
S　(関代)S　Vt　O　(副)　(不・副)(Vt)

誕生パーティーや　眺めのよい　景色　や　家族の　ピクニック
a birthday party, a scenic view or a family outing)］/
(O①)　(O②)　(O③)

関係代名詞 who 以下の従属節で，前に置かれた先行詞 person を形容詞的に修飾しています。「どんな人」なのかを説明しているので，who という**関係詞の支配範囲を［　　］でくくる**と，文全体のVが浮かびあがってきます。そして，その支配範囲が

例題：語句 consider Vt をよく考える／amateur 名形 しろうと(の)／capture Vt をとらえる，記録する／cherish Vt を心に抱く，大事にする／(as) often as not 副 しばしば

どこまでか，これがポイントです。「どんな人」なのかを説明している部分を見つけるわけですが，who という**関係詞から離れたVをマークする**のがコツです。ここでは will snap「(写真)をスナップで撮る」に注目します。その上で，直前の語 (outing) の働きを考えると，これは capture「をとらえる」の O ですから，will snap とは直接結合しませんね。これが「切れ目」ですから，outing の後に“]”を入れて支配範囲を確定します。さらに **[　　]** でくくった関係詞節をはずすと，以下のように文の構造がはっきりします。

The person (S) will (助)
- (写真)をスナップで撮る snap (Vt①)　数枚の 写真 a few pictures (O)　の (of (M→) the 心に抱かれる cherished (過分) 時間 moment),
- 熱心に eagerly (副)　を待つ await (Vt②)　その結果 the outcome (O)

, (and) (省略) それから then
- , (as) しばしば often as not,
- 感じがする feel (Vi③)　がっかりした disappointed (C(形))　(に with その the 結果 results (M)).

助動詞 will と 3 つの動詞の原形 V① V② V③が結合しているのをとらえれば完璧です。なお，**then の前に and** があるとわかりやすいのですが，このように**省略されることが多い**のです。

> **《全文訳》** アマとプロの写真家の違いを考えてみなさい。誕生パーティーや眺めのよい景色や家族のピクニックを撮るために，時折カメラを使う人は，思い出にしたい瞬間の写真を数枚スナップで撮り，その成果を心待ちにし，結局その結果にたびたびがっかりするのである。

(解説・解答→別冊：p.6)

演習 11　次の英文の下線部を訳しなさい。

The consequences of making rapid, impulsive decisions depend somewhat upon your level of intuitiveness. <u>People who are not in touch with their intuition frequently make rash decisions resulting in much regret.</u>

(京都外国語大)

演習：語句 consequence 名 結果／impulsive 形 衝動的な／intuitiveness 名, intuition 名 直観(力)／in touch with N「N に接触して」

12 which, that の直後が V なら主格

次の英文の下線部を訳しなさい

I do not think that ordinary human beings can be happy without competition, for competition has been, ever since the origin of Man, the spur to most serious activities. We should not, therefore, attempt to abolish competition, but only to see to it that it takes forms **which** are not too injurious.

（高知大）

解法　第 1 文から見ていきましょう。〈前置詞＋名詞〉は（　　）に，従属節は［　　］にくくって，S と V を決めてみます。この文でのポイントは，主節と従属節の関係にはない，SV の関係が 2 つ含まれていて，それが **for**「というのは〜」という**接続詞**によって結びつけられていることです。

for より前の節は，that 以下を［　　］でくくると，I do not think だけが残り，［　　］の部分は他動詞 think の目的語になっています。「私は普通の人間は競争なしに幸せにはなれないと思う」がこの部分の訳ですが，主節の not は，think that ... cannot と，従属節に移して訳すと，よりスマートな訳になります。そして，for 以下で，前述の理由を説明しています。この部分は，since 〜の前置詞句を副詞の ever が修飾して「〜からずっと」の意味になっており，公式通り〈前置詞＋名詞〉の修飾語句（ever) since 〜 Man と to 〜 activities を（　　）でくくると，Competition has been the spur.「競争が刺激になってきた（から）」という **SVC** がはっきり浮かび上がってきます。なお，**the のつかない〈most 〜複数名詞〉**は，構造上 most を形容詞または副詞のどちらにもとれますが，ここでは**文脈から副詞と判断**します。

では第 2 文，下線部を図式してみましょう。

私たちは	べき	なく	それゆえ	を企てる	を廃止すること	競争
We	should	**not**,	therefore,	attempt	(to abolish	competition),
S	（助）		（副）	Vt	O①→（不）(Vt)	(O)

て

but ...

例題：語句　ordinary 形 普通の／ competition 名 競争／ origin 名 起源，始め／ spur 名 刺激／ abolish Vt を廃止する／ see（to it）that S V X「S が V X するよう気をつける，取り計らう」／ injurious 形 有害な（＝ harmful）

すでに学んだ〈**not 〜, but ...**〉の構文が出てきました。「**〜ではなくて…**」という意味になるのでしたね。だとすると not が否定するのは but の直後と同質の語（句・節）です（→ p.12）から，attempt not to abolish but（only）to see to it that と読めば文の構造がはっきりしてきます。

て　　単に　　こと　　に気をつける
but（only）(to　see to　it
　　（副）　O ②→（不）(Vt)（O）(形)

ように　　競争が　をとる　形　　（それは）　ではない　あまりに　有害（な）
[that　it　takes forms [**which** are not　too injurious]].
O（真）→（接）S　Vt　O　（関代）S　Vi（否）（副）　C

see to は「に気をつける」という意味の群動詞で Vt 扱いです。その後の **it** は**形式目的語**ですが，to it は省略されることもあります。that 以下が具体的内容（真目的語）です。that 節の中に関係代名詞の which が顔を出しています。which 以下は forms（先行詞）を修飾する形容詞節ですが，**関係代名詞 which や that は直後の語が V なら主格（S）となります。**

《全文訳》 通常の人間は，競争がなければ幸せにはなれないと私は思っている。というのは，人間が誕生して以来ずっと，競い合うことが極めて重要な活動への推進力となってきたからだ。それゆえに私たちは，競争をなくそうとするのではなくて，その競争が害になりすぎることのない形をとるように，ひたすら努めて気をつけるべきである。

（解説・解答→別冊：p.7）

演習 12 次の英文の下線部を訳しなさい。

Actually I do not think that there are any wrong reasons for liking a statue or a picture. Someone may like a landscape painting because it reminds him of home, or a portrait because it reminds him of a friend. There is nothing wrong with that. All of us, when we see a painting, are bound to be reminded of a hundred-and-one things which influence our likes and dislikes.

（山口大）

演習：語句 wrong 形 まちがった／ statue 名 彫像／ remind O of N「O に N を思い出させる」／ be wrong with N「N は具合が悪い」／ be bound to Ⓥ「きっとⓋする」／ hundred-and-one 形 多数の

⑬ which, that は後が SV なら目的格

次の英文の下線部(1)，(2)を訳しなさい

(1)Many things **that** people in Europe have in common are part of the common property of the "global village" created by the mass media — watching American TV programs, for example. While the Beatles could claim to be a European creation — (2)an English pop group **that** launched its career in Hamburg — they too swept the world.

（慶応義塾大）

解法 今でも「イエスタデイ」などのスタンダードナンバーで人気のあるビートルズが登場しました。こうした身近な題材が出題されたら，その人物なり情景なりを思い描きながら読むと解釈の大きな助けになります。まずは下線部(1)の導入部から。最初に〈前置詞＋名詞〉と「従属節」を（　　）と［　　］でくくります。

多くの	ものは	（それを）	人々が	ヨーロッパの	を持っている	共通に
Many	things	[**that**	people	(in Europe)	have	(in common)]
	S	(関代)O	S	M	Vt	M

である	一部	の　共通の　財産	という　地球村	
are	part	(of the common property)	(of the "global village")	…
Vi	C	M	M（同格の of）	

Many things are part「多くのものは部分である」という **SVC** がつかめましたね。次に，従属節や個々の修飾語(句)を明らかにすることによって，「どんな多くのもの」と「どんな部分」なのかがはっきりしてきます。どんな多くのものかは，関係代名詞 that に導かれる従属節に示されています。「(ヨーロッパの)人々が(共通に)持っている(多くのもの)」というわけです。この that の働きについて考えてみましょう。まず，**that の後の動詞 have に注目**します。have は他動詞(Vt)ですから，O が必要です。この目的語が that であり，当然ながら that は関係代名詞の目的格なのです。このように，**関係代名詞 that, which は，その後が〈S + Vt〉のときに目的格となる**のです。

例題：語句 in common 副 共通して／property 名 財産／claim to Ⓥ「Ⓥと主張する」／creation 名 産物／launch Vt を始める／career 名 経歴／sweep Vt (国・世界中)を熱狂させる

この場合のSは，関係代名詞とVtの間の**前置詞のつかない（代）名詞**ですから，あわせて覚えておきましょう。

どんな部分かは〈前置詞＋名詞〉の修飾語句を明らかにすることでわかりますね。また，created 以下は，created「造られている」が過去分詞になって，the “global village” を修飾しています。

第2文は，

～ではあるが　ビートルズは　ことができた　と主張する　である　ヨーロッパが　造ったもの
[While　the Beatles　could　claim　(to　be　a European creation)]
（接）　S　Vt　O→（不）(Vi)　(C)

英国の　ポップグループ　（それは）　を始めた　演奏活動　で　ハンブルク
— an English pop group [**that** launched its career (in Hamburg)] —
（関代）S　Vt　O　M

となり，While（= although）以下 Hamburg までが従属節となっています。それを細かく見ると，a European creation の言い換え，すなわち同格語が an English pop group ～で，その中に，またもう1つの関係代名詞 that が出てきました。この that は**直後に動詞（Vt）がありますから主格の関係代名詞**とわかります。そして，2番目のダッシュの後の，they too swept the world「ビートルズもまた世界を熱狂させた」が主節となっています。

《全文訳》 (1) ヨーロッパの人たちが共通に持つものには，マスメディアによって造られている「地球村」という共通の財産の一部 — 例えばアメリカのテレビ番組を見ること — であるものが多い。(2) ハンブルクで演奏活動を開始した英国のポップグループ，ビートルズは，ヨーロッパが造ったものと主張できたのに，彼らもまた世界を熱狂させたのである。

（解説・解答→別冊：p.7）

演習 13　次の英文の下線部を訳しなさい。

I heard Mother walk across the kitchen floor and push the teakettle to the back of the stove. I listened to her clear away the dishes that she and Daddy had used for their breakfast and begin cooking breakfast for Brother and me.

（和歌山大）

演習：語句 teakettle 名 やかん／ stove 名 レンジ，こんろ／ clear away Vt（食後の卓上のもの）を片づける

14 先行詞の直前の that, those の訳は不要

次の英文の下線部を訳しなさい

The aggressive part of human nature is not only a necessary safeguard against savage attack. It is also the basis of intellectual achievement, of the attainment of independence, and even of **that** proper pride **which** enables a man to hold his head high amongst his fellows.

（神戸大）

解法 下線部は見ただけで，いかにも重そうな英文ですね。こうした英文は，実はきっちりとした英文構造になっているものが多く，じっくりとその構造をとらえていけばスルスルと解けてくるものです。語い力があれば，口語調の一見やさしそうな英文より，よほど取り組みやすいものなのです。

まずは第 1 文。ここでのポイントは，皆さんの得意の〈**not only ... but also** ～〉「**…だけでなく～もまた**」の相関構文ですが，文尾のピリオドが but の代わりをし，さらに第 2 文の also と呼応しています。「人間の本性が持つ攻撃的な部分は，凶暴な攻撃に対する必要な防御であるばかりでなく（それはまた～）」と第 2 文に続いていきます。

次の第 2 文は〈前置詞＋名詞〉がたくさんあります。修飾語句 (M) ばかりですから，(　　) でくくると，以下のように整理できます。

のための　知性面の　達成
(of intellectual achievement),
M①

それは　である　また　基礎
It (S) is (Vi) also the basis (C)

のための　獲得すること　を　独立
(of the attainment) (of independence),
M②

また　さえ　ための　ふさわしい　誇り
and (等) even (of that proper pride) ...
M③

例題：語句 aggressive 形 攻撃的な／safeguard 名 防御手段／hold one's head high「堂々と振る舞う」／amongst 前 の中で，に囲まれて (＝ among)

ここまではofの訳し方に若干工夫がいるだけで，3つのMがすべて形容詞句として名詞basisを修飾していることがわかれば，実にカンタンな文構造なのです。

さて，問題はthat proper prideに続く関係詞節です。

that proper pride《プライド》 [**which**《それは》 enables《を可能にする》 a man《人が》 (to《こと》 hold《を…にしておく》
（形） （先） （関代）S Vt O C→（不）（Vt）

his head《頭（を）》 high《高い》 (amongst《に囲まれて》 his《その》 fellows《仲間たち》))].
（O） （C） （M）

まず先行詞を確認することです。これはprideとすぐわかりますね。prideは初めて登場した語ですから，that prideを「あの誇り」と訳すと文の流れが悪くなります。では，その前の指示形容詞thatは何でしょうか。この**先行詞の前のthat（先行詞が複数形ならthose）は，「後に関係詞節が続くよ」と予告する役割**があるのみで，訳は不要です。強いて訳せば「あの例の」くらいですが，訳さないほうが賢明です。

whichの関係詞節はprideが先行詞ですから，whichは**無生物主語**ですね。無生物主語構文の文や節では，**Sは副詞的に，Oを主語として訳す**と自然な日本語になります。「whichのおかげで，a manは〜できる」のように訳します。

《**全文訳**》 人の本性が持つ攻撃的要素は，凶暴な攻撃に対する必要な防備であるだけではなくて，それはまた，知性面での達成のための，また独立を獲得するための，そしてまた，人がその仲間たちに囲まれて，泰然と構えていられるだけの立派な誇りまでも持つための，基盤であると言えるのだ。

（解説・解答→別冊：p.8）

演習 14 次の英文を訳しなさい。

A very narrow definition of the economy would be “that part of society which is organized through exchange,” but I myself would want to expand this to include grants and transfers, public and private capital accounting, and so on. （横浜国立大）

演習:語句 definition 名 定義／grant 名 授与／transfer 名 譲渡／capital accounting 名 資本会計／and so on「など」

15 隠れた関係代名詞を見抜け

次の英文の下線部を訳しなさい

How many words are there in English? <u>That is a question no one can answer. A desk dictionary of the kind most college students use may have somewhere around 100,000 words listed in it.</u> One of the large, so-called unabridged dictionaries may list over 500,000 words.

（新潟大）

解法 導入部は何も問題はありませんね。there 構文の疑問文ですから，「英語にはいったい単語がいくつあるのでしょうか?」となります。そして，この文の内容を受けて，That「それは」となります。

それは　である　質問　ゼロの人が　ことができる　に答える

That is a question [no one can answer].

S　Vi　C　（形容詞節）

この文には，2つのSVがありますから**「つなぎの詞《ことば》」**が必要です。2つの節の「つなぎ目」を発見すれば，そこに「つなぎの詞」があると考えられます。1つ目の節のCである a question と2つ目の節のSである no one は直接，何の関係もありません。ここが**「切れ目」**あるいは「つなぎ目」です。さらに2つ目の節のVである answer「に答える」は Vt なのに O がありません。O はどこでしょうか。〈S + Vt〉の直前に名詞がありますね。question です。つまり，N [S + Vt + (?)] の形になっています。それを，**N [(?) + S + Vt]** として，(?) の部分は，**関係代名詞の目的格が省略されたもの**と考えると，疑問は解決します。つまり［(?) …］の **(?) が「つなぎの詞《ことば》」**で，以下がこの文の正体です。

That is a question [**which** no one can answer].

（先行詞）　（関代）O　S　Vt

このように，**関係詞の省略によって，直接，名詞を修飾することになった節を接触節**と言います。そして，**関係代名詞の目的格は省略されるのが普通**です。省略された

例題：語句 somewhere around 副 (＝ somewhere about) だいたい～くらい／so-called 形 いわゆる／unabridged 形 縮約版でない

関係詞で先行詞に左右されず万能なのは **that** ですから，NSV ... を見たら **N [that SV ...]** にしましょう。

次の第 3 文にも，接触節があります。さて，どこでしょう。見抜くコツは，**N [S + Vt + (?)] の部分に着目**することです。どうです，わかりましたか。

机上版の辞書は	の　種類	(それを)	ほとんどの　大学生が
A desk dictionary	(of the kind)	[that	most college students
S (先)		(関代) O	S

を使っている	
use]	may have ...
Vt	Vt

[S + V] の接触節は，直前の名詞と直接につながっているわけですから，kind と most の間に **that が隠れている**ことがわかります。先行詞は the kind です。A desk dictionary が第 3 文の主語で，その述語動詞は may have ... です。

こともあろう	いる	およそ…くらい	約	10 万の単語が	載せられて	その中に
may	have	somewhere	around	100,000 words	listed	(in it)
	Vt	(副)	(副)	O	C (過分)	M

〈**have OC (過去分詞)**〉は受け身の意味になり，「およそ 10 万くらいの単語が載せられている」と訳せれば OK です。

《全文訳》 英語にはどれくらいの単語があるのだろうか？ それは誰にも答えることのできない質問である。たいていの大学生が使っているような机上版の辞書には，およそ 10 万くらいの単語がその中に載っているかもしれない。いわゆる縮約版ではない，大辞典の 1 つには 50 万語以上が載っていることもあるだろう。

(解説・解答→別冊：p.8)

演習 15　次の英文の下線部を訳しなさい。

No Smoking Except in Designated Areas is a sign one is most likely to see more and more in the years ahead, and chances are those designated areas will become more and more out of the way. Perhaps one day there will be a sign that reads, No Smoking Except in the Andes.

(神戸大)

演習：語句 designated areas 名 指定区域／more and more 副 ますます／chances are (that) SVX「たぶん～する」／be out of the way「邪魔にならない」

16 〈前置詞＋関係詞〉の修飾先を探せ

次の英文の下線部を訳しなさい

In general, the context **in which** the words are spoken, or the way **in which** they are said will tell us which of the possible speaker-meanings is intended. But between speakers of different languages or people of different cultures, serious misunderstandings can occur.

（早稲田大）

解法 第1文から下線部，しかもなかなか手ごわそうな英文が登場しました。2つのin whichがそれにますます拍車をかけていますね。後にはwhich ofなども含まれており，出題者がいかにも「解いてみよ」といわんばかりの下線部です。それなら「出題者の鼻をあかしてみる」つもりで挑戦してみるのも一興です。ここでのポイントは，〈前置詞＋関係代名詞〉，2つのin whichです。まずは，邪魔者は消し，**前置詞を含めて関係詞節を［　］でくくって**しまいましょう。

一般に	状況	（のなかで　それ）	ことばが	話されている
In general, /	the context	［(**in which**)	the words	are spoken］
M	S①(先)	(前)(関代)	S	V(受)

や	方法	（で　それ）	ことばが	言われている	教えてくれる	
or	the way	［(**in which**)	they	are said］	will tell	…
(等)	S②(先)	(前)(関代)	S	V(受)	Vt	

先行詞を確認しましょう。これが文全体の主語(S)になるので，以下の関係が成立します。

	the context			
or	the way	will tell	us	which ～
		Vt	O_1	O_2

「状況や方法が私たちに～を教えてくれる」のです。この骨格を頭に入れて，［　］の関係詞節を解読しましょう。

例題：語句 context 名 前後関係，文脈，状況／possible 形 あり得る，可能な，考えられる／speaker-meaning 名 話し手が言いたいこと

関係代名詞 which は前置詞 in の目的語です。which の先行詞は the context と the way ですから，**〈前置詞＋関係代名詞(目的格)〉**を**〈前置詞＋名詞〉**の形にします。**in which** はそれぞれ **in the context**, **in the way** となりますね。次にこれを下記のように［　　］**内に移して意味を形成するパートナーを探す**と，以下のようになります。

the words are spoken（**in the context**）「その状況の中で」
they are said（**in the way**）「その話し方で」

それぞれの which のパートナーは words や they ではなく，are spoken であり，are said であったわけですから，このようにすると文意が明快に読みとれますね。

を教える	われわれ(に)	どれが	のうちの	可能な(考えられる)	相手が言いたいこと	意図される
tell	us	［which	（of	the possible	speaker-meanings）	is intended］.
Vt	O_1	O_2 S		M		V(受)

SVtO_1O_2 の文型ですが，O_2 の部分が SV の節になっているため，わかりにくくなっています。

But 以下の第 2 文を見てみましょう。

But between ⎧ speakers of different languages /
　　　　　or ⎩ people of different cultures, //

〈前置詞＋名詞〉の副詞句が先頭に来た**強調表現**になっています。そして，serious misunderstandings can occur「深刻な誤解が起きることもある」と結んでいます。

《全文訳》 一般に，ことばが話されている状況や，そのことばがしゃべられている話し方から，私たちは相手がおそらく言いたいのは，このことだとわかってくるものである。ところが，違うことばを話す人たちや，異なった文化を持つ人たちの間では，重大な誤解が生じかねないのである。

（解説・解答→別冊：p.9）

演習 16　次の英文の下線部を訳しなさい。

The most important day I remember in all my life is the one on which my teacher, Anne Mansfield Sullivan, came to me. I am filled with wonder when I consider the immeasurable contrast between the two lives which this day connects. It was the third of March, 1887, three months before I was seven years old.

（聖心女子大）

演習：語句 be filled with N「N でいっぱいである」／ immeasurable 形 測れないほど広大な

17 関係代名詞と分離した前置詞をマークせよ！

次の英文の下線部を訳しなさい

(1)The Europe the aeroplane brought me **to** was not the Europe I had known all my life. When I was a child Europe ruled my world. It had defeated the Arabs in Africa and controlled the interior of the continent. (2)It ruled all the countries of the Indian Ocean with which we traded; it supplied our goods.　（中央大）

解法　前の課で，〈前置詞＋関係代名詞〉を見たら，まず前置詞を含めて関係詞節を［　　］にくくり，次に〈前置詞＋関係代名詞〉と〈前置詞＋名詞〉にして［　　］内に移し，意味を形成するパートナーを探すという解釈の方法を示しました。下線部(2)は，その解法によって解決します。今回は，復習の意味で下線部(2)から始めてみましょう。with which の修飾先が all the countries なのは明らかです。〈前置詞＋名詞〉と「前置詞で始まる関係詞節」をカッコでくくると，残るのは，SVO の文型ですね。

ヨーロッパは	を支配した	すべての	国々	の　インド洋
It	ruled	all	the countries	(of the Indian Ocean)
S	Vt		O(先)	M

↑

(と)		私たちが	貿易していた
[(with	which)	we	traded];
(前)	(関代)	S	Vi

［　　］の部分は O を修飾し，「私たちが貿易をしていたすべての国々」となります。

さて，下線部(1)です。the Europe (N) と the aeroplane (S) 以下は N［S Vt O ＋ to］に簡略化。to と was はつながらないので，to の後で“］”を閉じます。［　　］内の S の前に that を加えると，これが前置詞 to の O の役割に。that を which に換えて to を［　　］の先頭に移動すると，［to which S Vt O］になります（→ 16 課）。

ヨーロッパは	(それへ)	航空機が	を運んできた	私	(へ)	
The Europe	[(that)	the aeroplane	brought	me	**to**]	/ was not
S(先)	(関代)	S	Vt	O		Vi(否)

ヨーロッパ	(それを)	私が	知っていた	それまでずっと
the Europe	[(that)	I	had known	all my life].
C(先)	(関代)	S	Vt	M

例題：語句　aeroplane 名 航空機／defeat Vt を打ち負かす／the Arabs 名 アラブ民族／the interior 名 内部

そして，もう1つ，The EuropeとIの間に「切れ目」がありますから，N［that I had known］と**thatを加えて関係詞節を設定**しましょう。するとthatはhad knownの目的語の役割をすることがわかります。この関係詞節も［　　］でくくることができます。以上から，この文の骨格はThe Europe was not the Europe.というSVCの文型ということがわかりますね。

このように，NSVまたはNSVXを見たらN［that SV(X)］にし，**前置詞の目的語がなければ補ったthatがその前置詞の目的語の役割をする**と考えて，英文を読み解くことが大切なのです。

このthatという語は接続詞・関係代名詞・関係副詞にもなれるので，文の構造を見極めるときには使い勝手がよい語です。節［SV(X)］が2つあるのにandもbutもないときは，文中の2つ目のSの前にある最初の「切れ目」(=「つなぎ目」)を探し出し，ここにthatを補うと，従属節の骨格が明確になります。that節を設定してから，thatが接続詞か関係代名詞か関係副詞かを判断します。

（2つ目のS）

① SVX SVX → SVX ［that SVX］

（最初の切れ目）　　（thatを補う）

② S(X) SVXVX → S ［that SVX］ VX

《全文訳》 (1) 航空機で私が着いたヨーロッパは，それまでずっと私が知っていたヨーロッパではなかった。子どもの頃，ヨーロッパは私の生きている世界を支配していたのである。ヨーロッパは，アフリカでアラブ民族を打ち負かし，その大陸の奥深くまで支配していたのである。(2) ヨーロッパはわれわれが貿易をしているインド洋を擁するすべての国々をも支配していたのである。ヨーロッパから私たちは商品を入手していたのである。

（解説・解答→別冊：p.9）

演習 17　次の英文を訳しなさい。

The only thing all the kids are really interested in is cars. The driving and motor sports clubs at the University are the only ones that are really flourishing. So one nineteen-year-old stands up in class, and says, with a silly grin, I drive a Super Macho XT Turbo, and the other students clap and roar their approval.

（東北大）

演習：語句　flourish Vi 繁栄する／grin 名 歯を見せて笑うこと／roar ones approval「大声で賛成を叫ぶ」

18 補語がない!? 主格の関係代名詞をつかめ

次の英文の下線部を訳しなさい

Competition is no longer defined by who has the best know-how to do things better. Companies will be constantly changing. Established companies will be reinventing themselves, and new ones will be appearing all the time. Large size isn't the advantage it once was; variety and flexibility will be more important in determining success.

（東京都立大）

解法 前置詞 by「〜によって」の目的語が who 以下の従属節であることに気づけば，第 1 文の読解は完了したも同然です。

Competition《競争は》 is《る》 no longer《もはや〜ない》 defined《明確にされ》 (by《によって》

S　（助）　（副）　V（受）　M→

[who《誰が》 has《を持っているか》 the best know-how《最高の ノウハウ》 (to do《をする》 things《仕事》 better《よりうまく》)].

名詞節→S（疑）　Vt　O　（不）（Vt）　（O）　（副）

「競争は，もはやものごとをよりうまくこなすための最高のノウハウを誰が持っているか，ということによっては本質が明確にされない」というのが直訳。第 2 文の冒頭に Companies「会社」とありますから，仕事の作業能率で企業の競争（の勝敗）が決まる時代ではないと言っているのです。では，何が企業の競争の行方を決定づけるのか，それが下線部に書かれているわけです。その前に，著者は以下のように言います。

Companies《会社は》 will《だろう》 be《いる》 constantly《たえず》 changing《変化して》.

S　（副）　Vi（進）

〈will be + Ving〉は未来進行形ですね。

そして第 3 文では，「既存の会社は自己改革を進めているだろうし，そして新しい会社

例題：語句 define [Vt] 本質を明確にする／established [形] 確立した，既成の／reinvent [Vt] を大胆に改革する／reinvent oneself「自己改革する」／all the time [副] 始終（＝ always）／variety [名] 多様性／flexibility [名] 柔軟性

がたえず現れてくることになるのだ」と続けています。new ones の ones は companies を受ける代名詞です。

さて，いよいよ本題です。下線部をひと目見て，皆さんはもう**接触節**の存在をすぐ見つけることができますね。N［SVX］を発見したらN［that SVX］にしてthatに役割を与えましょう。これがポイントです。

大規模ということは	ではない	利点		それ	(大規模が)	かつて	(それ)だった
Large size	isn't	the advantage	［	(**that**)	**it**	once	**was** ］.
S	Vi(否)	C(先)		C	S	(副)	Vi

［　　］内が接触節ですが，**wasに補語が必要**です。とすると，**補ったthatがwasのC**と考えると文型の説明がつきます。the advantage **that** it once was が本来の形です。thatは関係代名詞の主格です。このように，**関係代名詞の主格が補語として使われることがあり，これは普通省略**されます。例文を1つ挙げておきましょう。

I am not the person **I was** 10 years ago.

「私は10年前にそうであったような人物ではない→私は10年前の私ではない」

Iの前にwasの補語となる**thatが省略**されています。接触節の頭にthatを加え，補語が必要な動詞（例えばbe動詞）に補語がないときは，そのthatを主格の関係代名詞として把握すること―これが鉄則です。セミコロン（;）の後の節はわかりますね。

《全文訳》 競争は，もはやどこが業務をより首尾よく処理する最高のノウハウを持っているかで決まることはない。会社はたえず変化していくだろう。既存の会社は自己改革を進めているだろうし，新しい会社がたえず生まれているだろう。大規模ということは，かつてとは違って利点ではなくなっている。すなわち，今後は多様性と柔軟性が，成功を決定づけるのにより重要になるだろう。

（解説・解答→別冊：p.10）

演習 18　次の英文の下線部を訳しなさい。

A person's choice and use of words tells as much about him or her as do manners, dress, and general behavior. Your choice of words is not wholly accidental. Listen to someone speak for a few moments, or read something which he has written, and you will learn much about the kind of person he is.

（新潟大）

演習：語句　accidental 形 偶然の

19 〈the way SV〉に関係副詞をキャッチ

次の英文の下線部を訳しなさい

Every culture has its own body language, and children absorb its nuances along with the spoken language. <u>**The way** an Englishman crosses his legs is nothing like **the way** a male American does it.</u> In talking, Americans are apt to end a statement with a droop of the head or hand, a lowering of the eyelids.

（九州大）

解法　関係代名詞が主語や目的語，あるいは補語の役割を果たすということはもうよくわかりましたね。では，副詞的な役割を持つ場合はどうなるでしょう? それが本課のテーマです。

(a)　the way [**that** he speaks] → he speaks (in the way)

the way	[**that**	he	speaks]	→	he	speaks	(in the way)
	M	S	V		S	Vi	M

(b)　the way [**that** he told me] → he told me the way

the way	[**that**	he	told	me]	→	he	told	me	the way
	O_2	S	Vt	O_1		S	Vt	O_1	O_2

(b) では **that** が文の主要素である S, O, C のうち，直接目的語 (O_2) になっていますから**関係代名詞**です。「彼が私に教えてくれた方法→彼が私にその方法を教えてくれた」のですね。ところが，**(a)** は「彼が話す話し方→彼は<u>そういうふうに</u>話す」となって，**that は副詞的な役割**を果たしています。これを**関係副詞**と言い，where や when，why，how などがその主なものですが，that も同じ働きを代用することができます。関係副詞は〈前置詞＋関係代名詞〉によって置き換えることができ，**(a)** の場合は that は **in which とイコール**です。したがって，この that は <u>in</u> the way の意味なのです。この that も **(b)** と同様に省略されるのが普通です。例題でこの用法を探すと，第 2 文の下線部に登場します。

その前に，導入部を解釈しておきましょう。body language は「身体言語」とでも訳しましょうか，身振りや表情によるコミュニケーションのことで，ここでは，すべ

例題：語句　absorb [Vt] を吸収する／ nuance [名] ニュアンス／ along with [群前] といっしょに／〈in ＋ Ving (動名詞)〉「V する［している］ときに」／ be apt to Ⓥ「Ⓥ する傾向がある」／ droop [名] 下げること／ lowering [名]「下げること」／ eyelid [名] まぶた

ての文化には独自の「身体言語」があるという意味が大づかみにとれればOKです。

方法は	英国人が	を組む	その	足	いる	全然〜ない	に似て
The way	[an Englishman	crosses	his	legs]	is	nothing	(like
S(先)	S	Vt		O	Vi	(副)	C→(前)

方法	男性の	アメリカ人が	をする	それ
the way	[a male	American	does	it]).
(名)(先)		S	Vt	O

賢明な読者は2つの**the way の後の関係副詞 that**(= in **which → in the way**) **の存在**をかぎとったはずです。does it の does は it を目的語にする代動詞で，does it 全体で crosses his legs の意味を表しています。

the way と how はいっしょには使えません。現代英語では This is the way I came to like English. もしくは This is how I came to like English.（この場合の how 節は名詞節）のように言います。「こうして私は英語が好きになったのです」の意味です。**〈the way S V〉は頻出表現**ですから要注意です。

第3文は，前置詞 with に droop と lowering の2つの目的語があることに気づけば問題はありません。**〈end O with N〉**で**「OをNで終える」「Oを終えるときにNする」**の意味です。

《全文訳》 すべての文化には，その文化独特の身体言語があるもので，特に子どもの場合は，話しことばとともに身体言語が持つニュアンスを吸収している。英国人の足の組み方は，アメリカの男性の足の組み方とはまったく似ていない。話す場合に，アメリカ人だと話を終えるときに頭や手を下げたり，まぶたを閉じたりする傾向が見られる。

（解説・解答→別冊：p.10）

演習 19 次の英文の下線部を訳しなさい。

I am very sorry to know that you think that as one grows older the affections seem less important. I find myself that the reverse is true. Young people are interested only in themselves and they care only for people who affect them in the way they like to be affected.

（聖心女子大）

演習:語句 affection 名 愛情／reverse 名 逆，反対／care for Vt を好む，に関心を持つ／affect Vt に愛情を与える（古風な定義）

20 「ように」と訳せる〈the way SV〉もある

次の英文を訳しなさい

When digital watches came into being, the old watch became an analog watch, **the way that** ‘baseball’ and ‘turf’ were forced by the new ‘night baseball’ and ‘artificial turf’ to identify themselves as ‘day baseball’ and ‘natural turf.’

（お茶の水女子大）

解法 この課でも〈the way SV〉の解法を学びます。今回は前置詞 in が省略された〈(in) the way (that) SVX〉の形の解釈の方法です。これは追って説明するとして，まず文頭の When から読み下していきましょう。

～ときに　デジタル　時計が　（ある状態）になった　存在
[When digital watches came into being],
（接）　S　Vt　O

従来の　時計は　となった　アナログ　時計
the old watch became an analog watch,
S　Vi　C

digital watch は数字で時刻を表示する形式の時計，対して analog watch は針と文字盤で時刻を示す時計のことですね。When 以下カンマまでは従属節ですから［　］でくくります。come into being は「生まれる，姿を現す」の意味です。

さて，次は **the way that** 以下です。この **that はよく省略される**ことは，前の課ですでに学びましたね。ただし，この the way は，

ように　野球　と　芝が　を強いられた
the way [**that** ‘baseball’ and ‘turf’ were forced
（先）　（関副）　S①　S②　V（受）

によって　新たな　ナイト・ゲーム　や　人工芝　こと
(by the new ‘night baseball’ and ‘artificial turf’) (to ...
M　C→（不）

となり，the way そのものが in the way「～のように」の意味であり，in を省略した

例題：語句 digital 形 デジタルの，数字表示の／come into being「出現する」／analog 形 アナログの，連続量として表す型の（＝analogue）／turf 名 芝生，グリーン

ものです。〈(**in**) **the way** (**that**) **SVX**〉**は，「～するやり方で→～のように」の意味で，様態の接続詞 as と同じ意味**になります。the way 以下は**副詞節**の働きをします。

were forced《を強いられた》 (to《こと》 identify《を明らかにする》 themselves《自身》
V(受)　C→(不)(Vt)　(O)

as《であると》 'day baseball'《デーゲーム》 and《と》 'natural turf'《天然芝》].
(前)　(C)

as は前置詞で，〈identify O as C〉は「O を C であると確認する［はっきりさせる］」の意味です。従来の「野球」や「芝」が，「『デイゲーム』とか『天然芝』であると自ら（の正体）を明らかにせざるを得なかった」ということです。では，この〈the way SVX〉の用例です。

Do it [**the way** I did it], David.
「デービッド，私がやったようにしてごらん」

Things in the world are not going well [**the way** they were (going well)].
(省略)
「世界の事情は，以前と同様にはうまくいっていない」

この２つの例文からもわかるように，the way を as に置き換えても，文意は何ら変わりません。**この as は接続詞**ですから，この語法で用いられる **the way は「接続詞の働きをしている」**と言えます。

《全文訳》 デジタル時計が登場すると，従来の時計はアナログ時計となってしまった。それは「野球」と「芝」が，新たに「ナイトゲーム」や「人工芝」が登場したためにやむなく，「デイゲーム」や「天然芝」という違いを明確にする表現になったのに似ている。

演習 20　次の英文の下線部を訳しなさい。 (解説・解答→別冊：p.11)

If each individual spells the way he speaks, or thinks he speaks, disorder returns and destroys ready communication in writing. If some sort of regional phonetic spelling is used — one for India, one for Britain, one for Texas — that spelling becomes inaccurate and difficult, not only for people of other regions, but possibly for every other individual in any region.

(津田塾大)

演習：語句 individual 名 個人／phonetic 形 音声（上）の／inaccurate 形 不正確な（↔ accurate 正確な）／region 名 地方，地域

21 what 節を[　　]に入れて SVOC を見抜け

次の英文の下線部を訳しなさい

In many offices, when you call and are put on hold, the company apparently feels the need to amuse, entertain or distract you, so it feeds music into the line. If I have to wait for someone on the phone, I don't want the thought of **what** I wish to say crowded out of my head by some senseless bit of music.

（京都外語大）

解法　この課では，**関係代名詞 what** について学びます。この what は，ほかの関係代名詞と異なる点が 1 つあります。それは，**what ＝ that［those］which, the thing(s) which の意味で，それ自体の中に先行詞を内蔵している**ことです。つまり「**〜なもの**」「**〜なこと**」と訳せるのです。下線部はこれがポイントです。

まずは第 1 文から読み下していきましょう。In many offices や従属節の when 節を（　　）や［　　］でくくると，残るのは，以下の節と so 以下です。

その会社は	どうやら〜らしい	を感じる	必要	する　楽しませたり	面白がらせたり
the company	apparently	feels	the need	(to amuse,	entertain
S	（副・文修飾）	Vt	O	（不）（Vt ①）	（Vt ②）

	〜の気をそらしたり	待っている人
or	distract	you), /
	（Vt ③）	（O）

ここでは，to amuse,（to）entertain or（to）distract となり，すべて you を目的語としています。

だから	その会社は	を送り込む	音楽	に　回線
so	it	feeds	music	(into the line).
（等）	S	Vt	O	M

「そのため，会社では音楽を受話器に流すようにしている」となります。こうした文を訳すコツは，実生活の経験を生かすことです。

例題：語句　put O on hold「O を電話口で待たせる」（on hold は補語）／ apparently 副 どうやら〜らしい（→ 99 課）／ distract Vt の気をまぎらす／ feed O into N「O を N に送り込む」／ crowd O out of N「O を N から締め出す」

第2文に移りましょう。If 以下カンマまでは従属節ですね。

私は　を望まない　思考が　に関する　こと　私が　たいと思う　話し
I don't want the thought (of [**what** I wish (to say)])
S　Vt　O　M→　(関代)(O)　S　Vt　O→(不)(Vt)

締め出される　から　私の　頭　で　ある　意味のない　断片　の　曲
crowded (out of my head) / (by some senseless bit) (of music).
C(過分)　M　M　M

what 節を [　　] でくくり，前置詞句を (　　) でくくると，I don't want the thought crowded.「私は考えが締め出されるのを望まない」という主節の骨格が浮かび上がってきました。what 節は前置詞の of の目的語になっている名詞節です。節内の文型を確認しておきましょう。

what I wish (to say) (what は say の O)
(O)　S　Vt　O(Vt)

ここでは **what** は **the things which**「〜なこと」です。

From **what** I hear, she has no ear for music.
「聞くところによれば，彼女はまったく音楽がわからないということだ」

《全文訳》 多くの会社では，人が電話をかけてきてその人を待たせるときはどうやらその人を楽しませたり，面白がらせたり，またその気をまぎらす必要を感じているようで，それで音楽を受話器に流すのだ。私は，もしも誰かを電話口で待たなければならないなら，意味のない断片的な曲のおかげで，話したいことを思いめぐらせているのに，それを頭の中から締め出されてしまうのは，いやだ。

(解説・解答→別冊：p.11)

演習 21　次の英文の下線部を訳しなさい。

Only man is able to record his experiences and leave a written record of his accomplishments and failures. Only man can give future generations the chance to acquire a heritage and a tradition, to profit from what those who have gone before have learned and experienced.

(神戸女子大)

演習：語句 accomplishment 名 完成，仕上げ／heritage 名 遺産／tradition 名 伝統／profit Vi 利益を得る

22 whatが含む「実体」を突き止めよ

次の英文の下線部を訳しなさい

Very few of the great landscape artists of the past or present have ever chosen to paint naturally dramatic or beautiful subjects. A landscape which is naturally beautiful or otherwise attractive to the human eye leaves the artist with little to do except faithfully copy **what** he sees before him.

（東京大）

解法 なかなか手ごわそうな英文です。でもよく見てください。第 1 文の動詞は have（ever）chosen と不定詞の（to）paint だけですね。〈前置詞＋名詞〉などの修飾語句をすべて（　　）でくくってみましょう。

Very《ごく》 few《少数は》 (of《のうちで》 the great《偉大な》 landscape artists《風景画家》) (of《の》 the past《過去》 or《あるいは》 present《現在》) /
S(代)　M　M

have《いる》 ever《今までに》 chosen《を選んで》 (to《こと》 paint《を描く》 naturally《写実的に》 dramatic《劇的な》 or《あるいは》 beautiful《きれいな》 subjects《画題》).
(助)　(副)　Vt(過分)　O→(不)(Vt)　(副)　(形)　(形)　O

（Very）few have（ever）chosen という骨格が簡単につかめますね。**few** はここでは形容詞ではなく**代名詞**で，「ほとんど～ない人（もの）」という準否定の表現です。

次に，下線部です。一見わかりにくい英文ですが，関係代名詞節がそれをいっそう複雑にしています。**関係詞節の支配範囲を［　　］でくくり，文の主要素を浮きぼりにすることが先決**です。

A landscape《風景は》 [which《(それは)》 is《である》 naturally《自然のままで》 beautiful《美しい》 or《か》 otherwise《ほかの点で》
S(先)　(関代)S　Vi　(副)　C①　(接)　(副)

attractive《魅力的な》 (to《に》 the human《人の》 eye《眼》)] / leaves《～に残す》
C②　M　Vt

例題：語句 landscape artist 名 風景画家／ choose to Ⓥ「Ⓥすることに決める，Ⓥすることのほうを選ぶ」／ dramatic subject 名 劇的な画題（例えば落日の見事なパノラマなど）／ leave O（人）＋ with N（物）「O に N を残す」／ except 前 ～のほか

主格の関係代名詞 which が導く節は形容詞的に landscape を修飾する従属節です。その支配範囲はどこまででしょうか。まず**離れた動詞 leaves** に注目してください。この leaves の直前の名詞 eye は，前置詞 to の目的語ですから，ここで関係詞節は区切れますね。とすれば，leaves が文の V となります。また，is beautiful (to), (is) attractive to を見抜くこともポイントです。

さて，後半部です。

A《ある》 landscape《風景は》 ... leaves《に残す》 the artist《画家》 (with《を》 little《わずかのもの》) (to do《なすべき》) /
S　Vt　O　M　(不・形)(Vt)

(except《以外(の)》 faithfully《忠実に》 copy《を写しとる》 [**what**《〜するもの》 he《画家が》 sees《見る》 (before《前に》 him《自分の》)]).
(前)　(副)　(Vt)　(関代)(O)　(S)　(Vt)　(M)

無生物主語の構文です。目的語を主語にして訳すと，〈leave (人) + with little to do〉「(人) はすることがほとんどなくなる」と訳せます。関係代名詞の what は the thing which と置き換えられますが，さてその thing「もの」とは何でしょうか。**what の内蔵先行詞＝「実体」をつかむことが正確な解釈のポイント**になります。「画家が自分の目の前に見るもの」ですから，この文の主語は landscape 以外に考えられません。「実体」を明らかにすると，what he sees = the landscape which he sees となります。

なお，前置詞 except の目的語がⓋの場合，except Ⓥの前置詞句は前にある nothing か，それに準ずる表現を修飾します。ここでは代名詞の little を修飾していますから，以下のような関係になります。

little ... (except ...)

《全文訳》 過去でも現在でも偉大な風景画家の中で，今まで劇的なあるいは美しい画題をそっくりに描くことにした人は，ごくわずかである。そのままで美しいとか，ほかの点で人の眼に魅力的であるといった風景を見ると，画家は眼前に見えるその風景を忠実に写しとる以外に，なすべきことはほとんどなくなってしまうのだ。

(解説・解答→別冊：p.12)

演習 22 次の英文の下線部を訳しなさい。

Despite mankind's reputation for violence, most people prefer to avoid confrontation, and avoiding confrontation is what manners are all about. Manners are not a demonstration of weakness, but a sign of common sense.

(京都女子大)

演習：語句 despite 前 〜にもかかわらず／reputation 名 世評／prefer to Ⓥ「Ⓥすることのほうを好む」／confrontation 名 立ち向かうこと，直面

23 〈what we call C〉は「いわゆる〜」

次の英文を訳しなさい

In a recent issue of *Nature* two investigators report finding **what they call** the earliest evidence for human use of fire; bits of charred animal bone from a South African cave that appear to be more than a million years old.

（東京大）

解法 前課までで，文を解釈する上で**関係代名詞の what 節**がいかに重要なポイントになるかがよくわかったのではないでしょうか。それだけに**入試でもよく問われる**ところです。そして what のポイントはこれまで述べてきたものだけにとどまりません。まだまだあります。例えば，よく**イディオム扱いされる what 節**です。これが，この課のテーマです。まずは冒頭から読み下していきましょう。

では　最近の　発行[号]　の『ネーチャー』誌　2人の　調査研究者が　を報告している　を発見したこと
(In a recent issue) (of *Nature*) two investigators report finding ...
M　M　S　Vt　O(動名)

ここは文の構造がすぐつかめますね。動名詞 finding が文の述語動詞 report (Vt) の目的語になっています。

さて，その後の関係代名詞 what が率いる従属節の構文はどうなっているでしょうか。

を発見したこと　(…する)もの　(人)が　を(…と)呼ぶ　最も古い　証拠(と)
finding [**what** **they** **call** the earliest evidence
(動名)(Vt)　(O)→O　S　Vt　(最上級)　C

の　人間が　用いたこと　を　火　すなわち
(for human use) (of fire)] ;
M　M

what は節内で O の役割を果たしています。例を挙げて，もっとわかりやすく説明してみましょう。

例題：語句 issue 名 発行物，〜号／investigator 名 調査研究者／evidence 名 証拠／char Vt (火で)を黒こげにする

彼は	である	もの(?)	私たちが	を…と呼ぶ	英雄
He	is	[what	we	call	a hero].
S	Vi	O	S	Vt	C

what に内蔵されている先行詞を取り出すと，以下のようになります。

彼は	である	その 種類	の	人		私たちが	を…と呼ぶ	英雄	
He	is	the kind	(of	person)	[that	we	call	a hero].	
S	Vi	C(先)	M		(関代)O	S	Vt	C	

「彼は私たちが英雄と呼ぶ類いの人である」は「彼はいわゆる英雄である」と言い換えても，一向に意味は変わりませんね。つまり**〈what we call C〉は「いわゆる C」とイディオム的に訳すことができる**のです。また受動態にして He is **what**（= the kind of person that）**is called** a hero.「彼は英雄と呼ばれる類いの人物である」も，「彼はいわゆる英雄である」と同じ意味です。**what is called** も「いわゆる」となります。

さて，例題に戻って finding 以下を訳すと，**what they call** も「いわゆる」ですが，この文ではちょっと注意。they は特定の 2 人の研究者ですから，「彼らが言う（いわゆる）最も古い証拠を見つけた」となり，what 節は finding の O になっています。bits 以下は，what 節の言い換え，つまり**同格語**です。関係代名詞 that の後の動詞 appear は先行詞が複数名詞であることを示していますから，**bits が先行詞**ですね。to be 以下が appear の C になっています。

《全文訳》 最近発行の『ネーチャー』誌では，2 人の研究者が人類が火を用いたということの最も古い証拠と称するものを発見したと報じている。その証拠とは，ある南アフリカの洞窟から出た 100 万年以上経っていると思われる，動物の黒こげの骨のかけらである。

演習 23　次の英文を訳しなさい。

（解説・解答→別冊：p.12）

Words themselves can be viewed in two different ways. There is, in fact, the meaning that a word has in the dictionary（what is called the denotation）and the associations that the word has gained through constant use（the connotations of the word）.

（熊本大）

演習：語句 denotation 名（語の明示的な）意味／ connotation 名 言外の意味，含意

24 〈what S be〉は「(いついつの) S」と訳せ!

次の英文の下線部を訳しなさい

So long as the mind of man is **what it is**, it will continue to rejoice in advancing on the unknown throughout the infinite field of the universe; and the tree of knowledge will remain for ever, as it was in the beginning, a tree to be desired to make one wise.

(京都大)

解法 また，what 節が登場してきました。what it is がひとかたまりの節になっていることはすぐわかりますが，訳してみようとすると，どう考えてもつかみどころのない訳にしかなりませんね。第一に，〈what S + be 動詞〉で，しかも，節内の主語 (S) が it ですから，「それがであるもの」といった解釈しか思いつきません。it が the mind of man「人の心」をさす代名詞と気づいても「人間の精神であるもの」となって，さっぱり具体的なイメージがわいてきませんね。

実はこの what は 18 課で学んだ **the person that** と同じ考え方をすればいいのです。用例を示しておきましょう。

What I am is not **what** I was.

この what は，節内の補語 (C)。**what = the person that ととると，the person は人の性質，身分，人格などを含むものですから，「(いついつの) なにがし」と訳すとよい**のです。したがって用例の訳は「現在の私は過去の私ではない」となります。例題に戻りましょう。

限りは	精神が	の	人間	である	～のもの	それが	である	
So long as	the mind	(of	man)	is	[**what**	**it**	**is**]	/
(接)	S			Vi	C→C	S	Vi	

つまり，what 節は「それ (人間の精神) が現在のままの性質のものである」ととれるため，**〈what S be〉は，「現在の (あるいは過去の) S」と訳すことができる**のです。

例題：語句 so long as (＝as long as) 接 ～する間は，～する限りは／the unknown 名 未知のもの／the tree of knowledge 名 知恵の木 (聖書でアダムがこの木からりんごを取って食べたとされる)／desire O to Ⓥ「O に Ⓥ してほしいと (強く) 望む」

そして，「人間の精神が現在のままである限りは」，

it《人の心は》 will《だろう》 continue《を続ける》 (to《こと》 rejoice《喜ぶ》 (in《に》 advancing《進むこと》 on《ほうに》

S　Vt　O→　Vi　M→(前)　(動名)(Vi)　(前)

the unknown《未知なるもの》) / (throughout《の隅から隅まで》 ...)

(名)　M→　(前)

it will continue to rejoice という文の主要素をきっちりキャッチしてください。throughout the infinite field「無限の広がりの至るところに見られる」は，形容詞的に the unknown「未知なるもの」を修飾しています。

以下の文にも触れておきます。文の主要素は，for ever「永遠に」という前置詞句や to be desired to make one wise「人を賢明にしてほしいと望まれる(樹)」という不定詞句，さらに，

[as《ように》 it《木が》 was《そうであった》 (in the《において》 beginning《そもそもの始まり》)]

(接)　S　Vi　M

という副詞節を [　　] でくくると，the tree (of knowledge) will remain a tree「(知識の) 木は (〜である) 木のままでいる」となり，SVC の文型がつかめますね。as 節の was の後は remain の補語と同じ補語 a tree to be ... が省略されています。

《全文訳》 人の精神が，現在のままである限りは，宇宙の果てしない広がりの至るところにある未知なるものに，その精神はたえず近づいていくことに喜びをおぼえることだろう。したがって人類のそもそもの始まりにおいてそうであったように，知恵の木は，永久に，人を賢明にしてほしいと望まれる木のままでいることだろう。

演習 24　次の英文を訳しなさい。

(解説・解答→別冊：p.13)

Some people supply too many past victories or pleasures with which to comfort themselves, and other people cling to pains, real and imagined, to excuse what they have become.

(玉川大)

演習：語句　cling Vi 執着する，くっついて離れない

25 共通関係を見抜く and, but, or

次の英文の下線部を訳しなさい

When it is a foregone conclusion that the only thing that will be, **or** can be, is the thing that has been, every phenomenon which refuses to adapt itself to that self-evident formula will be doubted **or** ignored; and, if it persists in thrusting itself as an obstinate fact, it must be manipulated somehow till it fits in with the old formula.

（学習院大）

解法　この課では，**共通関係**がテーマです。共通関係とは，**文法上同じ資格を持つ語（句）が and，but，or などの等位接続詞によって結ばれた関係**を言います。したがって，これらの接続詞，and，but，or に焦点を当てると英文の立体的な構造（結合）が明らかになってきます。例題の英文では **or** が２つありますね。この or に注目して読解してみましょう。

場合は	～が	である	初めからの　決定	ということ	唯一の　ことは	
[When	it	is	a foregone conclusion	[that	the only thing	[that
(接)	S(形)	Vi	C	S(真)→(接)	S(先)	(関代)S

だろう　起こる	あるいは	うる	起こり	である	こと	(それは)	今まで起こった
will be,	or	can	be],	is	the thing	[that	has been]]], /
Vi	(等)		Vi	Vi	C(先)	(関代)S	Vi(現完)

or という等位接続詞に注目してみます。そうすると or をはさんで，

(X)
that（共通語）{ will be（助動詞 + Vi）→ (A)
or can be（助動詞 + Vi）→ (B) }

という文法上同じ資格を持つ共通関係が見えてきます。並列的だった英文が立体化してきます。このように，文の主要素同士や修飾関係に目をやると，**等位接続詞によってつながれた X（A + B）型の構造**が浮かび上がってきます。具体的には，**S**（V + V）

例題：語句　foregone conclusion 名 初めから決まっている結論［決定］，必然的結論／phenomenon 名 現象／persist Vi 固執する／thrust Vt を強く押す（thrust oneself「でしゃばる」／obstinate 形 かたくなな，頑固な／manipulate Vt（本件，問題など）をうまく処理する／fit in Vi 適合する

→**共通の主語**を持つ動詞，**V**(O + O) →**共通の動詞**を持つ目的語，**V**(C + C) →**共通の動詞**を持つ補語，**M**(N + N) →**共通の修飾語**を持つ名詞，**前置詞**(N + N) →**共通の前置詞**を持つ名詞などの共通関係があります。

すべての　現象は　（それは）　を拒む　こと　適応する　に
every phenomenon [which refuses (to adapt itself (to
S(先)　(関代)S　Vt　O→(不)(Vt)　(O)

その　自明の　決まり　ことになる
that self-evident formula))] will be
(形)　(名)　(助)（助）

疑われる
doubted
（過分）

か　無視される
or ignored;
（過分）

この文でも，**or** に注目すると**共通の be 動詞を持つ過去分詞の共通関係**が見えてきましたね。こうすると，文の構造が立体的に頭の中で整理されてきます。これが解釈ではキーポイントになるのです。

and 以下は if 節と till に導かれた従属節を［　　］に，as an obstinate fact「かたくなな事実として」という修飾語句を（　　）にくくれば，it must be manipulated (somehow)「(何とか) うまく処理されなければならない」という文の主要素が明らかになってきます。

《全文訳》 これからありそう，もしくは起こる可能性があることはこれまでにあったことだけだ，というのが初めから決まっている結論である場合，その自明の決まりに適応することを拒むすべての現象は，疑いの目で見られるか，無視されたりすることになる。そして，もしその現象が，無視し得ない事実としてあくまででしゃばるなら，それが旧来の決まりに適合するようになるまで，何とかうまく処理されなければならなくなるのだ。

演習 25　次の英文の下線部を訳しなさい。

（解説・解答→別冊：p.13）

We must not forget that even people from the same country but different regions also have their own special accents. The same can be said about Japan. People who grew up in Tokyo speak quite differently from those who were born in Osaka.

（岩手大）

演習:語句 region 名 地域／ accent 名 なまり

26 共通関係（A ＋ B）Y の構文を見抜け

次の英文の下線部（1）（2）を訳しなさい

(1)The myth of the hero is the most common **and** the best-known myth in the world. We find it in the classical mythology of Greece and Rome, in the Middle Ages, in the Far East, **and** among contemporary primitive tribes. It also appears in our dreams. (2)It has an obvious dramatic appeal, **and** a less obvious, **but** nonetheless profound, psychological importance.　（早稲田大）

解法　前課に引き続き，共通関係に焦点を合わせて読解のコツを身につけていきましょう。前課は or でしたが，今回は下線部（1），（2）ともに **and** が主役です。but も登場していますね。

神話は　　に関する　英雄　　である
The myth (of the hero) is
S　　　M　　　Vi

最も　普及した
the most common
（最上級）形①

かつ
and
（等）

最も　よく知られている
the best-known
（最上級）形②

神話
myth
C

で　世界
(in the world).
M

myth を共通語とする共通関係は，前課の X（A ＋ B）型と違って，**（A ＋ B）Y 型**になっていますね。**等位接続詞の and によってつながれた（形＋形）名詞のケース**です。

そして，第 2 文は，We find it に続いて，find と前置詞句の共通関係をつかむことができます。

の中に　古典の　神話集
(in the classical mythology)
M
の　ギリシャ　や　ローマ
(of Greece and Rome,)

中世
(in the Middle Ages,)
M

極東
(in the Far East,)
M

そしてまた
and
（等）
の間に　現代の　原始的種族
(among contemporary primitive tribes)
M

例題：語句　myth 名 神話（伝説）／primitive tribe 名 原始的種族／nonetheless 副 それにもかかわらず

カンマも共通関係を見抜く手がかりになります。ただし，これらの関係は X(A + B)，型で第 1 文の関係とは異なります。

さて，下線部 (2) の共通関係はどうでしょうか。

			明白な 劇的		魅力［訴え］		
			an obvious dramatic		appeal		
					（名）O①		
その神話には	がある		それほど～ない	明白で		心理学上の	
It	has	a	less	obvious,		psychological	
S	Vt		（副）	形①		形③	
そして		が	それにもかかわらず	深い		重要性	
and		but	nonetheless	profound		importance.	
（等）		（等）	（副）	形②		（名）O②	

has (appeal + importance) は，動詞 (名詞＋名詞) で X (A + B) 型，(obvious + profound) importance は，(形＋形) 名詞で (A + B) Y 型の共通関係であることがわかりますね。**and，but，or などは (A + B) Y 型の共通関係を見抜く手がかり**になります。(A + B) Y 型には，このほか，(S + S) V →共通の動詞を持つ主語，((S + V) + (S + V)) O →共通の目的語を持つ節，(M + M) N →共通の名詞を持つ修飾語句などがあります。

《全文訳》 (1) 英雄にまつわる神話は，世界で最も普及し，かつ最もよく知られている神話である。こういった神話は，ギリシャやローマの古典神話，中世，極東，そしてまた現代の原始的生活をしている種族の間に見られるのだ。英雄神話は私たちの夢にも出てくる。(2) それ (英雄神話) は，はっきりした劇的な魅力と，それほど明白ではないが，それでいて深遠な心理学上の重要性を持っている。

(解説・解答→別冊：p.14)

演習 26 次の英文を訳しなさい。

Happiness and true freedom come only when we assume full responsibility for who and what we are. As long as we feel comfortable putting blame on others, we will never be required to think over and change our own behaviors.

(岡山大)

演習：語句 assume [Vt] (責任など) を引き受ける／responsibility [名] 責任／put blame on N「N のせいにする」

27 X(A ＋ B) Y の共通関係を見抜け

次の英文の下線部を or と nor に注目して訳しなさい

Although I know of no scientific grounds to support my theory, I do not believe that a sense of humor is something that a person just is **or** is not born with, **nor** that it cannot be developed. My limited study of the mind and its potential suggests to me that we could all develop a sense of humor, if we but tried.

（広島大）

解法　文の構造をつかむために，**共通関係**を見抜くことが大きなカギになることはわかりましたね。特に英文の場合，その構造自体が**接続詞**によって左右される特質を持っているからなおさらです。これまで and や or を見て，単純に「そして」とか「あるいは」と訳していたキミ，接続詞こそ英文読解のカギをにぎる宝物なのです。and や or，そして but に出会ったら，**Y (A ＋ B)** や **(A ＋ B) Y** などの共通関係をマーク，これが解法の鉄則です。

さて，第 1 文。下線部の **or** と **nor** がキラリと光っていますね。Although から my theory までの従属節は，「自分の理論を裏づける科学的根拠があるかどうかは知らないけれども…」と訳せましたね。to Ⓥ は直前の名詞 grounds を修飾しています。そして下線部，**2 つの共通関係**をしっかりつかみましょう。

I (S) do not《…しない》 (助・否)
[that《(～ということ)》 (O①→(接)) a sense《感覚は》 (S) (of《の》 humor《ユーモア》) (M) is《である》 (Vi) something《何か～なもの》 (C(先)) [that《それ》 (関代)

believe《と思う》 (Vt)
a person《人が》 (S) just《ただ》 (副) { is《いる》 (助①) / or《か》 is not《いない》 (助②) } born《生まれて》 (過分) with,《を持って》 (前)]]

nor《しまた～ない》 (等)
[that《(～ということ)》 (O②→(接)) it《それが》 (S) cannot《ない》 be developed《養われ》 (V(否)(受))].

例題：語句 grounds 名 根拠／ a sense of humor「ユーモアのセンス」／ potential 名 可能性，潜在能力／ suggest to N that S V X「N に～と暗示する」／ but 副 単に（＝ only）

どうです，立体的につかめましたね。まず他動詞 believe には，that に導かれた目的節が２つあります。つまり nor をマークすることで，V（節＋節）という **X（A ＋ B）型の共通関係**を解明することができ，文意は楽にとれるのです。さらに，a person 以下には，

something that a person《(X)》 (just) or ↗ is (A) ↘ (Y) born with,
　　　　　　　　　　　　　　　　　　↘ is not (B) ↗
　　　　　　　　S　　　　　　　　　　V (be ＋過分)

という **X（A ＋ B）Y の共通関係**が見られますね。**X（A ＋ B）と（A ＋ B）Y が同時に発生**したタイプです。この部分の that は something を先行詞とする関係代名詞で with「～を持って」の目的語となっています。

第２文は〈study suggests ＋ that 節〉という **SVO** が骨格です。さらに，

My《私の》 limited《限られた》 study《研究は》 (of《を対象とする》 { the mind《心》 (A) and its《心の》 potential《潜在能力》 (B) }) suggests《を暗示する》 ...
　　　　　　S　　(X)　　　(O①＋O②)　　　Vt

という **X（A ＋ B）の共通関係**を見抜くのがポイントです。**could** と if 節の **tried** に目をつけ，**仮定法過去**と押さえましょう。all は代名詞で we の**同格語**になっています。

《全文訳》 自分の理論を裏づける科学的根拠があるかはまったくわからないのだが，ユーモアのセンスというものは，ただ単に，人に生まれつき備わっているものでも備わっていないものでもないと思うし，またそれを養うことができないとも思わない。私が人の心とその潜在能力をわずかながら研究したことで，人は皆，その気さえあればユーモアのセンスを養うことができるということがわかっている。

（解説・解答→別冊：p.14）

演習 27 次の英文の下線部を訳しなさい。

Although man has been growing mentally richer ever since he started to think, the computer allows and will continue to allow him to perform vast “mental” tasks in a relatively short time.

（愛知工業大）

演習：語句 mentally 副 精神的に／ perform Vt を成し遂げる／ relatively 副 比較的に

28 副詞節の中の隠れた〈S + be〉をキャッチ

次の英文中の deprived の活用を考えて下線部を訳しなさい

Recent dream research has shown that a person deprived of dreaming, even though not **deprived** of sleep, is nevertheless impaired in his ability to manage reality. He becomes emotionally disturbed because of being unable to work out in dreams the unconscious problems that confuse him.

（東京大）

解法 英語はそもそもが**同じ語（句）の反復を避けたがる言語**である，というのはすでに述べましたね。そのため，ほかのもっと簡単な語（句）に**置き換え**たり（代動詞，代不定詞），**省略**したりすることがしばしばあります。特に，日本人のわれわれにとって，省略語（句）は英文を読み解く上で大変な障害になってきます。しかし，逆に言えば，**省略語（句）を見抜き，それを補いさえすれば，英文の構造ははっきり姿を現してくる**とも言えるのです。この省略語（句）を見抜くには，やはり主節の SV，従属節の SV をきちんとつかみ，その上で不足している語（句）をキャッチしていくことが大切です。

下線部，第 1 文を見てください。〈dream research has shown + that 節〉「夢の研究によって～が明らかになってきた」という主節の SVO をまずつかんでください。**無生物主語の構文**ですから，主語を副詞的に，目的語を主語として訳していきます。

[that《～ということ》 a person《人は》 deprived《奪われた》 (of《を》 dreaming《夢を見ること》), /
(接) S (過分) M

[even though《たとえ～としても》 (he is) not《ない》 **deprived**《奪われ》 (of《を》 sleep《睡眠》)], //
(接) (省略) (過分)

is (nevertheless《にもかかわらず》) impaired《損なわれる》 (in《の点で》 his《その》 ability《能力》) (to manage《に対処する》 reality《現実》)].
(副) V(受) M (不・形)(Vt) (O)

例題：語句 deprive O of N「O から N を奪う」／nevertheless 副 それでもやはり，それにもかかわらず／impair Vt を損なう／emotionally 副 情緒的に／disturb Vt を不安定にする

以上のように that 節の構文をとらえると，a person is impaired という文の骨格が読みとれます。この that 節の中には，さらに even though「たとえ～としても」という接続詞によって導かれた副詞節が挿入されています。しかし，この副詞節には SV が見当たりません。〈SVX,［接続詞 + S + be ...］〉において，**副詞節の〈S + be〉が省略されることがある**からです。過去分詞の deprived の主語は文脈上 a person と考えられるので副詞節に S と be を復活させると，以下のようになります。

even though (he is) not deprived of sleep

要するに，副詞節を導く従属接続詞の後に主語などが見えないときは **〈S ＋ be〉を補ってみる**とよいのです。

Homework is important, however laborious (it is).
「どんなに (宿題が) 骨の折れるものでも，宿題は大切です」

次の第 2 文は，He (S) becomes (Vi) disturbed (C).「彼は不安定となる」が文の骨格です。because of 以下は長い修飾語句です。

(because of《のために》 being unable《できないこと》 to《ことが》 work out《…を処理する》 (in《の中で》 dreams《夢》)
(動名)(助) (Vt) (M)

the unconscious problems《無意識の 問題》 [that confuse《を混乱させる》 him《彼》]).
(O)(先) (関代)S Vt O

《全文訳》 最近の夢の研究から，夢を奪われた人は，たとえ睡眠を奪われなくても，またやはり現実に対処する能力が損なわれることがわかっている。彼は自分を悩ませている自分では気づいていない問題を，夢の中で処理することができないために，情緒的に不安定になることもわかっている。

(解説・解答→別冊：p.15)

演習 28 次の英文の下線部を訳しなさい。

Among other things, it is usually quite easy to get permission to take pictures in an undeveloped field, the price of admission is free, and there are few if any restrictions on what you can do.

(大阪女子大)

演習：語句 among other things 副 数ある中で，とりわけ (＝ among others) ／ restriction 名 制限

29 省略は前出の共通語句をチェックする

次の英文の下線部を省略語句を補って訳しなさい

Dad often made surprise visits to our schools to find out if and when we were ready to skip. Because of his home-training program — spelling games, geography quizzes, and arithmetic and languages — <u>we sometimes were prepared to skip; **but** never so prepared as Dad thought we should be</u>.

（東京大）

解法 省略は同じ語（句）の反復を避けるための表現形式です。いかにも英語圏の合理的な表現方法ですね。前課では〈S ＋ be 動詞〉の省略について述べましたが，述語動詞や補語，修飾語句の省略もあります。文型をチェックし，**不足があれば前出の部分と比較して語句を補い，完全な文の形を整えてから訳す**ことが基本です。前出の共通している語句が省略されることがヒントになります。

それはさておき，まず第 1 文を読解してみましょう。

父は	よく	をした	不意打ちの	訪問	への	私たちの	学校
Dad	often	made	surprise	visits	(to	our	schools)
S	（副）	Vt	（形）	O ←	M		

ために	を確かめる	かどうか		いつ	私たちが	である	～できる状態（で）	飛び級する
(to	find out	[if	and	when	we	were	ready	(to skip)]).
（不・副）	（Vt）	（O）→（接）	（等）	（疑・副）	S	Vi	C	（不）（Vi）

以下の共通関係がつかめましたか。

to find out {if / and when} we were ready ～

これにより，「私たちが飛び級できるようになっているかどうか，またそれ（私たちが飛び級できるようになっているの）はいつなのかを探ってやろうと…」と訳せます。schools と複数形になっているのは，子どもが違う学校に行っているからです。

例題：語句 skip Vi（教育で）飛び級する／ geography quiz 名 地理の小テスト

第 2 文の Because of「〜のために」以下の修飾語句は副詞句です。ダッシュ (—) は,「例えば〜などの」程度の意味で, ダッシュにはさまれた部分は, his home-training program「彼が作った家庭学習計画」の具体例を挙げたものです。さて, 下線部です。

we《私たちは》	sometimes《時には》	were《あった》	prepared《…できる状態で》	(to skip)《飛び級する》;	but《が》
S	(副)	Vi	C	(不)(Vi)	(等)

(we)	(were)	never《決して〜ない》	so《それほど》	prepared《〜できる状態では》	(to skip)
			(副)	C	

[as《ほどには》	Dad《父が》	thought《と思う》	[(that)	we《私たちが》	should《はずだ》	be《である》]].
(接)	S	Vt	O→(接)	S	Vi	

but は等位接続詞ですから, S と V がなければなりません。見当たらなければ**前文にある語 (句) と共通の語 (句) が省略されたものと考えればよい**のです。〈as/so ＋原級＋as〉にも目を配りましょう。前文と比較すると, (we) (were) never と不足した部分を補えばよいことがわかりますね。以下の文で省略されている語 (句) はわかりますか。

Those who know themselves are wise; those who don't, are not.
「己れを知る人々は賢いが, 知らない人々は賢くない」

don't の後に **know themselves** を, are not の後に **wise** を補えましたか。

《全文訳》 父はよく私たちが通っている学校を不意に訪ねて, 私たちに飛び級の資格ができているかどうか, それはいつかを探ったものだ。父が作った家庭学習計画 — つづり字遊びや地理の小テストや算数, それに国語や語学 — のおかげで, 私たちは飛び級できるレベルに達していることもあった。とはいっても, 父が期待するほど, 私たちは飛び級できるレベルにはまったく達していなかったのである。

(解説・解答→別冊：p.15)

演習 29 次の英文の下線部を訳しなさい。

The writer of a science book, the creators of a new constitution for a country — these do not want to appeal to the emotions of the reader, only to his brain, his understanding. They are not writing literature. (熊本大)

演習：語句 creator 名 創造者, 創案者／constitution 名 憲法／understanding 名 理解, 知識

30 〈There is SP〉は〈S is P〉と考えよ

次の英文の下線部を訳しなさい

When travelling on the circle line in Tokyo a year or so ago, I was fascinated by the wildness of advertising on display in the carriages. In addition to the usual row above the windows, as in the London Tube, <u>**there were** advertisements **projecting** on banners from the walls, advertisements **pasted** on the doors, ceiling, windows and dividing screens by the doors, and advertisements **wrapped** round each individual strap hanger</u>.

（学習院大）

解法 第 1 文の冒頭から**省略**がありますね。主節が I was で始まっていますから，**When 以下の従属節の中に省略されている SV** が主節と同じ **I was** であることはすぐわかります。従属節の訳は「1 年ほど前，東京の山手線に（私が）乗っているときに」です。主節は，すべての修飾語句（M）をはずすと，I was fascinated by the wildness.「私はその無秩序ぶりに魅了された」が残りますね。

第 2 文に移ります。ここにも**接続詞 as に導かれた節に省略**があることにピンときたら，しめたものです。

(In addition《加えて》 to《に》 the usual《よくある》 row《1列》) (above the《の上の》 windows《窓》),
（群前）　（名）　M

［ as《ように》 (there were) (in《で》 the London Tube《ロンドンの地下鉄》)］, /
（接）　M

as (there were) in the London Tube「ロンドンの地下鉄で見かけるように」と，**後続部分と対比して省略語を補って理解**すると，文意がはっきりしてきます。補った there were の後の advertisements 以下は補う必要がありません。

さて，勢いに乗って下線部に挑戦しましょう。there 構文ですが，キーワードは 3

例題：語句 the circle line in Tokyo 名 東京の環状線（山手線）／be fascinated by N「N に心を奪われる」／wildness 名 乱雑さ／advertising 名 広告／on display 形 展示して／banner（＝ flag）名 旗，横断幕（ここでは横長に吊るされている広告板）

度出てくる advertisements「広告」ですね。これを立体的にとらえてみましょう。

there were《いた》 (副) Vi

{ advertisements《広告が》 (S ①) projecting《突き出て》 (P ①(現分)) ...,

advertisements《広告が》 (S ②) pasted《貼られて》 (P ②(過分))

{ (on the doors, ceiling, windows and dividing screens) (by the doors),

and (等) advertisements《広告が》 (S ③) wrapped《巻きつけられて》 (P ③(過分)) ... }

〈There ＋ be 動詞＋ S ＋ P(述語)〉の構文がはっきり見えてきます。これは**〈S ＋ be ＋ P〉と考え，訳は「S が P している」**となります。この P には，現在分詞(-ing)や過去分詞，形容詞，〈to be ＋過去分詞〉などがきて，S に対する述語の役割を果たします。P に進行形になじまない状態動詞の現在分詞が使われている場合は，be 動詞を使わずに現在形や過去形として訳します。

《全文訳》 1 年ほど前に東京の山手線に乗っているとき，車両内に掲示してある広告がいかにも無秩序なのに興味を引かれた。ロンドンの地下鉄内でよく見るように，窓の上にある普通の列のほかに，両側から横断幕となって広告が貼り出していたり，ドアや天井や窓，さらにはドア際の枠組みの仕切りに貼られていたり，また各々のつり革に広告が巻きついていたのだ。

演習 30 次の英文の下線部を訳しなさい。 (解説・解答→別冊：p.15)

There are said to be more than 600,000 people studying Japanese today, and the number is expected to grow to 4 million within 10 years, according to the Japan Foundation. The first standardized test given by the Japanese government to qualify Japanese language teachers recently attracted nearly 5,800 applicants, including 50 non-Japanese.

(神田外語大)

演習：語句 the Japan Foundation 名 国際交流基金／standardize Vt を標準［規格］化する／qualify Vt に資格を与える／attract Vt を引きつける／applicant 名 志願者，応募者

31 that の名詞節が V に持つ 3 つの役割

文中の 2 つの that の役割を明示して，下線部を訳しなさい

As Carpenter worked on *Sarada Kinenbi*, the far greater challenge was to capture Tawara's shades of meaning. <u>"One of the things **that** made Tawara famous is **that** her poems are more easily understood than the classic *tanka*," says Carpenter.</u>

（大分大）

解法　接続詞 that で始まる節が名詞節となる場合，その節は主節の V に対し，**S, O, C のいずれかの働き**を持ちます。したがって，that 節が SOC のいずれの役割を持つかを見抜くことが，英文の文型をつかむ大きな手がかりとなります。関係詞の用法も含めて，**that を見たら，まずその役割を考えること**が解法のポイントになります。

さて，第 1 文の導入部から訳してみましょう。

[As《ときに》 Carpenter《カーペンターが》 worked on《に取り組んでいた》 *Sarada Kinenbi*《『サラダ記念日』》], /
(接)　S　Vt　O

接続詞 As「～のときに」に導かれた従属節で，副詞節の働きをしています。『サラダ記念日』はベストセラーになった俵万智の短歌集ですね。

the far《はるかに》 greater《大きな》 challenge《難題は》 was《であった》
(副)　(形)　S　Vi

(to《こと》 capture《をとらえる》 Tawara's《俵の》 shades《微妙な点》 (of meaning《真意》)).
C→　(不)(Vt)　(O)　M

far は much, even, still や by far と同様，**比較級を修飾**して「**ずっと，はるかに**」の意味になります。challenge「挑戦」は，文脈から「難題」ととります。

下線部の 2 つの that に注目して，第 2 文の骨格をつかんでみましょう。

例題：語句　work on Vt に取り組む／ capture Vt をとらえる／ the classic *tanka* 名 古典短歌（従来の短歌）

1つは　のうちの　こと　それが　～を…にした　俵(を)　有名(に)
“One (of the things) [**that** made Tawara famous] /
S　M(先)　(関代)S　Vt　O　C

である　ということ　彼女が作る　詩は　もっと　楽に　理解される
is [**that** her poems are more easily understood
Vi　C→(接)　S　(助)　(副)　(副)　V(過分)

より　古典短歌　と語っている　カーペンターは
than the classic *tanka*],” says Carpenter.
(接)

2番目の that は従属接続詞で，that に導かれている**名詞節**は，自動詞 is **の補語としての役割**を果たしています。例文を２つ挙げておきます。

I believe (**that**) she is alive even after the war.
「戦争の後とはいえ，私は彼女が生きていると信じている」

That she is alive even after the war is certain.
「戦争の後とはいえ，彼女が生きていることは確かである」

上の例文では，that 以下の従属節が他動詞 believe の**目的語**となる名詞節になっています。下の that 以下も名詞節で，２番目の is の**主語**として働いています。主語としての that 節は文頭にくることが少なく，It is certain that ～のように，形式主語構文の形をとることが多くなります。

《全文訳》 カーペンターが，（歌集）『サラダ記念日』の翻訳に取り組んでいるとき，ほかにもましてはるかに大きな難題は，俵（万智）が言い表したい微妙なニュアンスをとらえることであった。「俵が有名になった原因の１つは，その歌が従来の短歌より理解しやすいことです」とカーペンターは語っている。

（解説・解答→別冊：p.16）

演習 31　次の英文を訳しなさい。

You sometimes hear it said that we ought to pronounce in such and such a way, because the word is so written. But this is putting the cart before the horse.
（滋賀大）

演習：語句 pronounce [Vi] 発音する／in such and such a way [副] かくかくしかじかに／cart [名] 荷馬車／put the cart before the horse「本末を転倒する」

32 〈名詞＋that節〉はthatに格がなければ同格

太字のthatの役割を明示して下線部を訳しなさい

The story is told of the Russian poet Samuel Marshak **that** when he was first in London, before 1914, and did not know English well he went up to a man in the street and asked, ‘Please, what is time?’ The man looked very surprised and replied, ‘But that’s a philosophical question. Why ask me?’ （東京外語大）

解法 名詞・代名詞がS・O・C・前置詞のOとしての形式や位置を持っているときに,「格」を持つと言います。文の構造を考える場合に特に重要なのが「主格」と「目的格」で，その中でもthatが格を持つかどうかで解釈が大きく違ってくるのが名詞の後のthat節です。

(a) The fact［**that** he told me］was surprising.

(b) The fact［**that** he loves me］is surprising.

上記２つの例文のthat節内の文型を整理してみましょう。

(a)

～に　～を

that he told me (　　)

O_2　S　Vt　O_1　O_2

(b)

he loves me

S　Vt　O

(a)のthatは節の中の主要素である**直接目的語O_2になっています**。すなわち**目的格の関係代名詞で，格を持って**います。対して(b)のhe loves meの節はSVOで，**thatを含まずに文型が完結**しています。すなわちこのthatは接続詞で，格を持っていません。(a)のように，thatがその節の中でSOCのいずれかに相当し，**格を持っている場合は関係代名詞**，(b)のようにthatがSOCのいずれにもなっておらず，**格を持っていない場合は同格節を導く接続詞**です。関係副詞も格を持っていませんが，先行詞になる名詞は限られています。同格節とは，thatの前の名詞の内容を示す節のことで，isを使って，The fact is that he loves me.の文に転換できます。同格節は名詞節ですが，構造上は前の名詞を形容詞的に修飾しますから，削除しても文全体の構造は成立します。thatを含めないで節内の文型が成立するか否かが，〈名詞＋that節〉のthatが関係代名詞なのか接続詞なのかを簡単に見破る方法です。

例題：語句 look surprised「驚いた様子だ[ように見える]」／ philosophical 形 哲学(上)の

では，下線部の that はどちらでしょうか。

The story《話が》 is told《伝えられている》 (of《についての》 the Russian《ロシアの》 poet《詩人》 Samuel Marshak《サミュエル・マルシャーク》)

S　V（受）　M

that 節の when ～ well は挿入されている従属節にすぎないので，［　　］でくくってみましょう。

The story《話が》 ... [that《〜という》 [when《ときに》 he《彼が》 was《行った》 first《初めて》 (in London《ロンドンへ》), ... well]

S　（接）　従属節

he《彼が》 went《行った》 up《近づいて》 (to《に》 a man《ある男の人》) (in《で》 the street《通り》)

S　Vi　M　M

and asked《とたずねた》, 'Please《あのー》, what is《何でしょうか》 time《時とは》?]

（等）　Vt　（直接話法）

that 節は **that を除いても S + Vi + Vt O の文型が成立**していますから that 節は関係詞節ではありません。つまり，この that 節は **The story と同格関係にあり**，that は「～という」「すなわち～」と訳せます。このように**同格節と先行する名詞が分離することがあるので要注意**です。

《全文訳》 ロシアの詩人サミュエル・マルシャークについてこんな話が伝わっている。すなわち，彼が 1914 年以前に初めてロンドンへ行き，英語がよくわからなかったとき，通りで男の人に近寄って，「あのー，時とは何でしょうか」とたずねたという。その男はびっくり仰天して「だけどそんな哲学的な質問されてもねえ。私にたずねられてもねえ」と言ったという。

演習 32　次の英文の下線部を訳しなさい。　（解説・解答→別冊：p.16）

Most of our knowledge, acquired from parents, friends, schools, newspapers, books, conversation, speeches, and radio, is received verbally. All our knowledge of history, for example, comes to us only in words. The only proof we have that the Battle of Waterloo ever took place is that we have had reports to that effect.　（群馬大）

演習：語句 verbally 副 ことば（の上）で／proof 名 証拠，証明／Waterloo 名 ワーテルロー（ベルギー中部にある村，1815 年ナポレオン 1 世が大敗した地）

33 〈It + V〉ときたら形式主語の it と疑え

文中の it の役割を明示して，下線部を訳しなさい

Most of us think of plants and their leaves as being stationary objects, without power of movement. Thus, **it** <u>may come as a surprise to you to learn that most plants and leaves are almost continually moving in slow motion even when there is no breeze blowing.</u> The movements of animals, of course, are more obvious because they are much more rapid.

（新潟大）

解法 形式主語構文というと，〈It is ～ to Ⓥ（または that 節）〉が思い浮かびますね。ここでは，it の述語動詞が be 動詞以外のケースを学びます。つまり，〈it is ...〉ばかりではなく，とにかく**〈it V〉ときたら，形式主語構文かどうかを判別する心の準備をしておく**ことが大切なのです。

大多数は	の	私たち	を考える	植物や		その葉
Most	(of	us)	**think of**	plants	and	their leaves
S	M		Vt	O①		O②

と	である	静止している	物体	のない	力	のための	動き	
(**as**	being	stationary	objects),	(without	power)	(of	movement).	
(前)	(現分)(Vi)→	(形)	(C) ←	M		M		

〈think of O as C〉は「**O を C と考える**」の意味です。「私たちの中のほとんどが，植物やその葉を静止しているものであると考える」のですね。さて，下線部です。

	～は	だろう なる	と	驚き	には	あなた	知ることは
Thus,	**it**	may come	(as	a surprise)	(to	you)	(to learn ...
(副)	S(形)	Vi	M		M		(不)

文脈上，it は前出の語を指していませんね。この場合は，it の後の部分と連動しているのです。とすれば，この it は形式主語ですから，**後続の名詞句（to Ⓥ，動名詞）か名詞節と入れ換え可能**となります。

例題：語句 stationary 形 静止している／continually 副 いつも，絶えず／breeze 名 そよ風／obvious 形 明らかな

it may come ～ **to learn** that ... という〈**it ～ to Ⓥ**〉の**形式主語構文**がキャッチできましたか。「that以下を知ることは～となるだろう」となり，**to learn 以下が真主語**となるわけです。何を知るのか，それがthat以下にあります。

it may come ～ **to**

learn《を知る》［that《ということ》 most《たいていの》 plants《植物》 and《や》 leaves《葉が》
(Vt)(O)→(接) (形) (S)

are《いる》 almost《ほとんど》 continually《いつも》 moving《動いて》 (in slow motion《ゆっくりと》)
Vi(進) M

even《でさえ》［when《とき》 there is《いる》 no《ゼロの》 breeze《そよ風が》 blowing《吹いて》］］.
(副) (接) (副) Vi (形) S P

このthat節はto learnの目的語になっています。〈it V〉ときたら，形式主語のitをキャッチし，後続の文から中身（真主語）がとらえられれば，簡単に文構造を読み解くことができます。なおwhen節は〈There is SP〉の構文（→30課）ですね。

《**全文訳**》 私たちの中のほとんどが，植物やその葉が動く力を持たない，静止した物体であると思っている。そんなわけで，たいていの植物やその葉が，まったくそよ風が吹いていないときでさえ，ほとんどいつもゆっくりと動いているということがわかったら人は驚くかもしれない。もちろん，動物の動作ははるかに敏速であるため，見た目によりはっきりしている。

（解説・解答→別冊：p.17）

演習 33 次の英文の下線部を訳しなさい。

Speech is so familiar a feature of daily life that we rarely pause to define it. It seems as natural to man as walking, and only less so than breathing. Yet it needs but a moment's reflection to convince us that this naturalness of speech is but an illusory feeling. The process of acquiring speech is an utterly different sort of thing from the process of learning to walk.

（聖心女子大）

演習：語句 feature 名 特徴／breathing 名 呼吸，息づかい／illusory 形 迷わすような，幻の

34 成句的な〈It + V + that 節〉構文がある

次の英文の下線部を訳しなさい

Somebody once went to a good deal of trouble to find out if cigarette smokers make lower college grades than nonsmokers. <u>**It** turned out **that** they did. This pleased a good many people and they have been making much of it ever since.</u>

（東京大）

解法　下線部の第 1 文に注目してください。It ～ that がありますね。“It + V + that 節” ときていますから，It は前文の語を指す代名詞か，形式主語の It か，そのどちらかです。まず，代名詞かどうか，前文を訳して確かめてみましょう。

Somebody《誰かが》 once《かつて》 went《至った》 (to《に》 a good deal of《大変な》 trouble《骨折り》 (to find out ...)).

S　(副)　Vi　M→　(形)　(名) ←　(不・形)

to《ための》 find out《を調べる》 [if　S V X].

(不)(Vt)　O→(接)

if に導かれた従属節が find out の目的語となっていますから，if は whether と同義で「～かどうか」の意味を表す接続詞です。if 節の解釈は，カタカナ語が続いていますから，すぐわかりますね。「喫煙者がノン・スモーカーよりも大学で低い成績をとるかどうか」を，誰かが苦心して調べようとしたのです。

それを受けて，下線部の第 1 文は以下のようになっています。

It turned out《わかった》 **that**《ことが》 they《喫煙者が》 did.《低い成績をとる》

S　Vi

この It は前文の語を指しているわけではないことがわかります。**did は代動詞**で，具体的には made lower college grades than nonsmokers ということですね。さて，それではこの構文は，形式主語構文でしょうか。しかし，この that 節を主語にすると

例題：語句　go to trouble to Ⓥ「わざわざ骨折ってⓋしようとする」／ grade 名 成績／ a good many 形 かなり多くの／ make much of N「N を重視する」

補語がなくなってしまいますね。turned out と that の間に C になる語句があれば，It turned out（to be）true that they did.「喫煙者が低い成績をとることが，本当だとわかった」（SVC）という意味になり，that 節が真の主部となりますから，形式主語構文となります。

ここでの It は形式主語ではなく，**that の後の内容を予告する役目**を持つだけなのです。つまり，**It turns out that ～で，「～がわかる」**という成句的な表現になります。

It seems（**that**）she was in（the）hospital.
「彼女は入院していたらしい」

これも同じ it の用法で，She seems to have been in（the）hospital. と書き換えられます。この構文をとる自動詞には turn out，seem のほか，follow，happen，appear，chance などがあります。

さて，第 3 文に移りましょう。

これは	を喜ばせた	相当数の人たち	そして
This	pleased	a good many people /	and
S	Vt	O	（等）

彼らは	と思ってきている	重要なこと	について	this	ずっと	それ以来
they	have been making	much	（of	it）	ever	since.
S	現在完了進行形 Vt	O	M		M	

This は**無生物主語**ですから，**目的語を主語のように**訳します。

《全文訳》 喫煙学生が，非喫煙の学生よりも，大学で低い成績をとっているかどうかを，大いに骨折って調べた人がいた。（その結果），喫煙学生のほうが悪い成績をとることがわかった。これを知って，かなりたくさんの人たちが喜んだものである。そしてこの人たちは，それ以来ずっとこの事実を重んじてきているのである。

（解説・解答→別冊：p.17）

演習 34　次の英文の下線部を訳しなさい。

Because human beings have diverse characteristics, there are a multitude of paths for human development. But it now appears that Japan has only exploited one channel and has ignored most of the others.

（横浜市立大）

演習:語句 diverse 形 異なった，種々の／a multitude of N「多数の N」／exploit Vt を利用する／ignore Vt を無視する

35 〈It is＋名詞＋that〉の後が文型不成立なら強調構文

次の英文の太字の部分の用法を明示し，下線部を訳しなさい

It is not the fact that virtue wins out at the end **which** promotes morality, but that the hero is most attractive to the child, who identifies with the hero in all his struggles. Because of this identification the child imagines that he suffers with the hero his trials and hardships, and triumphs with him as virtue is victorious.

（一橋大）

解法　重要構文の宝庫とも言うべき英文です。すでに学んだ〈**not ... but ～**〉「…ではなく～」があります。さらに，**同格**を表す〈**名詞＋ that 節**〉も登場し，**関係代名詞 who の継続用法**も顔を見せています。とにかく文構造を整理してみましょう。

	ではなく	事実	という	美徳が	勝利を得る	最後に
It is	not	the fact	[that	virtue	wins out	at the end]
（強調）		S	同格節①→	S	Vi	M

～のは	を高めている	徳性	（なく）て（むしろ）	という	
which	promotes	morality,	but	[that	S + V + X］, who ...
	Vt	O	（等）	同格節②→	

but の直後が that ... ですから，not が否定するのは fact に続く that ... と押さえて（→ 6 課），「[that 節①] という事実なのではなくて，[that 節②] という事実が徳性を高めているのだ」という大ざっぱな構造を理解しましょう。まず，以下の**相関関係をマーク**してください。

the fact	not	[that 節①]
	but	[that 節②]

次に，文頭 It is の It の用法は何でしょうか。It の前に指す語句がありませんから，次の 2 つの構文のどちらかです。

(a) **It is** a fact **that** he has won the game.

(b) **It is** a fact **that** he wants to know.

(a) は，「彼がその試合に勝ったのは事実です」と It を that 節に置き換えることがで

例題：語句 virtue 名 美徳／morality 名 徳性／identify with N「N と自分を同一視する→ N になりきる」／suffer Vt（苦痛など）を経験する

きる形式主語の構文です。(b)は，「彼が知りたいのは，1つの事実なのです」と **a fact を強調**しています。S・Oそして前置詞のOを目立たせるのに用いる〈It is, that〉の強調構文です。

〈It is ＋名詞＋ that ...〉の構文で，**形式主語構文か強調構文かを見分ける**最も簡単な方法は，**that の後の部分の文型が成立しているか否かをチェックする**ことです。(a)では，that の後が he has won the game となって文型成立です。それに対し(b)では，that の後が he wants to know で know のOがありません。実は It is に続く名詞 a fact が know のOなのです。このように **〈It is ＋名詞＋ that ...〉を見つけて that の後でS・O・前置詞のOが不足なら，強調構文**と考えてよいのです。強調構文には，that のかわりに who，which，when，where も用いられます。

ところで〈It is, that〉の強調構文と〈not A but B〉（変形タイプ→6課）の組み合わせで構文を判別しにくいのが① It is not A that ... but B. と② It is B that ...,（and）not A. で，not A but B あるいは B,（and）not A の間に that ... が割り込んでいるタイプです。下線部は①のタイプで，that が which になったものです。

but［that the hero《主人公が》 is《である》 most《最も》 attractive《魅力的》（to《にとって》 the child《子ども》），

（the hero = S，is = Vi，most attractive = C，to the child = M）

who《その子どもが》 identifies《一体化する》（with《と》 the hero《主人公》）（in《において》 all《すべての hero の》 his struggles《闘い》）］.

（who = （関代）S，identifies = Vi，with the hero = M，in all his struggles = M）

who は前にカンマがありますから，継続用法で使われています。先行詞は最も近くにある名詞 the child と，まず見当をつけましょう。

《全文訳》 徳性を高めているのは，美徳が結局は勝利を収めるという事実ではなくて，主人公が子どもにとって最も魅力があり，子どもがすべての闘いにおいて，主人公になりきるという事実なのだ。この一体化によって，子どもは主人公とともに試練と苦難を味わい，美徳が勝利をおさめるときにともに勝ち誇る気持ちになれるのだ。

（解説・解答→別冊：p.17）

演習 35　次の英文の下線部を訳しなさい。

Human beings are talkative creatures and always have been, so far as we can see. It was our urge to communicate with each other and growing ability to do so that was probably the chief factor in the development that made us different from all other animals.　（埼玉大）

演習：語句　talkative 形 話し好きな／creature 名 生物，動物／so far as 接（＝as far as）～の限りでは／urge to Ⓥ「Ⓥする強い衝動，欲望」

36 〈It is＋副詞（句／節）＋that〉は強調構文

次の英文の下線部を訳しなさい

I felt sure that I would never see him again. But in a few minutes he was back. "The last bus left an hour ago. I must drive you to Partinico in my car." I had no choice but to accept. **It wasn't until** my suitcases and I were piled into a little Fiat and the man in dark glasses was telephoning to his mamma that he would be late for supper, **that** the voice of my mamma could be heard above my desperation.

（早稲田大）

解法 第1文は「私は彼にはもう二度と会わないだろうと思っていた」ですが，「彼は数分で戻ってきた」のです。was back の back は，come home の home と同様，副詞として用いられています。そして，「車でパルチニコまで送らねば」という申し出に対して，以下のように思ったのです。

I《私は》 had《を持った》 no《ゼロの》 choice《選択肢》 (but《以外の》 (to《こと》 accept《承諾する》)).
S Vt O (前) (不)(Vi)

but は except「〜以外に」を意味する前置詞で，to Ⓥを目的語にしています。

いよいよ下線部です。まず It が前文の表現を受けていないのは wasn't の後が接 until で始まる副詞節であることから明らかですから，形式主語構文でもありません（形式主語構文なら〈It is ＋名詞・形容詞（句），過去分詞＋ that 節（真主語）〉のスタイルです）。そしてこの文は，that の後の文型が成立しています。

It wasn't [**until**《〜まで》 A], that《〜のは》 the voice《声が》 of《の》 my mamma《ママ》
(副詞節) S

could be heard《聞こえた》 (above《より高く》 my《私の》 desperation《絶望》).
V(受) M

例題：語句 have no choice but to Ⓥ「Ⓥするより仕方がない」／ pile Vt を積み込む／ above 前（音が）より高く／ desperation 名 絶望

実はこの〈It wasn't until, that〉は，前課とは違って**副詞節を強調する強調構文**なのです。「SVMなのはAまでではなかった（＝Aになってから）」，すなわち「**Aになって初めてSVMとなる**」という**意味**になりますね。この場合の時間関係はA→SVM。つまり，AのほうがSVMの事実よりも先に起こっています。Aの部分の解釈に移ります。

して初めて　私の　スーツケース　と　私が　積み込まれる　に　小さな　フィアット
[not until { my suitcases and I / were piled / (into a little Fiat)
S　V（受）　M

男が　の　サングラス　電話をかけている
and　the man / (in dark glasses) / was telephoning
（等）　S　M　Vt

に 自分の　母親　と　彼が　だろう　に遅れる　夕食
(to his mamma) [that he / would be / late (for supper)]]
M　O→（接）S　Vi　C　M

not until 以下に思わぬ**共通関係**があって，やや複雑な英文です。とにかく not until 以下がめずらしく長文になっているのは，そこに and をはさんで，2つの等位節があり，2番目の節の中に目的語になっている従属節が含まれるからです。**It が前出の語句を受けず is の後が副詞（句／節）なら強調構文**と決めます。または，副詞（句／節）が〈It is, that〉の「枠」で強調されている場合は that の後は文型が成立しますから，〈It is ＋副詞（句／節）〉で that の後が文型成立なら強調構文，とも言えますね。

《**全文訳**》 彼にはもう二度と会うことはないだろうと思っていた。しかし，彼は数分で戻ってきた。「最終バスは1時間前に出た。ぼくの車でパルチニコまで乗せていくよ」。私には承諾するしかほかに仕方がなかったのだ。私のスーツケースと私がちっぽけなフィアットに乗せられ，サングラスの男が自分の母親に，夕食には遅れてしまうだろうと電話をかけて初めて，ママの声が私の絶望を凌ぐ勢いで聞こえたのだ。

（解説・解答→別冊：p.18）

演習 36　次の英文の下線部を訳しなさい。

Connie and I had known each other all our lives. We grew up in Humber Valley, New Hampshire, attended the same schools, even went to the same college, Dartmouth. But it wasn't till our senior year at Dartmouth that we really "discovered" each other.　（日本大）

演習：語句　all one's life 副 終生（＝ through life）／ attend Vt（学校）に通う／ senior 形（大学などの）最上級の

37 〈It is ～ that〉は見かけより文脈

太字の it の内容を示して下線部を訳しなさい

People die. It is a strange event, a strange order of event; **it** is an order **that** is not accurately understood. Nobody really knows what death is. Everybody talks about death all their lives. Everybody dies and falls silent.

（山口大）

解法 格調の高い文章です。それは最初の一文，People die.「人は皆死ぬべき運命にある」という導入からもうかがい知れますね。

さて，今回は見かけの語句にだまされると，とんでもない勘違いをしてしまうケースを取り上げました。下線部に it is ～ that があるからといって，先入観からすぐに形式主語構文か，強調構文を考えて訳してしまうと危険な落とし穴に陥ります。やはり英文解釈の基本は文の流れ（文脈）ですから，**it があったら，まずは前出の語句を指すかどうかを考えること**が最初です。

不思議な　出来事
a strange event
C①

People die は　である
It　is
S　Vi

不思議な　定め　の　出来事
（，）　a strange order　(of event)
（カンマ）　C②　M

すなわち　death は　である　定め　（それは）　いない　正確には　理解されて
（；）　**it**　is　an order　[**that**　is not accurately understood].
（セミコロン）　S　Vi　C（先）　（関代）S　V（否）（受）

最初の It は，文脈から **People die. の内容**ととるしかありません。「死ぬということは，不思議な出来事である」となり，文章もピタリです。そして，カンマがありますから，**is（C①＋C②）の共通関係**も読みとれますね。問題は2番目の it です。まず，

例題：語句 order 名 秩序，摂理，定め

it が前の表現を受けているとすると，that 以下が order を修飾していることになります。他方，形式主語構文か強調構文の可能性もあります。that の次は is ですから，形式主語構文ではないことはすぐに判明しますね。それなら that の後で S が欠けている強調構文かと考えて it is と that を除いてみると，an order is not accurately understood と一応文型は成立します。でも，an order を強調して訳すと，「正確には理解されていないものが，ほかならぬ 1 つの定めということである」となり，やや文の流れがおかしくなってしまいます。

見かけは it is 〜 that であり，文法上強調構文として成立しますが，やはり**文脈からこの it も最初の It と同じもの，つまり People die. ととれる**ところです。It を「それは」と訳せて that 以下は order を修飾しますから，**that は is の主語となる関係代名詞**であることがはっきりしますね。

ゼロの人は	本当に	を知っている	何か	死とは	
Nobody	really	knows	[what	death	is].
S	(副)	Vt	O→C	S	V

誰もが	語る	について	死	その生涯を通じて
Everybody	talks	about	death /	all their lives.
S	Vt		O	M

誰もが	死んで	そして	なる	静かに
Everybody	dies	and	falls	silent.
S	Vi①	(等)	Vi②	C

Nobody ... , Everybody ... , Everybody ... とことばの調子を強めて，death という不思議なものに迫ろうとする作者の気持ちが伝わってくるようです。

《全文訳》 人は皆，死ぬ運命にある。死ぬということは不思議な出来事であり，出来事の不思議な定めでもある。すなわち，死は正確には理解されていない 1 つの定めなのである。死とは何かということを，本当にわかっている人はいないのだが，誰もがその生涯を通じて死について口にし，そして皆それぞれ，事切れて沈黙することになるのだ。

（解説・解答→別冊：p.18）

演習 37　次の英文の下線部を訳しなさい。

Children form attachments to objects at an early age. Most children select a blanket or toy animal to cherish. Usually it is one that they have nearby as they fall asleep.　（関西大）

演習：語句　attachment 名 愛着／blanket 名 毛布／cherish Vt を大事にする，かわいがる

38 〈It is [not] that〉の It は「実情・状況」

太字の that をほかの接続詞に置き換えて下線部を訳しなさい

Some of the lies parents tell are completely ridiculous: that boys climb trees, girls don't; that, for a girl, it's nice to be better but it's better to be nice; that John is great at helping dad with the car and Jenny is much better in the kitchen helping mummy bake cakes. I feel sorry for parents. <u>**It isn't that** they say things that are lies. **It's that** what we do is what we are.</u> Children have eyes and can see. That's why it's better to tell the truth.

（広島大）

解法 またまた It is と that の登場です。でも，よく「形」を見てください。It is ～ that ではありませんね。下線部は〈**It is**（**not**）[**that** SVX]〉です。It is が省略されて〈**Not** [**that** SVX]〉となることもある独立形です。これを頭に入れて，冒頭から解釈にチャレンジしましょう。

一部は	の中の	うそ		両親が	を言う
Some	(of	the lies	[(that)	parents	tell]
S		(先)		S	Vt

いる	まったく	馬鹿げて	
are	completely	ridiculous	: //
Vi	(副)	C	

the lies と parents の間に「つなぎの詞」**that** を置いて，tell の目的語となる関係代名詞目的格と決めます。続いてコロン（：）がありますね。コロンは「例えば」「すなわち」といった意味ですから，ridiculous「馬鹿げている」と Some of the lies「うその中の一部」の内容が，コロン以下の 3 つの that 節で説明されているわけです。3 つの that 節はいずれも名詞節で「～ということ」，間にあるセミコロン（；）は「～や…や～」と訳せますから，並列的な文章構成を立体的に受け止めましょう。2 つ目の for a girl, it's nice to be ～は〈it's C for O + to Ⓥ〉の形式主語構文で，for ～を

例題：語句 ridiculous 形 馬鹿げた／ be great at Ving「V するのが巧みだ」／ feel sorry for N（＝ be sorry for N）「N を気の毒だと思う，残念に思う」

前に出した形です。そして，筆者はI feel sorry for parents.「私はこんな両親が気の毒だ」と否定的な気持ちを訴えています。

そして下線部。**〈It is (not) [that SVX]〉のItは前文までの「実情・状況」を指す代名詞で，「その実情は」と訳せるit**です。It isを省略して**〈Not [that SVX]〉**の形もとります。**このthatは「〜ということ」が本来ですが，becauseと置き換えてよいもの**です。

It《それは》 **isn't**《ではない》 **[that**《〜だから》 they《両親が》 say《を話している》 things《こと》 [that are《である》 lies《うそ》]**]**.

(接) S Vt O(先) (関代)S Vi C

It《それは》 **'s**《である》 **[that**《〜だから》 [what《ことは》 we《人が》 do《する》] is《である》 [what we are《その人の人格》]**]**.

(接) (関代)O S V Vi C→(関代)C S Vi

ここでは，**Itは前出のI feel 〜. に関して使われています**。文末の一文，**That's (the reason) why 〜**は，**先行詞が省略された関係副詞の用法**ですが，「だから〜なのだ」と訳します。

《全文訳》 親がつくうその中には，まったく馬鹿げたものもある。例えば，男の子は木に登るものだが女の子はしないとか，女の子がよその子より優れているのはよいことだが，女の子らしくつつましいのはもっといいとか，ジョンは父親の洗車を手伝うのが上手だし，ジェニーは台所で母親がケーキを焼くのを手伝うのがずっと上手であること，などだ。私はこんな両親が気の毒である。その理由は親がうそをついているからではない。それは，人の行動は，その人の人格であるということになるからである。子どもたちには目もあれば物も見える。だから，真実を語るほうがよいのである。

（解説・解答→別冊：p.19）

演習 38 次の英文を訳しなさい。

I feel that at this stage of my life, simply because of my reading, I have already lived the equivalent of about ten lifetimes of experience. Not that that gives me any feeling of superiority. It doesn't.

（明治大）

演習：語句 equivalent 名 同等（量）／ lifetime 名 生涯，人生／ feeling of superiority 名 優越感

39 〈so ～ that ...〉の3つの訳し方

so ～ that ... に着目して，下線部を訳しなさい

Some people are **so** changed by their life's experience **that** in old age they behave in completely unexpected ways. Many of us know elderly men and women who no longer act as we have come to expect them to act.

（東京大）

解法 so ～ that ... とくれば，皆さんおなじみの構文ですね。「（とても）～なので…」と決まり文句のように訳せますから，下線部訳に〈so ～ that ...〉の構文が出題されると，しめたと思う人も多いでしょう。でも皆さん，いつも「（とても）～なので…」とばかり訳していると，とんだ痛い目にあいますよ。

Some《一部の》 people《人たちは》 are《いる》 **so**《それほど》 changed《変わって》 (by《によって》 their《その》 life's《人生の》 experience《経験》)
S （助）（副）（過分）（受） M

[**that**《ほどに》 (in old age《年を取って》) they《人々が》 behave《行動をとる》 (in《で》 completely《まったく》 unexpected《思いもよらぬ》 ways《仕方》)].
（接） M S Vi M

この文での〈so ～ that ...〉は，**「（…する）ほどに～」**と下から訳すとピタリといくタイプで，**「程度」**を表しています。ここで〈so ～ that ...〉を用いた例文を見ておきましょう。

Our country is **so** small (**that**) it **cannot** be shown in the map of the world. **（結果）**「わが国はとても小さくて世界地図には示されない」

This lunch box is **so** made **that** it resists heat. **（様態）**
「この弁当箱は，耐熱性があるように作られている」

この**「程度」「結果」「様態」を文脈に合わせて臨機応変に訳す**ことが，〈so ～ that ...〉に対処する基本的な姿勢です。**「様態」の場合は，上の例文のように，so の後に動詞（特に過去分詞）がくることが多い**ので，目安になります。原則としては，**so** は

例題：語句 unexpected 形 思いがけない／ come to Ⓥ「Ⓥするようになる」

「それほど」「そんなに」の意味の副詞で，それを受けて副詞的な従属節である that 節が具体的な事実を示します。「結果」の訳も場合によっては可能ということで，that 自体が「ので」の意味を持っているわけではありません。**〈so ～ [(that) SVX]〉がセットでの意味**です。

ところで，**〈so ～ (that) ...〉の構文で主節に否定語がある場合は，「程度」の訳で，that 節から先に訳すほうが楽**です。

He is not **so** stupid (**that**) he does such a thing.
「彼はそんなことをするほど，おろかではない」

軽率に「結果」の構文として「彼はそれほどおろかではないので，そんなことをする」のように訳してしまうと，当然ながら間違いです。「彼はそんなことをするほどにはおろかではない」すなわち，「そんなことはしない」にならなければいけないのです。ただ，これを「結果」で訳すなら，「彼は（おろかなのでそんなことをする）のではない」→「おろかではないので，そんなことはしません」とします。**not「～ない」の支配が従属節の that 節にも及んでいる**のです。

多くは　私たちの中の　と知り合いだ　かなりの年輩の　人たち
Many (of us) know elderly men and women
S　M　Vt　(形)　O(先)

(その人たちは)　もはや～ない　行動し
[who no longer act
(関代)S　(副・否)　Vi

ようには　私たちが　ようになっている　と思う　彼らが　行動する
[as we have come (to expect them (to act))]].
(接)　S　Vi(現完)　C→(不)(Vt)　(O)　(C)(不)(Vi)

《全文訳》 人生経験によってとても変わってしまい，年をとってまったく思いもよらない行動をする人たちがいる。知り合いに，こちらが思い込んでいる通りにはもはや行動してくれない老人がいる者が多いのだ。

(解説・解答→別冊：p.19)

演習 39　次の英文を訳しなさい。

Even Einstein, when he formulated the general theory of relativity in 1915, was so sure that the universe had to be static that he modified his theory to make this possible.

(横浜市立大)

演習:語句 Einstein アルバート・アインシュタイン（1879 ～ 1955；ドイツ人の物理学者。相対性理論が有名）／ static 形 静止の／ modify Vt を修正する，緩和する

40 目的の〈so that ＋助動詞〉の変形に注意

太字の語に着目して下線部を訳しなさい

In any complex social activity in which different persons have conflicting interests, there must be rules that regulate behavior **so that** everyone's interests are equally protected. Automobile driving laws provide a clear case of such rules.

（桃山学院大）

解法 so that は助動詞がつく形，すなわち，〈so that ～ **can** [**may**, **will**] ...〉の形になると，**「～が…するように」という目的**を表します。ただし，この形がズバリ出てくればよいのですが，ときに that が省略されたり，助動詞がない場合もあるので，皆さんにとってはちょっとやっかいな構文かもしれませんね。

さて，例によって冒頭から読み下していきましょう。

においても　いかなる　複雑な　社会の　活動
(In any complex social activity
（前）　（先）

に対する　（それ）　いろいろな　人たちが　を持つ　相反する　利害関係
[(in which) different persons have conflicting interests]),
（前）　（関代）　S　Vt　O

In 以下カンマまでが副詞句で，in which 以下の activity を形容する従属節が中に入っています。which は activity を先行詞とする関係代名詞で，前置詞 in の目的語となっています。主節に移りましょう。

なければならない　規則が　（それは）　を規制する　行動
there must be rules [that regulate behavior]
（副）　Vi　S（先）　（関代）S　Vt　O

ように（ために）　皆の　利害が　同様に　守られる
[**so that** everyone's interests are equally protected].
（接）　S　V（受）

there must be rules は〈there is + S〉の形です。rules が主語ですね。that は

例題：語句 conflicting 形 相反する／interests 名 利害関係／regulate Vt を規制する

rules を先行詞とする関係代名詞で主格。さて，問題の **so that 節**は，「皆の利害が同じように守られるように」→「規制する」という，**副詞的に動詞**を修飾する目的を表す従属節です。**先行の動詞 regulate「規制する」の内容に触れている**わけです。このように that 節に**助動詞がないときでも，内容的に「目的意識」があるかどうかを，文の流れの中で判断**する必要があります。

so that 節は in order that 節で表現しても同じです。

We eat, work and sleep **in order that** we may live on.
「生き続けていくために［いけるように］食べ，働き，眠る」

また，次の例のように，**so や that が省略される**こともあります。

My sister keeps quiet ┌（so） **that** she **may not** disturb me.
　　　　　　　　　　　└ **so**（that） she **won't** disturb me.
「妹は私のじゃまをしないように静かにしていてくれる」

車の	交通法規は	を提供してくれる		わかりやすい	実例	
Automobile	driving laws	provide	a	clear	case	(of ...).
(名)	(名) S	Vt			O	M

automobile は名詞ですが，〈名詞＋名詞〉の場合，前の名詞が形容詞的に名詞を修飾する例は，ほかにもよく見られます。

《**全文訳**》 いろいろな人が互いに相反する利害関係を持っている複雑な社会活動においては，いかなる場合でも，皆の利害が同様に守られるように，行動を規制する規則がなくてはならない。例えば，車の交通法規はこのような規則を示すわかりやすい実例である。

演習 40　次の英文の下線部を訳しなさい。 （解説・解答→別冊：p.19）

Maybe people are less sentimental about where they live now because they don't spend much time there. The new houses are efficient workshops, set up so that what has to be done can be done quickly, though without joy, so the people who own them can leave for someplace else. The getaway car is always ready in the driveway.

（松蔭女子学院大）

演習：語句 sentimental 形 感傷的な／ someplace 副 どこかへ（＝ somewhere）／ driveway 名（敷地内の）車道

41 〈…, so that 〜〉は「結果」を表す

前の部分とのつながりを考えて，下線部を訳しなさい

Non-verbal signals play an important role in communicating attitudes and affect, in expressing emotions, in supporting speech by elaborating on what is said, by providing feedback from listener to sender and by synchronizing verbal interactions **so that** the participants know when it is their turn to speak and when it is their turn to listen, when it is appropriate to interrupt, and so on.

（工学院大）

解法 so that の前にカンマがある場合，すなわち**〈…, so that〉は，「そしてその結果〜」という「結果」を表します**。通例 so の前にカンマがありますが，例題のように**カンマがない場合**，意味が「目的」か「結果」かがあいまいになるので注意が必要です。

さて，冒頭から長い一文が続いていますね。ここでのポイントは，**〈前置詞＋名詞〉**を（　）でくくったり，**共通関係を示す構造**を見抜き，立体的な構文をつかむことです。

Non-verbal《ことばを用いない》 signals《合図は》 play《を演じる》 an important《大切な》 role《役割》
S Vt O

(in《では》 communicating《を伝えること》 attitudes《考え方》 and《や》 affect《心の動き》),
(前①) (動名)(Vt) → (O①) (O②)

(in《では》 expressing《を表現すること》 emotions《感動》),
(前②)(動名)(Vt)→ (O)

(in《では》 supporting《を補うこと》 speech《ことば》) (by《によって》 elaborating《詳しく述べること》 ...),
(前③)(動名)(Vt)→ (O)

3つの前置詞句の共通語は **play**「演じる」，そして同じように3つの by 句の共通語

例題：語句 non-verbal signal 名 ことばを用いない合図（ジェスチャー，表情，声の調子など）／ affect 名 感情／ synchronize Vt を一致させる／ verbal interaction 名 ことばのやりとり／ participant 名 参加者（→対話者）

は **support (ing)**「補う」と読んでいきます。きれいな図式になります。レベルの高い文章ほど立体的な美が生まれてくるものです。

今回のテーマの下線部にも**共通関係**があり，ポイントは **so that** です。

そして　その結果　　　　対話者は
(,) **so that** the participants
　　(接)　　　　　　S

を知るのだ
know　(Vt)

いつが～か　今度は　自分の　番　話す
[when it is their turn (to speak)]
(疑・副)　S　Vi　C　(不・形)(Vi)

and (等)

いつが～か　今度は　自分の　番　聞く
[when it is their turn (to listen)],
(疑・副)　S　Vi　C　(不・形)(Vi)

いつが～か　である　適切な　ことばをはさむのに
[when it is appropriate (to interrupt)]
(疑・副)　S(形)　Vi　C　S(真)→　(不)(Vi)

, and so on.

so that は，「目的」の従属節と考えられないこともないのですが，主節の Non-verbal ～ role と距離的に遠く，また**主語 Non-verbal signals や，従属節の持つ「目的意識」や「意図」とつながっていません**。つまり，so that 以下の内容を意識的に求めていないのです。そこで，**訳す際にはカンマを加えて，「結果」の so that と キャッチ**します。

> **《全文訳》** 考え方や心の動きを伝えたり，感情を表現したりする上で，また話す内容を詳しく表し，聞き手から話し手に反応を送り，かつことばのやりとりをうまく合わせることなどによって，ことばを補っていく上で，ことばを用いない合図は，重要な役割を演じることになる。そしてその結果，対話を交わす人はいつが自分の話す番で，いつが聞く番か，またいつことばをはさむのが適切か，などを知るのである。

(解説・解答→別冊：p.20)

演習 41　次の英文を訳しなさい。

Unlike English in North America and Britain, Australian English has almost no regional accents or dialects, so that the English spoken in one state is much the same as the English spoken in another. (愛知県立大)

演習:語句 regional 形 地域の，地方の／ the same ～ as N「N と同様の～」

42 〈be + to Ⓥ〉は〈助動詞 + Ⓥ〉

次の英文の太字を助動詞に置き換えて下線部を訳しなさい

To write about human aggression is a difficult task because the term is used in so many different senses. Aggression is one of those words which everyone knows, but which is nevertheless hard to define. One difficulty is that there is no clear dividing line between those forms of aggression which we all deplore and those which we must not disown if we **are to** survive.　（神戸大）

解法　〈**be + to Ⓥ**〉は，文脈によって意味が決まり，〈**助動詞 + Ⓥ（動詞の原形）**〉**で書き換え**られます。例題の下線部の are to survive がそれに該当します。さて，まずは導入部の解釈です。

ことは　書く　について　人の　攻撃性　である　難しい　仕事
(To write (about human aggression)) / is a difficult task
S（不）（Vi）　M　Vi　C

〜（な）ので　ことばが　用いられている　で　とても　多くの　いろいろな　意味
[because the term is used (in so many different senses)].
（接）　S　V（受）　M

about 以下の（　）が修飾語句（M）ですから，主節の S，V，C は簡単にキャッチできましたね。because 以下は従属節で，副詞節として働いています。

攻撃性は　である　1つ　の　ことば
Aggression is one (of those words)
S　Vi　C　M　（先）

（それを）　誰でも　を知っている
[which everyone knows,]
（関代）O　S　Vt

が　（それは）　それにもかかわらず　難しい　定義するのが
but [which is nevertheless hard (to define)].
（等）　（関代）S　Vi　（副）　C　（不・副）（Vt）

例題：語句　aggression 名 攻撃性／ sense 名 意味／ dividing line 名 境界線／ deplore Vt を嘆かわしいと思う／ disown Vt（自己の所有権・責任・関わり）を否認する

先行詞の前に付く that や those は，次に関係詞が来ることへの単なる予告でしたね（→ 14 課）。したがって，訳す必要はありません。2 つの which は関係代名詞です。下線部に入りましょう。

困難の１つは　である　ということ　ある　ゼロの　明確な　境界　線が
One difficulty is [that there is no clear dividing line /
S　Vi　C→（接）（副）（Vi）　S

との間の　行動パターン　の　攻撃　（それを）　皆が　嘆かわしいと思う
(between { those forms (of aggression) [which we all deplore]
M→（前）（形・予告）（先）（関代）O　S　同格語　Vt

と　パターン　（それを）　てはならない　を否認し
and those [which we must not disown])]
（等）（代）（先）（関代）O　S　Vt（否）

おなじみの〈between A and B〉をキャッチしてください。後の those は those forms of aggression を意味する代名詞です。if 以下は次のようになります。

なら　われわれが　生き延びようとする
[if we **are to** survive] = [if we **will** survive]
（接）（S）（助）Vi　S（助）Vi

〈be ＋ to Ⓥ〉は〈助動詞＋ Ⓥ〉と同じ意味を持ち，予定（**＝ be going to**），義務（**＝ must**），可能（**＝ can**），意図（**＝ will**）などを表します。

《全文訳》 人間が持つ攻撃性について説明するのは，そのことばがすごくたくさんのいろいろな意味で用いられているため，難しい仕事である。攻撃性ということばは，誰でも知ってはいるものの，定義が難しいことばの１つである。それを難しくしている理由の１つは，人間なら誰もが嘆かわしいと思うような攻撃行動と，人が生き延びようとする場合，認めなければならない攻撃行動との間に，明確な境界線がないということなのである。

（解説・解答→別冊：p.20）

演習 42 次の英文の下線部を訳しなさい。

The truck stood in the yard loaded with stone that was to be used for building a wall. The young driver let down the flap and then raised up the body of the truck carelessly high, so that the stone shot down with a noise like a falling cliff.

（立教大）

演習：語句 load O with N「O に N を積み込む」／ let down Vt を下ろす／ flap 名 フラップ（荷台の垂れ下がる枠の部分）／ with a noise 副 うるさい音を立てて

43 〈for O to Ⓥ〉のSPを見抜け

太字の部分の意味上の関係を考えて，下線部を訳しなさい

Being able to record and predict such events as the ripening of berries, fruits, and grasses, as well as the migration periods of different birds, fish, and game animals, <u>greatly improved the potential for survival of these early human beings and made it possible **for them to** plan for the first time in human history.</u>

（名古屋大）

解法 **〈for O to Ⓥ〉**は皆さんがもう何度も目にしてきた構文ですね。でも，ともすればウッカリ見落として，とんでもない訳文を思いついたりするケースも多いものです。その原因は，**〈for O〉**が，「文の主語」とは区別された**〈to Ⓥ〉**の**「意味上の主語」**であることが，頭の中できちんと整理されていないことにあります。

さて，この例題文は長い一文になっていますが，まずはいつものように，SとVを決めてみましょう。

ことができることが Being able to S（動名）（助）	を記録する record （Vt①）	ような such （形）	出来事 events （O）	の [as the （関代）
and （等）	を予測する predict （Vt②）			

成熟すること ripening ～]， （動名）	だけでなくて [as well as ～]，		大いに greatly （副）	を増したのだ improved ... Vt①
		そして and （等）	にした made Vt②	it ... O

ここでのポイントは，〈as well as〉です。**〈B as well as A〉**は**〈not only A but also B〉**「AばかりでなくBも」の意味です。つまり，以下のようになります。

成熟もまた　だけでなく　移動する　時期
the ripening as well as the migration periods
B　　　　　　　　　　　A

例題：語句 predict Vt を予測する／such ～ as N「Nのような～」／ripen Vi 成熟する／game animal 名 狩りをするための動物，猟獣

ところでBeing以下の主部は，**無生物主語**となりますので，potentialとit（to～以下）を主語として訳します。

Being《できたことが》 ～

greatly《大いに》 improved《を増したのだ》 the potential《可能性》 (for《の》 survival《生存すること》)
Vt① O M

(of《が》 these《こういった》 early《古代の》 human beings《人間》)
M

and（等） made《にした》 it possible《可能（に）》 **(for them《人間が》** (**to** plan《計画を立てること》 ～)**)**
Vt② O（形） C O（真）→（真目） （不） （Vi）

itが形式目的語（→4課）で，for them to plan「人間が計画する」が真目的語です。**〈for O to Ⓥ〉のOがto Ⓥの意味上の主語**になっているのです。すなわち，They plan. という**SとPの関係**が成立しています。この関係が理解できると，一味違った訳ができるようになります。例題のような名詞用法のほかに，以下のような形容詞用法，副詞用法もあります。

It's time **for** you **to** be in bed, Dick.　（形容詞用法）
「ディック，そろそろきみがベッドに入る時間だ」

This stone is too heavy **for** a child **to** lift.　（副詞用法）
「この石は子どもが持ち上げるには重すぎる」

《全文訳》 いろいろな鳥類，魚類，猟獣類が移動する時期だけではなく，いちご類，果物類，穀類の植物が成熟するような出来事もまた記録し，予測することができるようになったために，こういった古代の人間が生存できる可能性が大いに増し，かつ人類史上初めて，人間が計画を立てることができるようになったのだ。

（解説・解答→別冊：p.21）

演習 43　次の英文の下線部を訳しなさい。

Neither dolphins, nor bees, nor chimpanzees in their natural state have anything which is close to human language. When some chimpanzees are taught to use language, they become much more human-like to us. Whether they actually have learned a human-like language is a question we leave for others to resolve.　（武蔵工業大）

演習:語句 dolphin 名 イルカ／chimpanzee 名 チンパンジー／human-like 形 人間のような，人間らしい

44 〈too ～ to Ⓥ〉は否定表現

次の英文の下線部を訳しなさい

Is there any end in sight to the fitness fever? Exercise enthusiasts agree that fitness is such an essential part of their lives that it will continue in some form right into old age. As one Oregon jogger noted, when he and his friends are **too** old and **too** worn-out **to** run marathons any longer, they'll still be out there — walking.

（北海道大）

解法　**〈too ～ to Ⓥ〉**の訳し方がこの課のテーマです。**「あまりに～なので Ⓥ できない」**と訳されるこの構文の基本的な構造をきっちり押さえましょう。

「あまりにも」
He is **too** old **to** work　〈判断の基準〉
「働くには」　「…するには」

つまり，to Ⓥは副詞 too を修飾しています。これを念頭に，例題に入りましょう。

導入部は，in sight が P になっている**〈There is SP〉**の構文（→ 30 課）です。「健康維持フィーバーには，いくぶん終わりが見えているのだろうか」です。次に第 2 文を見てみましょう。

運動　熱心な人たちは　に同意する
Exercise enthusiasts　agree
S　Vt

ということ　健康維持は　である　それほどの　大切な　部分　～なほど　fitness
[that　fitness　is　such an essential part ～ [that　it ～]]
O→（接）　S　Vi　（形）　C　（接）　S

上の図解のような骨格に気づきましたか。agree の後の that 以下が目的語で，その中に **such ～ that ...**「**…なほど～**」「**とても～なので…**」の構文が見られます。**such は形容詞**なので，語順としては **such** an essential part となります（**so** essential a part と区別しておきましょう。**so は副詞**なので，直後に形容詞を従えます）。

例題：語句　an end to N「N（へ）の終わり」／in sight 形 見えて／fitness 名 健康維持（のためのスポーツ）／enthusiast 名 熱心な人たち／right 副 ずっと（前置詞句 into ... を修飾）／jogger 名 ジョギングする人／out there 副 どこかで

そして，As 節（→ 93 課）――「あるオレゴン州のジョギング・ランナーが述べたように」と続きます。

[when《ときでも》 he《彼》 and《と》 his friends《彼の友人たちが》
（接） S① （等） S②

are { too old《あまりにも年で》 C① / and（等） too worn-out《疲れきって》 C② } (to《には》 run《走る》 marathons《長距離を》 any longer《もはや》)],
Vi　（不）（Vt）（O）（M）

they《彼らは》'll《だろう》 still《なおも》 be《いる》 out there《どこかに》 — walking《歩いて》.
S （副） Vi （副） （分詞構文）（現分）（Vi）

図解の補足説明をすると，too は old と worn-out を修飾し，to run は too を修飾しています。any longer を見てもわかるように，**to Ⓥ には否定的意味**が含まれているので，「…するにはあまりに〜」は前から訳して，**「あまりに〜なので…できない」**ととってもいいわけです。**too の前に否定語**があれば，**「…できないほど〜ではない」**と訳します。

《全文訳》 健康維持のためのスポーツ熱には，何らかのブームのかげりが見えているのだろうか。運動熱心な人たちは，健康維持のためのスポーツは自分たちの生活のとても大切な部分なので，それはずっと年を取るまで，何らかの形で続くだろうと言っている。あるオレゴン出身のジョギング・ランナーが述べたように，彼と彼の友人たちがあまりにも年を取り，よれよれになって，もはやマラソンを走るのが無理になっても，どこかで — 歩いて — 活動しているだろう。

（解説・解答→別冊：p.21）

演習 44 次の英文の下線部を訳しなさい。

Writing is the only thing I am really good at, and it is too late now to become really good at anything else. I am, I think, a competent and conscientious university teacher, but I know there are others who are more dedicated and inspiring.

（成蹊大）

演習：語句 competent 形 有能な／conscientious 形 良心的な／dedicated 形 献身的な／inspiring 形 やる気を起こさせる

45 〈enough to Ⓥ〉の不定詞の働きに注目

下線部の not to ask の働きを考えて，下線部を訳しなさい

Except for children (who don't know **enough** not **to** ask the important questions), few of us spend much time wondering why nature is the way it is, where the cosmos came from, or whether it was always here; if time will one day flow backward and effects precede causes; or whether there are ultimate limits to what humans can know.

（神戸市外語大）

解法　〈too ～ to Ⓥ〉の後は，〈**～ enough to Ⓥ**〉の登場です。この構文の修飾関係は次の通りです。

～　←　**enough**　**to Ⓥ**

（形容詞・副詞など）「十分な」　←　「…するのに」「…するほど」

「Ⓥするほど～だ」「（十分・足りるだけ）～なのでⓋだ」と訳せますが，**enough の前に否定語が来ると**，若干の工夫が必要です。

を除いて	子どもたち	（彼らは）	を知らない	
(Except for	children)	[(who	don't	know
（群前）	（先）	（関代）S	（否）	Vt

十分（な量）	（…し）ない	を尋ねるだけ	重要な	質問
enough	not	(**to** ask	the important	questions)],
O（代）	（副）	（不）（Vt）	（形）	（O）

関係詞節 who 以下は，後ろから訳して「重要な質問をしないだけ十分（な量）を知らない」，前から訳して「まだよくわかっていないので，ドキッとするような質問をしないではいられない（→する）…」のどちらに訳しても意味は同じです。

本文の to Ⓥ は enough を修飾しています。 また，**enough** が**名詞を**（**前・後から**）**修飾**する場合は**形容詞**，**形容詞・副詞などを修飾する**場合は**副詞**と考えればよいのです。few 以下の文のポイントは**共通関係**です。

例題：語句　except for 群前 を除いて／spend O（時）＋ Ving「V するのに O を使う，費やす」／precede Vt より先に起こる／ultimate 形 究極の

少数の人々は　の中の　私たち　を過ごしている　多くの　時間
few (of us) spend much time
S　Vt　O

なぜ　自然は　であるか　状態　そのようで　それが　である
[why nature is (in) the way [(that) it is]],
(O)① (疑・副)　S　Vi　C　(関副) C　S　Vi

どこ　宇宙が　来たか　から
[where the cosmos came from],
(O)② (疑・副)　S　Vt

かどうか　宇宙が　あった　ずっと　ここに
or [whether it was always here];
(等)　(O)③ (接)　S　Vi　(副)　(副)

(かしら) と思って
wondering
(現分) (Vt)

かどうか　時間が　ことになる　いつか　流れる　過去に向かって
[if time will one day flow backward
(O)④ (接)　S　(助)　(副)　Vi　(副)

結果が　の前に現れる　原因
and effects (will one day) precede causes];
(等)　S　Vt　O

のかどうか　ある　究極的　限界が　への
or [whether there are ultimate limits (to
(等)　(O)⑤ (接)　(副)　Vi　S

もの　人間が　ことができる　知る
[what humans can know])].
(関代) O　S　Vt

《全文訳》 (まだものがよくわかっていないので，重要な質問をする) 子どもは別として，なぜ自然はこんな状態なのか，宇宙はいったいどこからやって来たのか，また宇宙はずっとこの位置にあったのかどうか，そしていつの日か時間は逆に流れて，結果としての事実が原因の前に姿を見せることになるのかどうか，あるいは，人間が理解し得ることに究極の限界があるのかどうかなどと思いめぐらすのに，多くの時間を費やす人は，ほとんどいないのである。

(解説・解答→別冊：p.22)

演習 45 次の英文の下線部を訳しなさい。

A good computer can think clearly and quickly enough to beat you at chess, and some of them have even been programmed to write obscure verse. They can do anything we can do, and more besides.

(同志社大)

演習：語句 programme Vt のプログラムを作る，計画する／obscure verse 名 意味不明な詩

46 〈If〉の意を含む文頭の to Ⓥ

下線部の To judge に注意して下線部を訳しなさい

Woodrow Wilson in 1912 observed that Americans like to think that “this is the country where there is no distinction of class, no distinction of social status.” <u>**To judge** from their responses to modern sociologists’ questionnaires, American attitudes toward class have not changed much during the past two generations.</u>

（愛媛大）

解法 to Ⓥを見ると，「〜すること」と決まり文句のように訳してしまう人が多いものです。この課では，**文頭の to Ⓥの意外な訳し方**について学びます。

Woodrow《ウッドロー》 Wilson《ウィルソンは》 (in《に》 1912《1912年》) observed《を述べた》
S M Vt

[that《ということ》 Americans《アメリカ人は》 like《を好む》 (to《こと》 think《と考える》 [that “ ... ”]].
O→(接) S Vt O→(不)(Vt) (O)→(接) O

一般的に where 節は名詞節・形容詞節・副詞節のいずれにもなる可能性がありますが，“　　” の中の where 節は直前の the country との結びつきから考えて，形容詞節であり，where は関係副詞と判断します。

[that “ this《アメリカは》 is《である》 the country《国》
(接) S Vi C(先)

[where《(そこでは)》 there is《ある》
(関副) (副) Vi

{ no《ゼロの》 distinction《差別》 (of《の》 class《階級》),
S① M

{ no《ゼロの》 distinction《差別》 (of《の》 social《社会的》 status《地位》).”]]
S② M

例題:語句 Woodrow Wilson ウッドロー・ウィルソン（1858 〜 1924；アメリカの政治家。第 28 代アメリカ合衆国大統領）／ distinction 名 差別，区別／ questionnaire 名 アンケート

さて，下線部です。文全体の仕組みは〈To Ⓥ X, [SVX]〉のスタイルです。この〈To ⓋX〉は節［SVX］の外側に置かれているので，副詞的なのは明白です。

判断すれば　から　アメリカ人が寄せた　回答　に対する　現代の　アンケート
(To judge (from their responses) (to modern ... questionnaires)),
(不・副)(Vi)

に対する　現代の　社会学者の　アンケート　アメリカ人は…
(to modern sociologists' questionnaires), American attitudes ...
M→(前)　(形)　(名)　(名)　S

この文のTo judgeの意味上の主語は何でしょうか。つまり，「判断する」のは誰かということです。節の主語は「(アメリカ人の) 態度」ですが，この「態度」を客観的に見ている，一般人称のweが，to judgeの考えられる「動作の主」です。このように，**to不定詞の意味上の主語が文全体の主語と一致しない場合は，**to judge = if we judgeと言い換えられ，**「～すれば」**と訳せます。

判断すれば　アメリカ人の　態度は　に対する　階級
To judge ～, American attitudes (toward class)
(形)　S　(前)　M

いない　変わって　大きく
have not changed much
Vi(否)(現完)　(副)

～の間に　この(過去)　2世代(約60年)
(during the past two generations).
M→(前)　(形)　(名)

《全文訳》 1912年に，ウッドロー・ウィルソンは，「アメリカは，階級差別や社会的地位の差別がまったくない国である」とアメリカ人は考えたがると述べた。一方，現代の社会学者たちによるアンケートに対するアメリカ人の回答から判断すると，この2世代間，階級に対するアメリカ人の態度はあまり変化していないのである。

(解説・解答→別冊：p.22)

演習 46 次の英文の下線部を訳しなさい。

Manners change. The changeability of manners makes the whole subject difficult to approach. To take one example: it was not considered bad manners for a gentleman in the 18th century to wear his hat indoors, which he would take off to greet a lady, but then put right back on his head.

(京都女子大)

演習：語句 manners 名 行儀，作法／changeability 名 不安定，変わりやすさ

47 動名詞の意味上の主語をマークせよ！

次の英文の下線部を訳しなさい

In the 1960's and 1970's women underwent many changes through the Women's Movement. Many women began realizing the roles and images forced upon them by a male-dominated society and started to do something about it. This period of consciousness-raising resulted in women **taking** actions to eliminate sex discrimination in society, realize their full potential as human beings, and humane attitudes towards women.

（鶴見大）

解法 第１文は，Women underwent changes.「女性は変化をした」という**ＳＶＯの文型**をまずキャッチ，そして，その変化が，the Women's Movement「女性解放運動」によるものであることをつかみます。この through は「〜によって」の意味です。そして，Many women ...「多くの女性たちは…」と続きます。

を始めた　を認識すること　押しつけられている　に　彼女たち
began realizing the {roles and images} forced (upon them)
Vt①　(動名)Ｏ(Vt)→　(Ｏ)　←(過分)　Ｍ

によって　男性　支配の　社会
(by a male-dominated society)
Ｍ

を始めた　をすること　何か　について　それ(＝「男性中心の社会」)
and started (to do something (about it)).
(等)　Vt②　Ｏ→(不)(Vt)　(Ｏ)　Ｍ

上の図解の**共通関係**をキャッチしてください。do something about it は「それについて何らかの手を打つ」という意味です。

さて，ここから下線部です。

例題：語句 undergo Vt（変化など）を経る，経験する／the Women's Movement 名（＝Women's Liberation）ウーマンリブ，女性解放運動／force O (up)on N「O を N に押しつける」／male-dominated 形 男性支配の／eliminate Vt を除く／discrimination 名 差別／realize Vt（希望・目的）を実現する，達成する／potential 名 潜在能力／humane 形 人道にかなった，人間味のある

この　時期は　の　(差別への)　意識高揚

This period (of consciousness-raising)

S　M

結果として(〜に)なった　女性が　起こすこと　行動を　(〜する)ために

resulted (in women **taking** actions) (to ...)

Vi　(前)(意味上の S)(動名)(Vt)　→(O)　(不・副)

taking 以下を文中から取り除くと，文全体の意味がくずれてしまいますね。**取り除けない -ing は動名詞**であり，対して名詞の前後にある**現在分詞**は**形容詞的な働き**ですから，取り除いても意味および構造はくずれません。例題の taking は動名詞であり in women taking = in women's taking です。動名詞の意味上の主語を表すには，所有格あるいは目的格が用いられます。in women('s) taking の形で，「**women (S) が take する (V) こと**」となり，women が taking に対し**意味上の主語**になっています。

taking　actions
(動名)(Vt)　(O)

└ to { eliminate sex discrimination (in society),
　　　(Vt)　(O)　M
　　 realize { their full potential (as human beings),
　　 (Vt)　　　(O)　M
　　　　and　humane attitudes (towards women).
　　　　　　　(O)　M

その後の部分は，to eliminate（to eliminate 以下は take を修飾）と to realize，そして realize potential と realize attitudes の**共通関係**が確認できますね。

《全文訳》 女性解放運動によって，1960 年代と 1970 年代に女性はいろいろ変化した。多くの女性が男性支配の社会によって女性に押しつけられている役割やイメージを認識し出し，それについて何らかの手を打ち始めたのだ。この時期に差別への意識高揚が行われた結果，女性は社会における男女の差別を取り除き，人間としての自分たちの可能性を十分に発揮し，女性に対する人道的な姿勢を現実のものとするために行動を起こすことになった。

（解説・解答→別冊：p.23）

演習 47　次の英文の下線部を訳しなさい。

Mistakes are not believed to be part of the normal behavior of a good machine. If things go wrong, it must be a personal, human error, the result of fingering, a button getting stuck, or someone hitting the wrong key. The computer, at its normal best, is believed to be absolutely perfect.　（同志社大）

演習：語句 behavior 名（機械などの）運動，動き／ go wrong「（事が）うまくいかない」（wrong は 副）

48 分詞構文の意味上の主語をキャッチ

次の太字の語の意味上の主語を確認して，下線部を訳しなさい

The length of life as an adult moth is very variable. The males live longer than the females, the former **averaging** about four weeks and the latter half that time or a little more, but in cold winter weather females will live some five weeks.

（お茶の水女子大）

解法 この課では，**分詞構文の意味上の主語のとらえ方**を学びます。さて，冒頭から。

The length《長さは》 (of《の》 life《生命》) (as《としての》 an adult《成虫の》 moth《蛾》)

S　M

is《である》 very《きわめて》 variable《不定》.

Vi　(副)　C

The males《雄の蛾は》 live《生きる》 longer《長く》 [than《より》 the females《雌の蛾》 (do)],

S　Vi　(副)(比)　(接)　(代動)省略

the former《前者は》 **averaging**《(そして)平均して…になる》 about《約》 four weeks《4週間》

S.S.(意味上のS)　(分詞構文)(Vt)　＝ and average　(O)

and the latter《後者は》 (averaging)《平均して～に達する》 { half that time《その半分》 (形) (O)① or a little more《もう少し多く》, (副) (O)② } but ...

S.S.　(省略)

例題：語句 moth 名 蛾／variable 形 変わりやすい（variety「多様」「変化」の形容詞形）／will live「生きるものだ」（will は「習慣・習性」などを表す）／average O「平均して O になる」／some 副（数詞の前で）約

おなじみの「前者は〜，後者は…」の相関構文です。この構文には，〈The former ⟶ the latter〉のほかに，〈the first ⟶ the second〉，〈that ⟶ this〉，〈the one ⟶ the other〉などがあります。this は「近いほうのもの」で the latter「後者」，that は「遠いほうのもの」で the former「前者」です。

ここでのポイントは **averaging** です。average は他動詞では「平均して〜に達する」の意味ですが，ここでは-ing となって**分詞構文**の役割を果たしています。分詞構文とは，**分詞（で始まる句）が述語動詞（あるいは原形，分詞，動名詞）を修飾する副詞句**です。分詞構文は**文脈によりいろいろな意味関係を表し**ます。**基本は「〜して」と処理**し，それでしっくりこないときは，時・理由・付帯状況・条件などを表すと解釈し，次のように副詞節で言い換えることができます。

> **Getting** to the airport = When one got to the airport「〜したときに」「〜して」
> **Turning** to the right = If one turns to the right「〜すれば」
> **Being** tired = Since one is tired「〜なので」
> **, arriving** here = and arrived here「そして〜」，ときには「〜してから」

普通，分詞構文の**意味上の主語**は文全体の主語と一致し，**一致しない場合はこれを〈S.S.＋分詞構文〉**（独立分詞構文）の形で示さなければなりません。例題では，and the former **average** ..., and the latter（**average**）... が，the former **averaging** ..., and the latter（**averaging**）の形になっており，**the former と the latter が分詞構文の意味上の主語**となっています。おなじみの **generally speaking**「一般的に言えば」は，一般人称の We や You を明示しない慣用的な独立分詞構文です。

《全文訳》 成虫となった蛾の寿命は，実にさまざまである。雄の蛾は雌の蛾よりも長生きする。つまり，前者は平均して約 4 週間に達し，後者はその半分かもう少し長いくらいである。けれども，寒い冬の気候では，雌の蛾は 5 週間くらい生き延びる。

（解説・解答→別冊：p.23）

演習 48　次の英文の下線部を訳しなさい。

Believing as they do that freshness and originality are the key elements in any great dining experience, Americans have turned their curiosity to one ancient kind of fish more hated than hungered for: the shark.

（玉川大）

演習：語句 elements 名 要素，原理／curiosity 名 好奇心／hunger for N「N を渇望する」

49 being が省略された分詞構文に注意

'given' の働きを考えて，下線部を訳しなさい

Forest is at once the most durable and the most fragile of resources that we have. **Given** the right care, it can endure for centuries, but a single act of folly — a fire or an ill-planned cutting down of trees — can destroy it within weeks or even hours, and it will take a century to return.

（早稲田大）

解法 分詞構文は**文頭**にも**文中**にも**文尾**にも位置することができます。また，**現在分詞**を用いるもの，**過去分詞**を用いるもの，あるいは**完了形**を用いる場合もあります。特に **being などの省略**された形が要注意です。まずは第 1 文。

Forest《森林は》 is《である》 at once《でも》 the most《最も》 durable《耐久性がある》
S Vi C①

and《でも》 the most《最も》 fragile《もろいもので》 (of《の中では》 resources《資源》) [that《それ》 we《私たちが》 have《を持っている》].
C② M（先） （関代）O S Vt

〈at once A and B〉「A でもあり B でもある」の構文にピタリと当てはめて訳してください。of 以下は 2 つの C（補語）を修飾する前置詞句です。

(Being) **given**《を払われると》 the right《適切な》 care《注意》,
（現在分詞） （過分）（受） （O）

it《森林は》 can《られる》 endure《持ちこたえ（る）》 (for《の間》 centuries《何世紀も》), but《が》 ...
S Vi M

give（Vt） care（O） to N「N に注意を払う」の受け身の形が出ています。前に Being を補えば，Being given the right care という分詞構文が明確になります。文の流れからここでは**条件**を表し，**if 節で書き換え可能な分詞構文**となります。このようなタイプは，次の形をしています。

例題：語句 durable 形 耐久性がある／ fragile 形 こわれやすい，もろい／ an ill-planned cutting down 名 無計画な伐採

(S.S) (being) 過去分詞・形容詞・名詞 ..., [SVX]

「〜して」「〜するとき」「〜すれば」などとあっさりと訳しましょう。

分詞構文の部分と，節［SXV］で時間差が明白な場合は，〈(S.S.) (having been) 過去分詞・形容詞・名詞，［SVX］〉になります。例文で確認しておきましょう。

(Having been) Born and brought up in Shibamata, Katsushika, I am Torajiro.
「私，生まれも育ちも葛飾柴又，名は寅次郎と申します」

さて，but 以下です。ダッシュ (—) の中の句は，act の内容ですから，とりあえずそれをはずして文の構造を見てみましょう。

but《しかし》 a single《たった１つの》 act《行為が》 (of folly《愚かな》) can《ことがある》 destroy《を台なしにする》 it《森(を)》
(等)　S　M　Vt　O

(within《以内で》 weeks《数週間》 or《または》 even《さえ》 hours《数時間》),
M

and《しかも》 it《森が》 will take《かかるだろう》 a century《１世紀》 (to return《回復するには》).
(等)　S　Vt　O　(不・副) (Vi)

destroy の後の it は，forest を指しています。〈It takes ＋ (人) ＋時間〉の構文と早とちりする人もいるでしょうが，やはり return「回復する」の意味上の主語は「forest (が回復するのに…)」と理解するのが自然です。

《全文訳》 森林は，現在ある資源の中では最も長持ちもし，また最ももろいものでもある。適切な注意が払われれば，何世紀も持ちこたえることができるが，たった１度の愚かな行為 — 例えば火事にしたり，樹木を無計画に伐採したり — があると，数週間，あるいは数時間以内でもその森林を破壊してしまうことがある。しかも森が回復するには，１世紀かかることになるだろう。

演習 49 次の英文の下線部を訳しなさい。 (解説・解答→別冊：p.24)

Human life may be said to be obsessed with death. Everybody is said to be afraid of death. All the same sooner or later everybody becomes adjusted to life, fully aware that he is going to die.　(山口大)

演習：語句 be obsessed with N「N に取りつかれる」／all the same 副 にもかかわらず／ sooner or later 副 遅かれ早かれ／ adjust O to N「O を N に慣れさせる」

50 付帯状況の with 構文—SP 関係を見抜け

with に注意して，次の下線部を訳しなさい

The truth is that newborns arrive in a presocial state, ready and eager for contact. They turn toward sounds and even show a preference for the human voice, especially a high-pitched one. <u>Newborns spend nearly forty minutes of their first hour paying attention, **with** eyes bright, shiny, wide open, and capable of fixing on objects.</u>

（徳島大）

解法　下線部の **with の後の名詞と，その後続部に S と P の関係がある**のを見抜くのがこの課のテーマです。これを**付帯状況の with 構文**と呼びます。

The truth《実は》 is《である》 [that《こと》 newborns《新生児が》 arrive《生まれる》
S　Vi　C→(接)　S　Vi

(in《で》 a presocial state《社会生活以前の状態》),
C①

ready《すぐにも》 and《しかも》 eager《しきりに》 (for《求めて》 contact《接触を》)].
C②　M

The truth is (that) ...「実は…だ」と訳すのが自然ですね。in a presocial state「社会生活を営めない状態で」は，ready や eager と同様，arrive に補語として付加された形容詞句と考えます。

第 2 文は show a preference for ～「～が好きだという様子を見せる」という語句がわかれば，「新生児が音のほうを向き，人の特に甲高い声が好きだという様子を示す」という意味が簡単にとれるでしょう。

例題：語句　newborn 名 新生児／arrive Vi（赤ん坊が）生まれる／presocial 形 社会生活以前の／turn Vi 向く／preference 名 好み，ひいき／high-pitched 形（音・声が）甲高い／be capable of Ving「V する（潜在）能力がある」／fix Vi 視線［注意］などが集中する

下線部に移りましょう。ポイントは〈with 構文〉です。

Newborns《赤ちゃんは》 spend《を過ごすのに》 nearly《ほぼ》 forty minutes《40分》 (of《のうちの》 their first hour《最初の1時間》)
S　Vt　O　M

paying《向けて》 attention《注意を》,
(現分)(Vt)　O

(with《ままで》 eyes《目は》
(前)　O

- bright《ぱっちりと》,
  P①
- shiny《きらきらと》,
  P②
- wide《大きく》 open《開いて》,
  P③
- and (等) capable of《ができて》 fixing《向ける》 (on《に》 objects《対象》).
  P④　(動名)(Vi)　M

〈with ＋目的語(O) ＋述語(P)〉の形では，O と P の間に「O が P(の状態)で」という S と P の関係が成立します。したがって，eyes are bright, shiny, ... として訳します。P には名詞節，形容詞，現在分詞，過去分詞，副詞(句)などがよく姿を見せます。with だけではなく **without** にも同様の用法がありますが，ともに理由や条件の意味を表すことがあります。なお paying は付加的な主格補語とも，分詞構文とも考えられます。

《全文訳》 実は新生児は，社会生活に入るどころではない状態で（外界との）接触の準備を整えて，またそれをしきりに求めて生まれる。赤ちゃんたちは音のほうを振り向き，人の声，特に甲高い声が好きだという様子さえ見せる。赤ちゃんは生まれてすぐの1時間のうち40分近くを，あたりに注意を払って過ごすが，そのとき目をぱっちり，キラキラと大きく開け，対象にじっと眼を向けることができるのである。

(解説・解答→別冊：p.24)

演習 50　次の英文の下線部を訳しなさい。

MIT had built a new cyclotron while I was a student there, and it was just beautiful! The cyclotron itself was in one room, with the controls in another room. It was beautifully engineered.　(筑波大)

演習:語句 MIT 名 マサチューセッツ工科大学（＝Massachusetts Institute of Technology）／cyclotron 名 サイクロトロン（原子核反応や素粒子反応を起こさせる装置）

51 〈of＋抽象名詞〉＝形容詞を見落とすな

次の英文の下線部を訳しなさい

To be happy, a man must feel, firstly, free and, secondly, important. He cannot be really happy if he is compelled by society to do what he does not enjoy doing, or if what he enjoys doing is ignored by society as **of** no **value** or **importance**.　（名古屋大）

解法　feel free「自由だと感ずる」, feel important「（自分が社会にとって）大切であると思う」の**共通関係**は，**and に注目**すればすぐわかりますね。

ためには　なる　幸せに　人は　必要がある　と思う　まず第1に　自由である
(To　be　happy), a man　must　feel,　{ firstly,　free
(不・副)(Vi)　(C)　S　Vi　(副)　C①

第2には　必要とされている
and,　secondly,　important.
(等)　(副)　C②

firstly, **secondly** などは**列挙して説明**するときに用いられます。文章の整理に役立ちますから，きちんととらえてください。

人は　というわけではない　なれる　本当に　幸せに
He　cannot　be　really　happy
S　Vi　(副)　C

なら　無理にやらされる　…をすること
{ [if　he　is compelled ...　(to　do ...)],
(接①)　S　V(受)　C→(不)(Vt)

なら　〜が　無視される
or　[if　what 節　is ignored ... as ...]
(等)　(接②)　(名詞節)S　V(受)

〈not 〜 really〉「本当に〜とは限らない」という部分否定に注意しましょう。**〈not 〜 all〉**「すべて〜であるわけではない」, **〈not 〜 always〉**「必ずしも〜とは限らない」の意味です（→ 76 課）。or をはさんで，**if ①，if ②の共通関係**もきれいに組み立てら

例題：語句　compel O to Ⓥ「O に無理に Ⓥ させる」

れています。このif節の部分を詳しく見てみましょう。

としたら　彼が　強いられている　から　社会　をすること
if he is compelled (by society) (to do
接①　S　V(受)　M　C→(不)(Vt)

(〜する)こと　彼が　ない　を楽しむ　をすること
[what he does not enjoy doing]),
(O)→(関代)(O)　S　Vt(否)　→O(Vt)

としたら　(〜する)ことが　彼が　を楽しむ　をすること　無視される　から　社会
or if [what he enjoys doing] is ignored (by society)
(等)　接②　S→(関代)(O)　S　Vt　O(Vt)　V(受)　M

と(して)　ない
as (**of** no **value** or **importance**).
C→

さて，if ①以下には，whatの従属節がありますが，この**what**は**関係代名詞**で，先行詞を内蔵しているのでしたね(→21課)。if ②以下のwhatも同様です。いずれもdoingの目的語です。

また，以下のように，**〈of＋抽象名詞〉は1語の形容詞に匹敵します。**

of value = valuable「価値がある」
of importance = important「大切である」

of help = helpful，of interest = interesting，of use = usefulなども覚えておきましょう。

《全文訳》 幸福であるには，人はまず自分が自由であると，そして第2には，自分が必要とされていると感じていなければならないのだ。もし人が社会から，して楽しくないことをするよう強制されたり，自分がして楽しいことが価値もないし重要でもないとして社会から無視されるとしたら，その人は本当の意味では幸せにはなれないのだ。

(解説・解答→別冊：p.24)

演習 51　次の英文の下線部を訳しなさい。

In primitive societies a system of barter was used. Barter was a system of direct exchange of goods. Somebody could exchange a sheep, for example, for anything in the marketplace that they considered to be of equal value.

(近畿大)

演習:語句 barter 名 物々交換／exchange O for N「OをNと交換する」／for example 副 例えば

52 同格の of は前から「すなわち」，後ろから「という」

次の英文の下線部を訳しなさい

All of us have had the experience **of** not being able to find the right words to get across our meaning, **of** being misunderstood, **of** finding that we don't make ourselves clear. Thought and language are mutually dependent.

（中央大）

解法 英語は本当に**共通関係**の構造をとる頻度が高い言語なのですね。of Ving の形が３つも出てきました。さっそく検討してみましょう。

All《皆は》 (of us)
S　M

have had《ある》 the experience《経験が》
Vt（現完）　O

(**of**《という》 not being able《できなかった》 to ...)
（前）①　（動名）（助）

(**of**《という》 being misunderstood《誤解された》)
（前）②（動名）(V)（受）

(**of**《という》 finding《に気がついた》 [that 節]《〜のこと》)
（前）③（動名）(Vt)　(O)

of を「の」と訳したら流れが途切れてしまいますね。このような場合には of の前後の（動）名詞 N_1 と N_2 が，is をはさんで〈N_1 is N_2〉，〈N_2 is N_1〉が論理上成立したら，**同格の of** と呼ばれる前置詞です。**〈the N_1 of N_2〉は，「N_1 すなわち N_2」，または「N_2 という N_1」**となるわけです。

① the city **of** London　　② the virtue **of** honesty

N_1 の the city や the virtue の内容を具体的に説明しているのが，N_2 の London であり，honesty です。そして of は名詞と名詞のつなぎの役割を果たしています。これが**同格の of** の特徴で，②では Honesty is the virtue. が意味の上で成立します。

いずれにせよ，この of はもともと「材料・構成要素」を示すものだったのです。

例題：語句 get across Vt（相手に話を）を理解させる／make O clear「O をわからせる」／mutually 副 相互に

経験
the experience

という　ことができなかった　を見い出す　適切な
(**of** not being able to find the right
(動名)(助) (Vt)

ことば　ための　を理解させる　私たちの　言いたいこと
words (to get across our meaning),
(O)　(不・形)(Vt)　(O)

という　された　誤解
(**of** being misunderstood),
(動名)(V)(受)

という　に気がついた
(**of** finding
(動名)(Vt)

ということ　私たちが　を…にする　自分たち自身　明快(な)
[that we don't make ourselves clear]).
(O)→(接)　S　Vt(否)　O　C(形)

同格のofが共通関係を作っている構文が確認できますね。N_2に当たる名詞はofの後の3つの動名詞です。

第2文も，主語「思考と言語」が共通関係を作っています。

思考
Thought
S①

いる　互いに　依存して
are mutually dependent.
Vi　(副)　C(形)

と　言語
and language
(等)　S②

《全文訳》私たちは皆，自分たちが言いたいことを相手に理解させるための適切なことばが見つからないとか，相手に誤解されているとか，あるいは自分の言いたいことが相手にはっきりわかってもらえないのに気がつくといった経験をしたことがある。つまり，思考と言語は相互に依存しているのだ。

(解説・解答→別冊：p.25)

演習 52 次の英文の下線部を訳しなさい。

Each power also has its allies and satellite states, the hard cores of which are bound together in the two groupings of NATO and the Warsaw Pact. Some countries, like Japan, are perfectly reliable allies who are not included in the main grouping for geographical reasons. (明星大)

演習：語句 ally 名 同盟国，連合国，味方／satellite 形 衛星の／hard core 名 中核／Warsaw Pact 名 ワルシャワ条約機構

53 〈名詞＋ of ＋名詞〉の主格の of と目的格の of

文中の of の働きをキャッチして下線部を訳しなさい

In the age **of** abundance, the apparent availability **of** virtually all material necessities tended to lead people to expect speedy gratification **of** their desires and to have little sense **of** the length **of** time over which people in other times and places had had to wait in order to have some **of** their more basic material needs satisfied.

（大阪大）

解法 それにしても，1 つの文の中にこれほど of という前置詞が出てくることも珍しいですね。この課では〈名詞＋ of ＋名詞〉の解釈パターンをいくつかマスターしましょう。

冒頭の of abundance は形容詞 abundant「豊富な」（→ 51 課）の意味で，「(物の)豊富な時代においては」と訳します。

次の of は，**of をはさんだ名詞と名詞**が次のように**〈P (Vi ＋ C) ＋S〉の関係**にあります。

the availability **of** necessities
N① N②

Necessities are available.
S Vi C

of の目的語である名詞は，意味の上で主語の役割を持っていることから，このような名詞構文の of は**主格の of** と言います。この〈of ＋名詞〉も文全体の中では（　　）にくくります。

入手できること　しがちだった　気にさせる　人々が
the availability ... tended (to lead people
S　Vi　C→(不)(Vt)　(O)

を期待する　すぐ(に)　満たすということ　を　人々の　欲望
(to expect speedy gratification (**of** their desires))
(C)①(不)(Vt)　(形)　(O)　(目的)

を持つ　ほとんどない　理解する心　を　長さ　の　時間
and (to have little sense (of the length) (of time)))
(等)　(C)②(不)(Vt)　(形)　(O)　M　M

例題：語句 abundance 名 豊富／the apparent availability of N「一見 N が入手可能なこと」／virtually 副 ほとんど／gratification 名 満足させること

ここでのポイントは，**〈名詞 + of + 名詞〉の名詞と名詞がVOの関係にある**ということです。なお，名詞 gratification の元になる動詞は gratify (Vt)。

gratification　of　desires
↓　　　　↓
gratify (Vt)　　desires (O)

このように，of の目的語である名詞が本来は他動詞の目的語に当たる場合，この of を**目的格の of** と呼びます。

time《時間》 [(over《〜の間》 which《（それ）》) people《人々が》 (in《の》 other《ほかの》 times《時代》 and《や》 places《地域》)
(先)　(前)　(関代)　S　M

had had to《ねばならなかった》 wait《待つ》 (in order to《ためには》 have《…を〜にする》 some《一部》 (of《の》
Vi (過完)　(不)　(Vt)　(O)　M→

their《人々の》 more《もっと》 basic《基本的な》 material《物質的》 needs《必要》) satisfied《満たされる》)].
(C) (過分)

time が先行詞で which が関係代名詞ですが，over which は wait にくっつけて，wait over the time「その時間の間待っている」と考えましょう (→ 16 課)。have some satisfied は〈Vt O C〉の文型とキャッチしましょう。

《全文訳》 物の豊富な時代においては，事実上あらゆる物質面での必要物が一見手に入りそうなため，人々は自分たちの欲望がすぐに満たされるものだと思い，またほかの時代やほかの地域の人々が，もっと基本的な物質的必要の一部を満たすために，待たねばならなかったその時間の長さの観念がほとんどなくなる傾向があった。

(解説・解答→別冊：p.25)

演習 53　次の英文の下線部を訳しなさい。

"National security" has become a commonplace expression, a concept regularly appealed to. It is used to justify the maintenance of armies, the development of new weapon systems and the manufacture of armaments.

(神戸市外語大)

演習：語句 security 名 安全，防護，保障／appeal to N「N(力・理性など)に訴える，N を用いる」／maintenance 名 維持／manufacture 名 製造，生産／armament(s) 名 兵器

54 〈所有格＋名詞〉のSPをキャッチ

次の英文の太字の部分に注意して，下線部を訳しなさい

Since he came down from the trees, man has faced the problem of survival, not as an individual but as a member of a social group. **His** continued **existence** is testimony to the fact that he has succeeded in solving the problem; but the continued existence of want and misery, even in the richest of nations, is evidence that **his solution** has been, at best, a partial one.

（神戸市外語大）

解法 **名詞構文**のうち，所有格を使ったものには２つのパターンがあります。**〈所有格＋名詞〉**が**SP**になるケースと**VO**になるケースです。

第１文のポイントは，**〈not A but B〉**「A ではなく B」の構文をキャッチすることです。「人間が木から降りて生活して以来，～としてではなく，…として生存の問題に直面してきている」と訳します。the problem of survival の of は**「同格の of」**（→52課）ですが，訳は「生存の問題」でいいですね。

さて，下線部です。

人の　継続的　存在は　である　証明　の　事実
His continued **existence** is testimony (to the fact
(形)　S　Vi　C　(前)　(名)

という　man　成功してきた　に　を解決すること　生存の問題
[that he has succeeded (in solving the problem)]);
同格節(接)　S　Vi(現完)　M→　(動名)(Vt)　(O)

His existence（人称代名詞の所有格＋名詞）は，that he exists「人が生存しているということ」を意味し，〈接続詞＋S Vi〉ととることができますね。ここでの**〈所有格＋名詞〉はSとPの関係**にあります。例えば，his arrival は he arrives「彼が到着する」という意味を表します。

例題：語句 be testimony to N「N を立証する」／ want 名 欠乏／ misery 名 みじめさ／ the richest of nations 名 国々の中で最も豊かな国／at (the) best 副 よくても，せいぜい

しかし　継続的な　存在が　の　欠乏　と　みじめさ
but the continued existence (of want and misery),
（等）　（形）　S　M
主格の of

さえ　の中で　最も豊かな国々　の中の　国々
even (in the richest) (of nations),
（副）　M

である　証拠　という　人が　解決することが
is evidence [that **his solution**
Vi　C　同格節（接）　S

であった　せいぜい　部分的　解決
has been, (at best), a partial one].
Vi（現完）　（副）　C

his solution（〈所有格＋名詞〉）には，he solved「彼が解決した」という中身がうかがわれます。これも S と P の関係ですね。

〈所有格＋名詞〉には OV → VO の意味関係になるケースもあります。例えば，his education が educate him になります。

I am responsible for **my son's education.**
「私には息子を教育する責任がある」

《全文訳》 樹上での生活から地上生活に入って以来，人間は生存の問題に直面してきたのだが，それは個人としてではなくて，社会を構成するグループの一員としてであった。人間がずっと生存してきたことは，生存の問題を解決するのに成功してきた事実を立証するものである。しかし，最も豊かだと言われる国々においてさえ，欠乏とみじめさが絶えず存在しているということは，人間が，せいぜい部分的にしか解決できていない証拠である。

（解説・解答→別冊：p.26）

演習 54　次の英文の下線部を訳しなさい。

In their struggle for equality, Japan's feminists have for the most part avoided the strong political pressure and aggressive rhetoric that have characterized the women's movement in the United States. Their methods reflect a difference in the nature of society in Japan and the United States.

（神戸商科大）

演習：語句 struggle for equality 名 平等を得るための闘い／ rhetoric 名 美辞麗句，言い回し／characterize Vt を特徴づける

55 〈所有格＋名詞＋ of ＋名詞〉のＳＶＯを見抜け

文中の of とその前後関係に注意して，下線部を訳しなさい

Since the decipherment of the writing system in the third decade of the last century, the Egyptian language has been among the most thoroughly researched areas of Egyptology. As a result, although a great deal of vocabulary and many points of grammar remain to be fully explained, **our** understanding **of** the basic structure of Egyptian and of the rules governing its operation can now be considered to be on a reasonably firm footing.

（大阪市立大）

解法 第 1 文の Since 以下 century までをひと固まりにすると，副詞句に相当します。the decipherment of the writing system の of は**目的格の of** ですから，「文字体系を解読して（以来)」となります。decade は「10 年」ですから，the third decade は「20 年代」になります。そして，「エジプト語は，エジプト学の最も徹底的に研究された領域の 1 つになっている」のです。なお前置詞 among は「の中に→の 1 つで」の意味になります。

その結果　～けれども
(As a result,) [although
M　（接）

たくさんの　語い　残っている　べく
a great deal of vocabulary　remain (to be
（形）　S①　Vi　C→（不)(助)

多くの　点が　のうちの　文法　十分に　説明される
and　many points (of grammar)　fully explained],
（等）　S②　M　（副）　（過分）

although「～だけれども」以下の従属節の主語は，and によって共通関係になっている vocabulary と many points（of grammar）の 2 つです。a great deal of は文脈上形容詞に相当し，「たくさんの」の意味です。

例題：語句 decipherment 名 解読／the writing system 名 文字体系／Egyptian 形 エジプトの；名 エジプト語（古代エジプト人のハム語）／Egyptology 名 エジプト学（古代エジプトの文物研究）／remain to be ＋ V（過分）「これから V されねばならない，まだ V されないでいる」／on a firm footing 形 確固たる基盤にのって／reasonably 副 かなり

さて，この課でのポイントです。わかりやすく整理してみましょう。

our《私たちが》 understanding《理解することは》 (S)
　{ (of《を》 (目①) the basic《基本的な》 (形) structure《構造》 (名)) (of ...)
　　and《と》 (等)
　 (of《を》 (目②) the rules《規則》 (名)) ... }
can《ことができる》 now《現在では》 (副) be considered《考えられる》 (V(受)) (to be《いると》 ... (C→)

〈所有格＋名詞〉にはSとPの関係が，〈名詞＋ of ＋名詞〉の2つの名詞にはVOの関係があることはすでに学びましたが，〈所有格＋名＋ of ＋名〉はそれらの合体です。以下のような算数の式にするとわかりやすいでしょう。

所有格	＋	**名詞**	──→	S ＋ V
S		V		
		名詞	**＋ of ＋名詞** ─→	V ＋ O
＋)		V	O	
S		V	O ─→	S ＋ V ＋ O

つまり，our understanding of the structure は「私たちが構造を理解すること」で，We understand the structure. が名詞化されたのです。

《全文訳》 前世紀の20年代にその文字体系を解読して以来，エジプト語は古代エジプトの文物研究の中でも，最も徹底して研究された領域の1つとなっている。その結果，まだたくさんの語いと文法の多くの要点が，十分に説明されないでいるとはいえ，エジプト語の基本的構造と，エジプト語の運用を支配している規則に対して私たちが持っている理解は，現在のところ，かなり確固としたものになっていると考えることができるのである。

（解説・解答→別冊：p.26）

演習 55 次の英文の下線部を訳しなさい。

Every man, in reading, is his own best critic. Whatever the learned say about a book, however unanimous they are in their praise of it, unless it interests you it is no business of yours.　（聖心女子大）

演習：語句 critic 名 批評家／whatever 代（～する）ものは何でも／the learned「学識ある人々」(the ＋形容詞「(～な)人々，こと，もの」)／unanimous 形（意見が）全員一致の

56 仮定法は「いつの」「どんな」を考えよ

次の英文の下線部を訳しなさい

My father enlisted when my brother Jacey was two and I was on the way. He died only a few months before my birth, and my mother brought us back to live with her parents here in Haley, the small town in Illinois where she'd grown up. My mother was the only woman in our circle who worked. She taught second grade at the Haley Elementary School, moving to third grade the years Jacey and I **would have been** her pupils.

（大阪外語大）

解法 第 1 文は何も問題はありませんね。on the way は，「（世に出る）途中で」の意味で，父は，筆者が母のお腹にいるときに兵役に入ったのです。そして，

父は	亡くなった	わずか　数か月（だけ）	前に　私の　誕生	
He	died	only a few months	(before my birth)	, and
S	Vi	M	M	（等）

私の　母は	を連れてきた	私たち	帰って	ため　と一緒に住む	彼女の　両親
my mother	brought	us	back	(to live with	her parents ...)
S	Vt	O	（副）	（不）（Vt）	（O）

父は，作者が生まれるすぐ前に死に，母は 2 児を連れてイリノイの実家に身を寄せるのです。ここまではほとんど問題ありませんね。さらに以下のようになります。

母は	であった	唯一の　女性	で　仲間うち
My mother	was	the only woman	(in our circle)
S	Vi	C（先）	M

(that)	職についている
[who	worked].
（関代）S	Vi

先行詞を the only が修飾する場合，関係代名詞は that が好まれますが，人間が先行詞の場合は who が普通です。

例題：語句 enlist Vi 兵役につく／on the way 形（赤ん坊が）お腹にいて／bring back Vt を連れ帰る／live with Vt と一緒に住む／circle 名 仲間，社会

She《彼女は》 taught《を教えていた》 second grade《第2学年》 (at《で》 the Haley《ヘイリー》 Elementary School《小学校》),
S Vt O M

moving《しかし, 移った》 (to《に》 third grade《第3学年に》) [(in) the years《年には》 (when)
(分詞構文)(現分)(Vi) M→ (関副)

Jacey《ジェイシー》 and《と》 I《私が》 **would have been**《なったであろう》 her pupils《彼女の生徒と》].
S (仮過完) Vi C

「事実ではないが，仮りに…」と，現在について言及するのが仮定法過去，過去について言及するのが仮定法過去完了です。**if 以下の条件節が省略**されている場合もあり，それぞれ**〈助動詞の過去形＋原形〉〈助動詞の過去形＋ have ＋過去分詞〉**が**目印**になります。ここでは，[if she had still taught second grade]「もしそのまま第2学年を教えていたら」という条件節が**省略**されています。

「いつのこと」で，「どんな事実」かを押さえてください。「実は第3学年に移ったのだが，もしそのまま第2学年を教えていたら…」と，**事実と仮定の関係をしっかりキャッチ**して理解しましょう。moving to third grade は**分詞構文**で，but she moved 〜と置き換えられます。

《全文訳》 私の父は，兄のジェイシーが2歳で，私が母のお腹の中にいるときに兵役についた。父は私が生まれるわずか数か月前に死に，母は自分が育ったイリノイ州の小さな町である，ここへイリーの両親のもとで暮らすため，私たちを連れ帰った。母は私たちの仲間うちで，仕事を持つ唯一の女性であった。ヘイリー小学校で第2学年の担任であったが，ジェイシーと私を担当することになっていた年には，第3学年に移ったのだった。

（解説・解答→別冊：p.26）

演習 56 次の英文の下線部を訳しなさい。

The social experiences and values of the old and the young have always been in conflict; if younger people did not question the advice and beliefs of their parents, little change or ‘progress’ would ever occur.

（大阪大）

演習：語句 in conflict 形 対立して／belief 名 信念，信仰

57 〈were to〉は「ありそう」から「まずない」まで

次の英文の下線部を訳しなさい

Even if someone **were to** write a sentence or two of his diary immediately after he had finished whatever he was doing, still his diary would not be like those television cameras that follow shoppers around in book shops. It could not simply record.

（京都大）

解法 〈if ... were to Ⓥ，would 〜〉は未来について，**絶対にありそうにないことから，やや可能性のあることまで**，きわめて広範囲に使われます。**帰結**には，**would**，**should** などの助動詞の過去形が来るのが特徴です。〈if ... should 〜〉も未来について使われますが，帰結の助動詞は過去形だけでなく will なども用いられます。〈were to〉のほうが理屈っぽい表現になり，文語調になります。

さて，第 1 文の冒頭から文構造を明らかにしていきましょう。

[Even if《たとえ〜としても》 someone《誰かが》 **were to**《とする》 write《を書こう(と)》

(接)　S　(仮過)　Vt

a sentence or two《1つ2つの文》 (of《の》 his《自分の》 diary《日記》)

O　M

immediately《すぐ》 [after《後で》 he《彼が》 had finished《やり終えた》 [whatever ...《ことを何でも》]]],

(副)　(接)　S　Vt(過完)　O

〈were to〉は，このように「ありそう」なことについても用いられることがあります。

still《それでも(やはり)》 his《彼の》 diary《日記は》 would not be《はないだろう》 (like《のようで(は)》 those television cameras《テレビカメラ》

(副)　S　(仮過)　Vi　C→(前)　(先)

例題：語句 even if 接 たとえ〜だとしても／whatever 関代 〜のことは何でも（＝ anything that）／ shopper 名 買物客／ simply 副 ありのままに

[that follow《について》 shoppers《買物客》 around《回る》 (in《で》 book shops《書店》)]).

(関代)S　Vt　O　(副)　M

still は，Even if をもう 1 度繰り返す感じを出す副詞です。そしてここは，〈Even if ... were to ～〉という条件節に対する would not be ... となり，**仮定法過去の帰結**となります。この場合，「たとえ～しても，やはりそれを実現する可能性はとても低いのだ」という前後関係があります。〈were to Ⓥ〉は〈be to Ⓥ〉(→ 42 課) の過去形です。また those は「関係詞」を「予告」するだけですから，訳は不要です (→ 14 課)。

It《日記は》 could not《できないだろう》 simply《ありのままに》 record《記録することは》 (, if it were to try《しようとしても》 to simply record).

S　(仮過)　Vi　(条件節) 省略

また，were to の代わりに was to が単数主語に続いて用いられることがあります。

If he was to hear of her marriage, he would be disappointed.
「もし彼女が結婚したことを聞いたら，彼はがっくりくるだろう」

《全文訳》 たとえ誰かが，そのやっていたことが何であれ，それをやり終えたすぐ後で日記に 1，2 行書き残そうとしても，やはりその人が書く日記は，書店で客について回るテレビカメラのようではないだろう。(しようと思っても) 日記はありのままには記録できないだろう。

(解説・解答→別冊：p.27)

演習 57　次の英文の下線部を訳しなさい。

After all, it seemed that wherever I traveled there were some people who spoke English. What a great convenience it would be if English were to become everybody's major language! A great convenience for us English-speaking people, that is.

(徳島大)

演習：語句 after all 副 結局，やはり／ wherever 接 どこへ…しようとも／ a convenience 名 便利なこと

58 〈as if〉が「まるで」になるからくり

次の英文の下線部を訳しなさい

The peaks of the Kandertal Range go on and on **as if** God had forgotten to stop making mountains. Snowcapped pinnacles are everywhere, with nothing above them but an azure sky. There isn't a hint of a cloud. My two friends and I stop to marvel at this show of sunlit peaks and then push forward through the fresh snow. We skim down the bowl, the snow giving way **as if** we were skiing through a sea of foam washed up on a beach.

（慶応義塾大）

解法 **as if** は「まるで～であるかのように」と決まり文句のように訳す場合が多く，1つの接続詞のように感じられますが，**本来は仮定法**で，**現在あるいは過去の事実に反する仮定**を表しています。

The peaks《峰々は》 (of《の》 the Kandertal《カンダタール》 Range《山脈》) go on《続いている》 and on《どんどん》
S　M　Vi（副）　（副）

[**as if**《まるで～のように》 God《神が》 had forgotten《を忘れていた》 (to stop《をやめること》 making《を造ること》 mountains《山々》)].
（接）仮定法　S　（仮過完）Vt　O→（不）（Vt）（O）（動名）（Vt）　（O）

as if ... had forgotten は**仮定法過去完了**で，「神が実際には忘れたわけではないが，まるで忘れたかのように」と過去の事実に反する仮定をしているのです。

ところで，as if は実は以下のように **as 以下の繰り返しの節を省略**したものなのです。

as《ように》 (the peaks《頂上が》 would《であろう》 go on and on《どんどん続いていく》) if God《～ならば》 ＋仮定法
（接）　（省略）　（接）

as if が仮定法を導く理由が実感としてわかりましたか。第 2 文は with nothing (O) above them (P) を見落とさないことが重要です（→ 50 課）。

例題：語句 the Kandertal Range 名 カンダタール山脈（アルプスに連なる連峰の 1 つ）／ go on Vi （川・道などが）続く／ snowcapped 形 冠雪の／ pinnacle 名 高峰／ but 前 を除いて／ azure 形 空色の／ a hint 名 微量，きざし／ marvel Vi 感動する／ show 名 景観／ sunlit 形 日に照らされた／ push forward Vi どんどん進む

次に，文末の下線部にある **as if** に着目してみましょう。

私たちは　滑って行く　を下って　窪地　すると　雪が　道を開けてくれるのだ
We　skim　(down the bowl), the snow giving way
S　Vi　(前)　(名)　(意味上の S)　(分詞構文)

まるで～のように　私たちが　スキーをしている　～の中を　海　の　泡
[**as if**　we　were skiing　(through a sea)　(of foam)
(接)　S　Vi (進)　M　M

打ち上げられた　に　浜辺に
washed up　(on a beach)].
(過分)　(副)　M

この as if の中身を見てみましょう。

as the snow would give way **if** ～
省略

これではっきりしましたね。これは，**仮定法過去の形**で，現在の事実に反する仮定を表しています。**〈as if ＋過去形〉は主節の動詞と同じ「時」を想定**し，**〈as if ＋過去完了形〉は主節より１つ前の「時」を想定**していることが，以上２つの仮定法の文から会得できれば成功です。

《全文訳》 カンダタール山脈の峰々は，まるで神がその昔，山造りをやめるのを忘れたかのように，どんどん続いている。冠雪した高峰が四方八方にあり，青空以外，それらの上には何もない。雲らしきものは１つとして見あたらない。２人の友人と私は，しばし足を止めて日に照らされた頂きの景観を驚嘆の目で眺め，そしてそれからまた，新雪の中をどんどん進む。私たちは窪地を滑って行く。すると，まるで浜辺に打ち上げられた一面の泡の中スキーをしているかのように，雪が道を開けてくれるのであった。

(解説・解答→別冊：p.27)

演習 58　次の英文の下線部を訳しなさい。

Biologists observed that when a frog was placed in a cage with the snake, the tail rattled. The frog then leaped at the rattles as if they were an insect and bit the snake's tail. The snake proceeded to devour the frog.

(東京学芸大)

演習：語句 biologist 名 生物学者／rattle Vi がらがら音がする／proceed to Ⓥ「次にⓋし始める」／devour Vt をがつがつ食べる

59 if のない条件節は倒置がヒント

次の英文の下線部を訳しなさい

The electronic media themselves can be understood as merely technological extensions of preexisting forms of communication. <u>There would, in fact, be little point in developing them at all, **were** we not people who had in the course of some long evolutionary development come to have things to say to each other.</u>

（名古屋大）

解法　条件節というと，あまりに if の印象が強すぎて，**if を用いない条件節**をうっかり見落としてはいないでしょうか。例えば下線部。どこにも if の姿はありませんが，これも条件節なのです。

第 1 文には条件節はありません。electronic media は「電子工学を駆使した伝達手段」のことで（electronic journalism「電子ジャーナリズム」は，これを利用していますね），「電子メディア」と訳しましょう。ここでは「こうしたメディアそのものは，昔からある意思伝達手段を科学技術によって拡大させたものにすぎない」と言っているのです。

だろう　実際には　ある　ほとんど～ない　意味が

There would, (in fact), be little point

（副）（仮過）M Vi（形）S

には　を発達させること　電子メディア　少しも

(in developing them (at all)),

（前）（動名）(Vt)（O）M（副）

としたら　われわれが　ない　人間では　（その人）　いた　の間に

[**were** we not people] [who had (in the course of ...)

（仮過）Vi S C（先）（関代）S（助）（群前）

ようになって　を持つ　物　伝える　に　互い

come (to have things (to say (to each other)))].

V（過分）C→（不）(Vt)（O）←（不）(Vt) M→（代）

例題：語句　electronic media 名 電子工学を用いたハードとソフト両面の手段／understand O as C「O を C と理解する」／extension 名 拡張部分／preexisting 形 前から存在する／point 名 意味，利益／in the course of 群前 の間に／some 副 かなり／evolutionary 形 発展の，進化の／come to Ⓥ「Ⓥ するようになる」

(　　) は修飾語句，[　　] は節ですが，in the course of ... development はかなり長い挿入になっていますね。had と come が結合して過去完了を形成しています。また，主節の **little 〜 at all** は not at all「まったく〜でない」を準否定的に**「ほとんどまったく〜でない」**とやや弱めた表現です。さて，were we not people の**倒置**に気づきましたか。

were	we	not	people	=	if	we	were	not	people
Vi	S		C		接	S	Vi		C

if が省略されたため，倒置が行われている形を見抜いてください。これを簡単に図示してみましょう。

《仮定法過去》

If I were a bird
↓
Were I a bird

《仮定法過去完了》

If it had not been for air
↓
Had it not been for air

if のない条件節は倒置がヒントになりますから，ひと目で見抜く力を養っておきましょう。例えば，以下のように簡単に理解できるようになります。

Should he not go there,
↓
If he should not go there,

《全文訳》 電子メディアそれ自体は，昔からある意思伝達の方式を，ただ単に技術的に拡大したものと理解できる。われわれ人間が，かなり長期にわたって進化によって発達する間に，お互いに伝えたい事柄を持つようになってきた人間でないとしたら，今電子メディアを発達させることは，実際にほとんど何の意味もなくなるだろう。

（解説・解答→別冊：p.27）

演習 59 次の英文を訳しなさい。

Often and often in afterlife I have come across people doing jobs that I had never dreamed of before, and which would have thrilled me had I been told about them at school.
（法政大）

演習・語句 often and often 副 何度も何度も／ afterlife 名 後年／ come across Vt と偶然出会う

60 〈without ...〉は「時間」をキャッチ

次の英文の下線部を訳しなさい

<u>**Without** the aggressive, active side of his nature man would be even less able than he is to direct the course of his life or to influence the world around him.</u> In fact, it is obvious that man could never have attained his present dominance, nor even have survived as a species, unless he possessed a large amount of inborn aggressiveness.

（神戸大）

解法 下線部を見てください。〈Without ～, would ...〉の**仮定法過去**の形が出ています。この文にも **if がない**ですね。

がなかったら　(**Without** the { 攻撃的 aggressive, (形) / 行動的 active (形) } 面 side　の 人間の性質 (of his nature))
M→(条件)　M

人間は　だろう　一層　もっと　ができない　よりも　現状
man　would be　even　less　able　[than he is]
S　(仮過) Vi　(副)　(比)　C　(接) S Vi

を方向づける(こと)　行路　の その 人生
(to direct　the course　(of his life)
(不)(Vt)　(O)　M

～したり
or
(等)

に影響を与える(こと)　世界　のまわりの 彼
(to influence　the world　(around him).
(不)(Vt)　(O)　M

without = if it were not for = were it not for のように，これらはすべて「**もし～がなかったら**」の意味です。

例題:語句 aggressive 形 攻撃的な／nature 名 性質／direct Vt を方向づける／attain Vt を達成する／dominance 名 優位／species 名（生物の分類）種（単複同形）／inborn 形 生来の

man 以下は，than he is の［　　］の部分を文からはずします。助動詞的相当語句**〈be able to 〜〉**が浮かび上がってきましたね。英文解釈では，このような基本的な構造をいかにしてキャッチするかが重要なポイントになってきます。**be able to から to direct, to influence の共通の関係**が読みとれます。

(In fact《実際に》), it is《である》 obvious《明白》 [that man《人類が》
M　S(形)　Vi　C　S(真)(接)　S

could《できたであろう》
{ never《決して…ない》 have attained《を達成している》 his《人が持つ》 present《現状の》 dominance《(支配)優位》,
V①　O
nor《も…ない》
even《さえ(も)》 have survived《生存してくること》 (as《として》 a《1つの》 species《種》)],
V②　M

[unless《もし〜なければ》 he《人が》 possessed《を持ち合わせて》 a large《多》 amount《量》 (of inborn《生まれながらの》 aggressiveness《攻撃性》)].
(接)　S　Vt　O　M

unless は **if 〜 not** と同意で,「もし〜でなければ」の意味です。例題を書き換えると if he did not possess となりますから，帰結節のほうは，以下のように考えられます。

if he did not possess ..., he could { never have attained ... or not even have survived ...

前半の **if** 節は現在の事実に反する仮定（仮定法過去），後半はその帰結が現在完了に及ぶ仮定法過去完了になっています。

このように，without 〜は，①「〜が（今）なければ」②「〜が（そのとき）なかったならば」のいずれなのか，**帰結節を見て判断**します。

《全文訳》 人間の性質に攻撃的，行動的な側面がなかったら，その人生行路を定めるにしても，その周囲の世界に影響を与えるにしても，能力の点で現状より一層劣っていることであろう。事実，明らかに，もし人間が生まれつき備わった攻撃性をかなり持ち合わせていなかったら，人間はその現状の優位を達成することも，1つの種として今日まで生き延びてくることさえもできなかっただろう。

（解説・解答→別冊：p.28）

演習 60 次の英文を訳しなさい。

Conversation, like daily living, requires you to exhibit a considerable trust in others. Life would be extremely difficult, perhaps even impossible, without such trust. （大阪女子大）

演習：語句 considerable 形 かなりの／ trust 名 信頼

61 主語・副詞(句)などにひそむ仮定条件

次の英文の下線部を訳しなさい

Some people would say that the Englishman's home is no longer his castle; that it has become his workshop. This is partly because the average Englishman is keen on working with his hands and partly because he feels, for one reason or another, that he must do for himself many household jobs for which, before the war, he **would have hired** professional help.

(明治大)

解法 さて，この課でも **if を用いない仮定条件**を文の中からキャッチする学習を進めてみましょう。

まずは冒頭，仮定条件がキャッチできますか？

一部の　人たちは　～だろう　と言う

Some people would say

S　(推量)　Vt

イギリス人の　家は　もはや～ではない　その人の　城　つまり

[that the Englishman's home is no longer his castle];

(接①)　S　Vi　(副)　C

家は　になってしまった　その人の　仕事場

[that it has become his workshop].

(接②)　S　Vi(現完)　C

Some people would say that ...「人によって…と言う人もまあいることだろう」における would は，もとは仮定法の過去なのですが，現在では条件節を用いない控えめな推量に用いられる慣用法と思ってください。セミコロンを用いて that 節①②の共通関係ができています。

この事実は　である　1 つには～のため　平均的　英国人は　いる　熱望して　を

This is partly [because the average Englishman is keen (on ...

(副)　C ①→(接①)　S　Vi　C　M→

また　1 つには～のため　英国人は　と感じている

and partly [because he feels ...

(副)　C ②→(接②)　S　Vt

例題：語句 be keen on N「N を熱望して」／ partly 副 部分的に／ for one reason or another 副 何らかの理由で，どういうわけか／ help 名 手助けになる人，雇い人

ここにも，partly because ～ and partly because ...「1 つには～のためであり，またもう 1 つは…のためである」という**共通関係**がありますね。「1 つには，ふつうの英国人は自分の手を使って働きたいと切望しているからであり，またもう 1 つは，どうしたわけか，

[that he《英国人は》 must《ねばならない》 do《をやら》 (for himself)《自分で(独力で)》 many《多くの》 household jobs《家事》
O→(接) S Vt M (形) O (先)

[(for《のために》 which《その家事》), (before the war《戦前だったら》),
(前) (関代) M(仮・条件)

he《英国人は》 **would《あろう》 have hired《を雇ったで》** professional《職業的な》 help《使用人》]].
S (帰結・仮・過完) Vt O

(と) 英国人は考えているためである」となります。ここでのポイントは，仮定法の帰結節に見られる would have hired には，条件となる if 節や without が見当たりませんね。こんなときは，**主語・副詞 (句)・ to 不定詞・分詞などを「条件 (ならば・だったら)」に仕立てあげて**しまえばいいのです。すぐ近くに before the war の副詞句があるので，ここに「だったら」と条件の役割を担ってもらいましょう。

《全文訳》 英国人の家庭は，もうその人のお城ではなくなっている，つまりその家庭は仕事場となってしまっていると言う人もいることだろう。この事実は，1 つには平均的英国人は，自分の手を使って働くのが大好きだからであり，また 1 つには，どういうわけか，戦前だったら本職の使用人を雇ってしてもらったような数多くの家事を，自分でやらねばならないと感じているからである。

(解説・解答→別冊：p.28)

演習 61 次の英文の下線部を訳しなさい。

It is believed that water which in other animals would be passed off by the body is, by the camel, used over again: in effect recycled, as if the camel had an almost closed air conditioning system.

(横浜市立大)

演習：語句 pass off Vt を排出する／in effect 副 実際には／closed 形 密閉した／recycle Vt を再利用する

62 otherwiseは具体的な中身をつかめ

次の英文の下線部を訳しなさい

It is only when some irrelevant memory makes us prejudiced, when we instinctively turn away from a magnificent picture of an alpine scene because we dislike climbing, that <u>we should search our mind for the reason of the aversion which spoils pleasure we might **otherwise** have had.</u>

（山口大）

解法 **otherwise**は，もともとは「それ以外のやり方では」の意味ですが，これが**仮定法の文中では，条件（if ... not）を表します**。「**そうでなければ**」の意味になるのですが，この「**そう**」**に当たる部分を具体化**することがotherwise攻略の秘訣です。

まずは，It is ～ climbing，までの構造を検討してみましょう。

こそ　ときに　ある　的はずれな　記憶が
It is only ［when some irrelevant memory
（接①）（形）S

を…にする　私たち　偏見を持って
makes us prejudiced］,
Vt O C

ときに　私たちが　本能的に　顔をそむける
［when we instinctively turn away ...］,
（接②）S（副）Vi

that we should ...

Itの指す表現が前にないので，when節は副詞節。thatの後はwe（S），should search（Vt），mind（O）で文型が成立しています。したがって，〈It is, that〉の強調構文と判断できます（→36課）。OCのusとprejudicedには，SとPの関係があります。

例題：語句 irrelevant 形 的はずれの，無関係な／prejudiced 形 偏見を持った／turn away Vi 顔［目］をそむける／magnificent 形 壮大な／alpine 形 高山の／aversion 名 反感

It is only when ... that ～ は that 以下（下線部）から先に訳して，「that 以下は，～のときだけである」と only when ... の部分を強調するのが普通ですが，このように強調する部分がきわめて長いときは，**「～のときにのみ，まさに that 以下となる」**と締めくくるほうがスマートな訳となります。では，that 以下の部分の訳に移りましょう。

It is only when ..., when ～,

(～な)のは	私たちは	べきである	を探る	私たちの	心	を求めて	理由
that	we	should	search	our	mind	(for	the reason)
	S	Vt		O		M	

の　反感	(それが)	を台なしにする	喜び
(of the aversion)	[which	spoils	pleasure
M(先)	(関代)S	Vt	O(先)

(それを)	私たちが	であろう	顔をそむけなければ	を持った
[(that)	we	might	**otherwise**	have had]]).
O	S		(仮・条件)	(仮過完)Vt

仮定法の条件を 1 語で表現する副詞 **otherwise** に注目してください。otherwise には〈**if ... not**〉が含まれています。「もしそうでなかったら」の意味なのですが，例題では **if we didn't turn away「もし私たちが（写真から）顔をそむけなかったとすれば」**の代役を務めています。このように，**「そう」の部分を前出の部分からキャッチし，具体化することが otherwise を正しくとらえる訳し方**なのです。

《全文訳》 何か的はずれな記憶のために，私たちが偏見を持つようになったり，また山登りが嫌いだからといって，壮大な高山の風景の 1 枚の写真から，本能的に顔をそむけるときにこそ，もし顔をそむけなければ，抱くことができたはずの喜びを台なしにする，その反感の理由を確かめるために自分の心を探るべきである。

（解説・解答→別冊：p.29）

演習 62 次の英文を訳しなさい。

Most of those who urge spelling reform are honest enough to say that their proposal, whichever it may be, is a "fundamental," a "radical" change; otherwise it would not be "rational".

（津田塾大）

演習:語句 fundamental 形 基本の，根本的な／ radical 形 根本的な（「過激な」の意もある）／ rational 形 合理的な，理にかなった

63 〈比較級〉〈as ＋原級〉は比べる相手をキャッチ

文中の比較級に than を補って，下線部を訳しなさい

Those who live in a city are, to be sure, dependent on other people for their daily needs since they cannot be self-sufficient, but they are **less dependent** on particular individuals. Moreover, although he may know more people than the country dweller, the urbanite knows a **much smaller** percentage of those he sees daily and knows them **less well**. （新潟大）

解法 比較級がどうも苦手という人は多いようです。「～より…だ」と訳すことは知っていても，実際の英文ではピタリとした訳文にはなかなかなってくれないというのが１つの理由でしょう。特に例題のように，〈比較級＋ than ～〉の **than ～が省略**されたりすると，なおさら混乱してしまうのです。

まず第１文から検討していきましょう。下線部までは，to be sure, ..., but ～「なるほど…だが，しかし～」の構文を見抜き，〈dependent on ＋（人）＋ for ＋（事）〉「（人）に（事）を依存して」の形容詞と２つの前置詞句の結合を押さえれば，「都会人は，自給自足ができないので，なるほど毎日の必需品をほかの人たちに依存しているが，しかし～」という大意が読みとれます。

がしかし，	都会人は	いる	より少なく	依存して	に	特定の	個人
but	they	are	**less**	**dependent**	（on	particular	individuals）
（接）	S	Vi	（比）	C		M	

よりも	人たち		住む	に	ほかの	地域	
(than	those	［who	live	（in	other	areas）］	（are）**)**.
（接）	（代）（先）	S	Vi		M		省略

後続の文には than 以下である（　　）内が省略されています。〈比較級＋ **than ～**〉や〈as ＋原級＋ **as ～**〉においては，**than ～，as ～の省略**が行なわれます。このような場合，**省略の部分を補う，つまり比較の相手を明確にしながら読む**と，よりはっきりした文意をつかむことができます。

例題：語句 those 代 ＝ people ／ daily 形 日常の 副 毎日／ self-sufficient 形 自給の／ moreover 副 その上（＝ besides）／ dweller 名 住人，（複合語で）…に住む人／ urbanite 名 都市生活者／ percentage 名 割合，部分

第2文では，although に導かれた従属節には比較の相手 (the country dweller) が明示されていますが，主節の〈much smaller〉〈less well〉に対応する **than 〜が省略**されています。従属節の部分は，「その上，都会人は田舎の住人よりも数多くの人間を知っているかもしれないけれども」と文意が明確にとれますね。

the urbanite《都市生活者は》 ｛ knows《を知っている》 a **much**《はるかに》 **smaller**《小さい》 percentage《部分》 (of《のうちの》
S ｛ Vt① (副) (比) O M→

those《人たち》 [(whom)《(その人たちと)》 he《都会人が》 sees《出会う》 daily《毎日》])
(代)(先) (関代)O S Vt (副)

and knows《を知っている》 them《その人たち》 **less**《より少なく》 **well**《よく》
(等) Vt② O (比) (副)

(than the country dweller (knows)).

このように less well の後に，than the country dweller を補って訳すと明快になります。**比較の相手を確認すること** — これが鉄則です。なお，以下も確認しておきましょう。

I know him less well than she (does).
= I don't know him as well as she (does).
「私は彼女ほどは彼とつき合いがない」

《全文訳》 自給自足の生活ができないので，都会に住む人たちは，なるほど毎日の必需品をほかの人たちに依存しているが，しかし，ほかの地域に住む人たちほどは特定の個人に依存することがない。その上，田舎の人に比べて都会人は数多くの人間を知っているかもしれないが，毎日出くわす人たちのうちで，実際に知っている人の割合は（田舎の人より）はるかに小さいし，その知っている人とのつき合いが（田舎の人より）少ないのである。

(解説・解答→別冊：p.29)

演習 63 次の英文の下線部を訳しなさい。

Separation for a day or two at birth does not seem to damage a monkey mother's love for her baby. Why should human mothers be more affected, when they can see the baby through the nursery glass and look forward to holding the baby in a few hours? (東北学院大)

演習：語句 separation 名 分離，別離／affect Vt を感動させる／nursery 名 新生児室／look forward to Vt を楽しみにして待つ

64 〈not so much A as B〉はA＜B

次の英文の下線部を訳しなさい

Before making a valuable observation, it is necessary to have some idea of what to observe, a preconception of what is possible. Scientific advances often come from uncovering some previously unseen aspect of things, **not so much** as a result of using some new instrument, but rather of looking at objects from a new angle.

（京都大）

解法 〈as much A as B〉は「Bと同じくらい（たくさん）A」の意で，ほぼA＝Bの関係にあります。これに否定語が加わると，〈not so much A as B〉「Bと比べてそんなにもAでない→Bぐらい［ほど］もAでない」となり，**A＜B（B rather than A）の関係になります**。これを頭に入れて，例題に入りましょう。

の前に　をすること　価値のある　観察　である　必要　ことが
(Before making a valuable observation), it is necessary (to
(前)　(動名)(Vt)　(O)　S(形)　Vi　C　S(真)→(不)

を持つ　ある　考え　についての　何を観察するか　すなわち
have some idea (of (what to observe)),
(Vt)　(O)　(M①)

予想　についての　何が　であるか　可能
a preconception (of [what is possible])).
同格語→　(M)

what to observe は〈疑問詞＋to Ⓥ〉の形で，what to do「何をなすべきか」と同じ感覚でとらえましょう。では，下線部です。

科学の　進歩は　ことが多い　生まれる　から　を発見すること
Scientific advances often come from uncovering
(形)　S　(副)　Vt　O(動名)(Vt)

ある　以前には　認められなかった　局面　の　物事
some previously unseen aspect (of things),
(形)　(副)　(形)　O　M

例題：語句 uncover Vt を発見する（＝discover）／unseen 形 見られない／aspect 名 局面

some と aspect の間に修飾語句が入っています。さて，ここからがこの課のポイントです。冒頭で述べたように，**not so much A as B は，A < B の不等式になること**を思い出して，解釈してみましょう。

not so much《〜というよりは》 (as《として》 a result《結果》) (of《の》 using《を使うこと》 some《何か》 new《新しい》 instrument《道具》),
(副)　M　(動名)(Vt)　(形)　(形)　(O)

but rather《むしろ…》 (as《として》 a result《結果》) (of《の》 look ing at《を眺めたこと》 objects《対象》
(等)　(副)　(省略)　(動名)(Vt)　(O)

(from《から》 a《1つの》 new《新しい》 angle《角度》)).
M

〈not so much A as B〉 が,〈not A but B〉「A ではなくて B」と混同され，さらに but の後に rather をつけ加えて元の意味を加味すると，**〈not so much A, but rather B〉「A というのではなくて，むしろ B で」**の形が生まれてくるのです。また，rather の代わりに more が用いられることもあります。

much の後の as は，as a result of Ving「V がもたらす結果として」の as。**前置詞**ですから勘違いしないように。なお，〈not so much as A〉は「A ほども〜しない」で，〈not even 〜〉「〜さえしない」と同意です。一緒に覚えておきましょう。

《全文訳》 価値のある観察をする前に，何を観察するかということについてある考えを持つこと，すなわち可能なことについて予想をすることが必要である。科学はよく，以前には見えなかった，物事が持つある局面を発見することが発端となって進歩するのだが，それは何か新しい道具を使った結果として，というよりはむしろ，ある新しい角度から対象を眺めた結果なのだ。

(解説・解答→別冊：p.30)

演習 64　次の英文の下線部を訳しなさい。

Life, for most people, is not so much “a bowl of cherries” as a succession of difficult decisions. Consider a typical young woman entering her senior year in high school. During the years ahead she will have to make many important choices.

(横浜国立大)

演習：語句　a bowl of cherries 名 サクランボの詰まったボウル(「楽なこと」の比ゆ)

65 〈as many/much as〉は「〜も」と訳せ

次の英文の下線部を訳しなさい

It is well known that camels can go for long periods without drinking and then take in enormous quantities of water at one time; in fact, camels can refrain from drinking for **as long as** eight days in summer and eight weeks in winter. After such abstinence they have been known to imbibe **as much as** a hundred quarts in ten minutes.

（横浜市立大）

解法 〈**as 〜 as ...**〉は「…と比べて同じくらい〜」という意味を表します。したがって You are wise. と You are as wise as a monkey. では，意味がまるで違ってきます。「猿と同じくらい賢い」は，You are as foolish as a monkey. と同じようなものです。つまり，**as 〜 as の後に来るものによって，意味がより明確になる**のです。

	いる	よく	が知られて	ということ	ラクダは	
It	is	well	known	[that	camels	can
S(形)		(副)	V(受)	S(真)→(接)	S	(助)

		旅する	長期間	なしに	水を飲むこと
		go	(for long periods)	(without	drinking) /
		Vi①	M	M→(前)	(動名)(Vi)
そして	それから	を摂取する	莫大な	(多)量	の 水
and	then	take in	enormous	quantities	(of water), ... ;
(等)	(副)	Vt②	(形)	(O)	M

事実	ラクダは	できる	遠ざかる	から	飲むこと
(in fact),	camels	can	refrain	(from	drinking /
M	S		Vi	(前)	(動名)(Vi)

			8日	には	夏
			eight days	(in	summer)
				(M)	
の間	も(長い)				
(for	as long as				
(前)	(群前)				
			8週	には	冬
		and	eight weeks	(in	winter))).
				(M)	

例題:語句 take in [Vt] を摂取する／at one time [副] 1度に／refrain from Ving「Vするのを差し控える」／abstinence [名] 節制［禁欲］／imbibe [Vt] を摂取する，飲む

期間を表す場合は，as long as も用いられます。〈as ～ as ＋数字 ...〉については，客観的に見える数字と比べる形で，〈...〉の部分の本来の意味を強調していますから，「…も」と訳します。問題の箇所は「8 日／週も」とします。

の後で	このような	節制	ラクダたちは	と知られている	(水)を飲む
(After	such	abstinence)	they	have been known	**(**to imbibe
(前)	(形)	(名)	S	V(現完・受)	C→(不)(Vt)

も	100	クォート	で	10 分
as much as	a hundred	quarts	(in ten	minutes)**)**.
		(O)		(M)

have been known to Ⓥは，we have known them to Ⓥという現在完了を受動態にしたものです。

ここにも，〈as ～ as ＋数字 ...〉が来ていますから，**as much as** は「…も」と訳します。**量を表す場合は as much as，数を表す場合は as many as** で「…も(たくさん)」という気持ちを表します。

さて，〈as ～ as ...〉は後に来る語句(...)によって，意味がよりはっきりしてきます。as much as a hundred quarts, as long as eight weeks の 2 つの例では，「100 クォート」「8 週間」という語句にとてつもない比較を成立させたい筆者の意図が秘められています。

《全文訳》 ラクダは水を飲まずに長期間旅し，その後，1 度に莫大な量の水が飲めることが広く知られている。事実，ラクダは夏には 8 日間も，そして冬には 8 週間もの間，水を飲むのを我慢することができるのだ。こういった禁欲生活の後で，ラクダは 10 分で，なんと 100 クォートもの水を摂取することが知られている。

(解説・解答→別冊：p.30)

演習 65 次の英文の下線部を訳しなさい。

As late as the 1870s almost all the nature tourists on the American frontier continued to be foreigners. Americans went west for science and discovery, for fur and gold, to fight Indians and secure homesteads. The foreigners were there for fun. Their pioneering was in wilderness appreciation.

(津田塾大)

演習:語句 fur 名 (小動物の) 柔かい毛皮／ homestead 名 自作農場／ wilderness 名 荒野／ appreciation 名 鑑賞

66 〈no ＋比較級＋ than〉は差がゼロ

次の英文を訳しなさい

Within **no longer than** a decade or two the probability of spending part of one's life in a foreign culture will exceed the probability a hundred years ago of ever leaving the town in which one was born.　（山口大）

解法　さて，皆さん，この課では比較級を否定する **no** に焦点を当ててみましょう。例題に入る前に，次の例文を見てください。

It is no [big] ger than a pin (is).
（no → big：否定）（no → ger than：否定）

この例文において，**no は big と〈-er than〉を否定して，比較級を全面的に否定**します。比較の基準である a pin はまったく big とは言えない。はっきり言うと small です。**big を否定**すれば **small**，**〈-er than〉を否定**すれば〈**as 〜 as**〉となります。〈-er than〉は「差」を前提としている表現ですから，これを否定すれば A ＞ B や A ＜ B の関係には絶対にならずに，A ＝ B，つまりそこに差は認められないということになります。一般的には以下のように転換するだけです。

no　[big] ger　than
↓　↓（反意語）　↓
as ＜ **small** / **little** ＞ **as**

この構文は比較構文ですから，例文で a pin の後に補えるのは **is のみ**です。それは，He is older than I am. とは言えても，He is older than I am ~~old~~. なのと同様です。

さて，例題です。

（以内に）（の短期間）（10年　か　20年）
(Within **no longer than** a decade or two) /
（前）（no ＋比較級）

no は比較級 longer を全面的に否定しています。つまり，long ではなくて short，〈-er than〉ではなく〈as 〜 as〉なので，**no** longer **than** ＝ **as** short **as** となるのです。

例題：語句　decade 名 10年間／probability 名 見込み，確率（可能性）／exceed Vt を超える

ここで前課を思い出しましょう。as short as 3 years なら「3 年（の短期間）」でしたから，no longer than a decade or two は「10 年か 20 年（の短期間）」となりますね。

the probability《可能性は》 (of《という》 spending《を過ごすこと》 part《一部》 (of《の》 one's life《人がその生涯》)
S　(前)　(動名)(Vt)　(O)　M

(in《の中で》 a foreign《外国》 culture《文化》)) will《だろう》 exceed《を超える》
M　Vt

the probability《可能性》 (a hundred years《100 年》 ago《前の》)
O　M

(of《という》 ever《かつて》 leaving《を離れたこと》 the town《町》 [(in which《そこで》) one《人が》 was born《生まれた》]).
(副)　(動名)(Vt)　(O)(先)　(前)　(関代)　S　V(受)

the probability of Ving の関係が 2 組あります。of は**「同格の of」**です（→ 52 課）。修飾語句（M）を除外して考えてみれば，簡単に見破ることができますね。

ただし，以下のように**〈no ＋比較級＋ than〉**が単に**「同程度」**を表す場合があります。

The 20th century **was no more violent than** the 19th century, but it was much less violent than the centuries that preceded the 19th.

19世紀は戦争の絶えない時代でした。また，but 以下には，「20世紀は 19世紀以前より，はるかに暴力的ではなかった」と続いています。これらから下線部は「20世紀は 19世紀と同程度に暴力的だった」と理解できます。

《全文訳》 今から10年か20年の短期間以内に，人が外国文化の中で，その生涯の一部を過ごす可能性は，100年前に人がその生まれ故郷の町を離れる可能性より，高くなるだろう。

（解説・解答→別冊：p.30）

演習 66　次の英文の下線部を訳しなさい。

The Japanese shores are the scene of more drownings, relative to population size, than any other coast in the world. Many explanations are offered for this disturbing fact. The waves and currents are uniquely dangerous. But the experience of a casual traveler will deny this: the waters are no more dangerous than those found anywhere else in the world's oceans.

（東北大）

演習：語句 relative to 群前 に比べて／disturbing 形 不安にさせる／uniquely 副 比類なく／casual 形 思いがけない，不意の

67 no more than は as few/little as

次の英文の下線部を訳しなさい

Louise was a woman of thirty, but only looked her age when she was in a very serious mood, which was not often the case. At other times her face had a bright smile, which made her look **no more than** a young girl of sixteen.

（徳島大）

解法 さて，〈no more than ...〉でも，**no** は more の原級と「差があること」を打ち消します。〈...〉には明らかに many/much ではないものが入ります。no more than = as few/little as です。詳細は下線部のところに回し，まずは導入部から。

ルイーズは	であった	女性	の 30歳
Louise	was	a woman	(of thirty),
S	Vi①	C	M

が	のみ	に見えた	その	年齢
but	only	looked	her	age
(等)		Vt②		O

ときに	彼女が	ある	で	とても	深刻な	気分
[when	she	was	(in a	very	serious	mood)],
(接)	S	Vi	C			

and it	ではなかった	たびたび	実情
[which	was not	often	the case].
(関代)S	Vi(否)	(副)	C

only は曲者《くせもの》で，直後の動詞を修飾するとは限りません。only を when の前に移動して only when とすると，意味がとりやすくなります。which 以下は，She was late for school, as is often the case with her.「彼女にはよくあることだが，授業に遅れた」という構文（→ 93 課）に当てはめて考えると，理解できます。as が関係代名詞として前節の内容を先行詞にしているのと同じように，この場合の which は，when ~ mood の従属節の内容を先行詞として受けて，「そしてそのことは…」となります。その次の下線部の which も，前節を先行詞にしています。

例題：語句 the case 名 事情，実情

(At《には》 other《ほかの》 times《場合》) her《彼女の》 face《顔は》 had《を浮かべていた》 a bright《明るい》 smile《ほほ笑み》,

M　S　Vt　O

[which《and it が》 made《を…にした》 her《彼女》 look《に見える》

(関代)S　Vt　O　(C)(Vt)

no more than《に過ぎない》 a young《若い》 girl《娘》 (of《の》 sixteen《16歳》)].

(no＋比較級)　(O)　(M)

which は「そしてそのために彼女は」のように，無生物主語構文の訳（→ 14 課）にしましょう。

さて，no more than の構文です。

no → **as**
more → **few/little**
than → **as**
＋ ten

これは「10 であっても，many，much の感じではない」，すなわち only ten「**10 しか**」となります。これに対して，**no less than → as many/much as** は「10 であっても many，much の感じである」，すなわち「**10 も**」となるわけです（→ 65 課）。また，**not は述語動詞だけを打ち消し**ますので，次のようになります。

A is **not more than** B → A ＞ B ではない（A ≦ B）「せいぜい」
A is **not less than** B → A ＜ B ではない（A ≧ B）「少なくとも」

《全文訳》 ルイーズは 30 歳の女性だったが，きわめて深刻な気分のときしか，その年齢には見えなかった。そして，そんなことは，たびたびあることではなかった。そのほかの場合は，彼女の顔には明るいほほ笑みが浮かんでいて，そのために彼女は，16 歳の少女にしか見えないのだった。

（解説・解答→別冊：p.31）

演習 67　次の英文の下線部を訳しなさい。

Americans feel that the first rule of being a courteous guest is, 'Be prompt.' If a person is invited to dinner at six thirty, the hostess expects him to be there at six thirty or not more than a few minutes after.

（中央大）

演習：語句 courteous 形 礼儀正しい／prompt 形 時間を守る，遅れない（＝ punctual）

68 「鯨の公式」の本質は「真実性ゼロ」

次の英文の下線部を訳しなさい

Needless to say, women are **no more** guided exclusively by intuition **than** men are by reason. There are women whose make-up includes an almost masculine approach to life. There are men — especially those with artistic gifts — who possess marked intuitive tendencies.

（東北大）

解法　「鯨の公式」と呼ばれるものがあります。〈**no more A than B**〉という構文を鯨を例に出して覚えやすくした公式です。

同じくらい少ない（no more）　と比べて（than）　真実性ゼロ（周知の事実）（a horse (is a fish)）

A whale is **no more** a fish **than** a horse (is a fish).

A「鯨は　→魚です」　B「馬は魚です」

この構文は A「a whale is a fish ＝ 鯨は魚である」と B「a horse is a fish ＝ 馬は魚である」の比較において，A is no more than B. = A is as little as B. を示して，A は B（＝真実性ゼロ）と比べて「A はゼロと同程度に少ない→**同じく真実性はゼロ**である」と絶対的に否定している文なのです。「鯨は 馬が魚である（＝真実性ゼロ）のと同様，魚である」が日本語として公式化されて，「鯨が魚でないのは馬が魚でないのと同じ」「馬が魚でないのと同様，鯨は魚ではない」となったものです。**a horse の後の is a fish は普通省略**されますから，この省略部分をキャッチするのが先決です。例題を見てみましょう。

Needless to say,

女性が　（と）同様　導かれている　もっぱら　によって　直観

women are **no more** guided exclusively (by intuition)

S　V（受）　（副）　M

～のと　男性が　導かれている　もっぱら　によって　理性

than men are (guided exclusively) (by reason).

S　V（受）　（副）　M

もう，わかりますね。than 以下には **guided exclusively** が省略されていて，「男

例題：語句　needless to say 副 言うまでもなく／exclusively 副 もっぱら／intuition 名 直観／make-up 名 気質／masculine 形 男の，男のような／tendency 名 傾向，性向

性が理性によって生きている」のが真実性ゼロなのと同程度に，「女性は直観によって生きている」のは真実性ゼロということです。

「〜は真実性ゼロ」は**「〜ではない」**という訳にします。この「鯨の公式」は66課の〈no ＋比較級＋ than〉が単に同程度を表すのとは異なり，**than の後も than の前の no more を除いた節も「非現実・不可能」な内容**が置かれます。

つまり明白な① A horse is not a fish. を前提として② A whale is not a fish. を説明しようとするもので，形の上では比較ですが，**①は②と「同程度に真実ではない→同様に真実ではない」と否定するのが「鯨の公式」の本質**です。「鯨は海の動物だが，魚類ではない，馬と同じほ乳類であり，魚類ではない」が真意です。

なお，A whale is **not** a fish **any more than** a horse is (a fish). の形式が使われることがあります。

There are《いる》 women《女性が》 [whose《その》 make-up《気質が》 includes《を含む》
(副) Vi S(先) (関代) S Vt

an almost《ほとんど》 masculine《男性のような》 approach《取り組み方》 (to《への》 life《人生》).]
(副) (形) O M

There is 〜構文と，women を先行詞とする関係代名詞の所有格 whose がポイントです。最後の文は，men who の先行詞と関係代名詞の関係に，もう 1 つ **men ― those の同格関係**が入っています。

《全文訳》 言うまでもなく，男性がもっぱら理性に導かれて暮らしているわけではないのと同様，女性ももっぱら直観に頼って生きているわけではない。その気質に，人生に対して男性的と言えるような取り組み方が見られる女性もいれば，また特に芸術的才能の持ち主がそうだが，特筆すべき直観的な性向を持ち合わせている男性もいる。

(解説・解答→別冊：p.31)

演習 68　次の英文の下線部を訳しなさい。

Civilized man, like primitive man, is moulded by society just as effectively as society is moulded by him. You can no more have the egg without the hen than you can have the hen without the egg.

(群馬大)

演習：語句 civilized 形 文明化した／ primitive 形 原始的な

69 〈no less ～ than〉は同程度か絶対的肯定

次の英文の下線部を訳しなさい

Reading is to the mind what food is to the body. If you try to do without it, you simply cannot. On the other hand, if you try to read more than your system can absorb, you can easily lose your appetite for reading. You must remember, therefore, that your mind is **no less** sensitive to injury **than** your body.

（広島大）

解法 〈**A is no less ～ than B**〉の理解がポイントです。でもその前に，もう１つ重要な公式も登場しています。おなじみの，〈**A is to B what C is to D.**〉です。A：B＝C：Dと公式化されますが，その真意は何でしょう。

読書は　である　に対して　精神　もの　食べものが　である　に対して　肉体
Reading is (to the mind) [what food is (to the body)].
S　Vi　M　C→(関代)C　S　Vi　M

このwhatは関係代名詞（→22課，24課）で，「食物が肉体にとってなくてはならないものであるように，読書は人の心にとって欠かせないものである」としても同じ意味です。「精神にとっての読書」とは「欠かせないもの」ということです。

第２文で「それ（読書）なしですまそうとしても，とうていできない」と言い，しかし，第３文で「他方において」，作者は以下のように言っています。

ならば　人が　を企てる　を読むこと　多くのもの　ことより　人の　頭の組織が　を吸収する
[if you try (to read more [than your system can absorb])] //
(接)　S　Vt　O→(Vt)　(O)　(関代)O　S　Vt

人は　かねない　すぐに　をなくし　人が持つ　意欲　に対する　読書
you can easily lose your appetite (for reading).
S　(副)　Vt　O　M

your systemは「人間の体の組織＝器官」のことですが，ここでは「人の頭」ととっていいでしょう。

例題：語句 do without Vt をなしですます／simply 副（否定語の前で）まったく～ない／on the other hand 副 他方において／appetite 名（知識などの）興味；意欲

You《人は》 must remember《を忘れてはならない》, therefore《それゆえ》, [that《のこと》 your《人の》 mind《精神は》

S　Vt　(副)　O→(接)　S

is **no less**《同じくらい》 sensitive《受けやすい》 (to《を》 injury《損傷》) [**than**《同様》 your《人の》 body《体》 (is)]].

Vi　C　M　(接)　S　省略

ここで66課をふまえてno less sensitive thanをas ～ asにしてみましょう。less sensitiveの**反意語**はmore sensitiveで，その原級はsensitiveです。したがってno less sensitive than = as sensitive asになります。次にもう1つの「鯨の公式」です。no less ～ than ...「…同様～である」あるいは「～なのは…と同じ」で，「鯨の第2公式」と言われます。

A whale《鯨は》 is **no less**《同様に》 a mammal《ほ乳動物》 **than**《と》 a horse《馬(がほ乳動物である＝「真実性100％」)》 is.

周知の事実

この文は，A「a whale is a mammal ＝鯨はほ乳動物である」とB「a horse is a mammal ＝馬はほ乳動物である」の比較なのです。A is no less than B ＝ A is as much as B (＝真実性100％) です。つまり，この文は全体として肯定となります。「馬はほ乳動物である」という後半の部分の真実性は絶対的です。その真実性と比べてみても，**「鯨がほ乳動物である」ことの真実性は同じということ**で絶対的肯定です。

《全文訳》 読書の精神に対する関係は，食物の肉体に対する関係と同じである。したがって，読書なしですまそうとしても，とうていできないことなのである。また他方において，人の頭が吸収できないほどに読もうとすると，簡単に読書意欲をなくしかねないのである。それゆえに，人の精神はその肉体と同じくらい，こわれやすいということを忘れてはならない。

(解説・解答→別冊：p.32)

演習 69 次の英文の下線部を訳しなさい。

In producing new and unsuspected wonders to our gaze, scientists have only succeeded in deadening our sense of wonder. At the same time, they are bringing about an increasing exhaustion of the resources no less of man than of the earth.

(武蔵大)

演習:語句 unsuspected 形 思いもよらない／ deaden Vt を鈍くする，弱める

70 〈the ＋比較級, the ＋比較級〉の逆転構文

次の英文の下線部を訳しなさい

We are so familiar with the fact that man ages, that people have for years assumed that the process of losing vigour with time, of becoming **more** likely to die **the older** we get, was something self-evident, like the cooling of a hot kettle or the wearing out of a pair of shoes.

（慶応義塾大）

解法 比較構文で忘れてならないのは，〈**the ＋比較級 …，the ＋比較級〜**〉「…すればするほど，それだけいっそう〜」です。この構文をものにするには，節のSVの関係をキャッチすることです。これは後回しにして，まずは冒頭から読んでいきましょう。

人は　いる　それほど　よく知っていて　を　事実　という　人間が　年をとる
We are so familiar (with the fact [that man ages],
S　Vi　(副)　C　M→　(名)　(接)　S　Vi

〜なほど　人々は　いる　ずっと　を当然だと思い込んで　のこと
[that people have (for years) assumed [that ...]]
(接)　(S)　(助)　(M)　(過分) Vt　(接) (O)

that が 3 つ含まれている複雑な文で，それぞれの that が重要な役割を果たしています。〈so 〜 that ...〉の構文と the fact that (同格節) の構文が，カンマを巧みに用いて構成されています。さらに，最後の that は，assumed の目的語を導く接続詞の that です。この that 以下を検討しましょう。

(〜という) こと　過程が　の　を失うこと　活力　とともに　時　また
that the process (of losing vigour (with time)),
(接)　S　M→ (動名) Vt　(O)　(M)

になること　それだけいっそう　(し) そう　死に
(of becoming **more** likely (to die))
M→ (動名) (Vi)　(副) (比)　(C)　(不) (Vi)

ほど　年上に　人が　(に) なる
[**the older** we get], was ...
(副)　C　S　Vi　Vi

例題：語句 be familiar with N「N をよく知っている」／ assume Vt 当然〜と考える／ vigour, vigor 名 力, 活力, 精力／ self-evident 形 自明の

図解の of becoming 以下，**the が 1 つ**しかありませんが，実はこれも〈the ＋比較級 ...，the ＋比較級〜〉の構文です。普通には，the older we get, the more likely to die we become の形が，以下のようになっています。

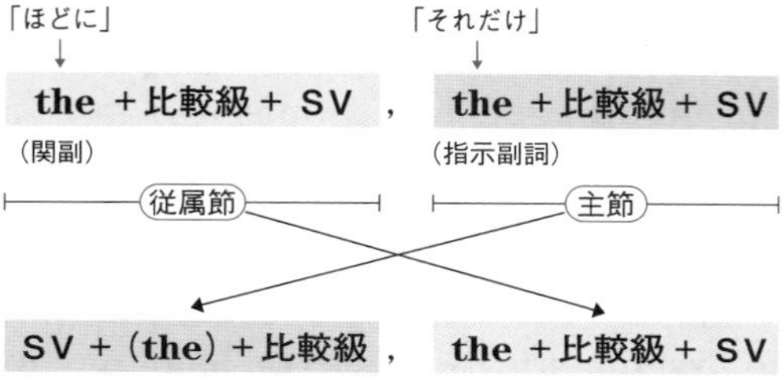

主節と従属節が逆転して，倒置とともに主節の the の省略が行われています。we become（the）more likely to die, the older we get の形となったわけです。「人は年をとればとるほど，それだけいっそう死にそうになる（過程が）」の意味になります。

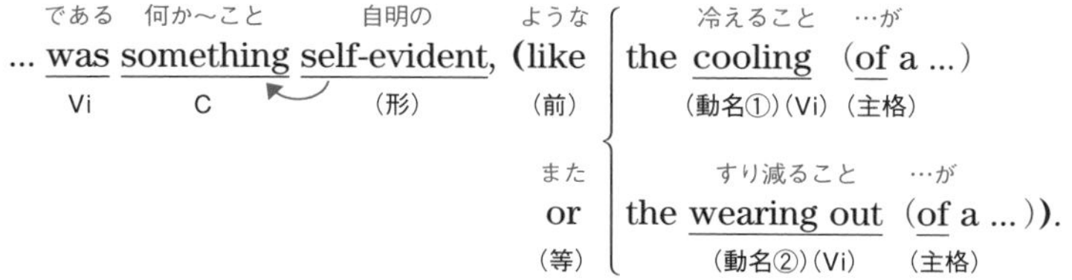

述部は，**like「〜のように」以下の共通関係**がポイントです。

《全文訳》 人間が年をとるという事実を，われわれはあまりにもよく知っているので，時が経つにつれて活力を失い，年をとればとるほど，それだけいっそう死ぬ可能性が高まる過程が，熱いやかんが冷えたり，靴がすり減ったりするように，自明のことであるということを，長年，当然のことと思い込んできた。

（解説・解答→別冊：p.32）

演習 70　次の英文の下線部を訳しなさい。

Thanks to modern machinery, production is outrunning consumption. Organized waste among consumers is the first condition of our industrial prosperity. The sooner a consumer throws away the object he has bought and buys another, the better for the producer.　（大阪外語大）

演習：語句　thanks to 群前 のおかげで（＝ owing to）／ outrun Vt を越える，上回る

71 〈the ＋比較級〉が if/because 節と連動

次の英文の下線部を訳しなさい

Every year we hear from employers, who come to seek out graduates and to whom our graduates go for jobs, that the biggest single category of student they are looking for today, is a generalist who is trained to think. **If** he or she is able to cope with numbers, so much **the better**, but the first qualification is to be able to make a sensible assessment of a situation from the facts.

（一橋大）

解法 この課では，引き続き〈the ＋比較級〉の用法について学びます。for で始まる前置詞句や because 節，if 節と連動する〈the ＋比較級〉の用法を，ここできちんと押さえてください。まずは，第 1 文，長い英文の検討にとりかかりましょう。例によって，主語 (S)，述語動詞 (V)，さらには目的語 (O) などをキャッチしましょう。

毎年		と聞いている	から　雇い主たち	
(Every year)	we	hear	(from employers),	and {[who ...] [to whom ...]}
M	S	Vt	M (先)	

のこと	一番の	たった 1 つの	種類	の　学生は
[that	the biggest	single	category	(of student)
O→(接)	(最上級)	(形)	S (先)	M

(省略)	雇い主たちが	を求めている	今日	である
[(that)	they	are looking for	today],	is
(関代)O	S	(Vt)(進)	(副)	Vi

万能な人物	(その人は)	訓練されている	ように　考える
a generalist	[who	is trained	(to think)]].
C (先)	(関代)S	V (受)	C→(不)(Vi)

〈we hear ＋ that 節〉(SVO) の骨格がつかめましたね。これは先行詞 employers を共通項とする関係代名詞 who, whom を等位接続詞 and をヒントに見つけることに

例題：語句 category 名 種類／generalist 名 何でもできる人 (specialist「専門家」と比較して，多方面の技能・知識を持つ人)／assessment 名 評価，判断

よってはっきりしてきます。さらに，that 以下の長い目的語の中に，the ... category of student is a generalist の〈S Vi C〉を読みとる必要があります。著者の意図を文脈から読みとって，構造上は the biggest category「第一番目の大切な種類」が隠れた 関代 that の先行詞です。

If《もし～なら》 he《学生たちが》 or she is able to《ことができる》 cope《うまく対処する》 (《に》with numbers《数字》),
S① S② (助) Vi M

so much **the**《それだけ》 **better**《結構だ》 (it is)《が》, but ...
(副) (省略) (等)

さて，この課のポイント，**条件と連動する〈the + 比較級〉**です。**〈If + (SVX), (SV) the + 比較級〉**の形で，「もし～なら，それだけ…」の意味になります。**理由と連動する〈the + 比較級〉**もあり，**〈(all) the + 比較級，for 句／because 節〉**で，「～だから／なので，それだけ…」となります。**the は副詞で「それだけ」**の意味です。but 以下の構造は簡単ですね。「(会社側が学生に求める) 第 1 の資格は，事実からある状況をしっかり判断できることだ」という意味になります。the better の後に it is を補うことができます。この it は his or her situation「その学生の状況」と考えましょう。

《全文訳》 毎年，卒業生を求めに来てくれて，そして，卒業生が就職をお願いすることになる雇い主たちから，今日，会社側がただ 1 つ，第一番に求めている種類の学生は，考えるように鍛えられている万能な人物だと聞いている。もしその学生が数字に強ければそれにこしたことはないが，まず第 1 の条件は，各種の事実をもとに，ある状況を賢明に判断できることだというのだ。

(解説・解答→別冊：p.33)

演習 71 次の英文の下線部を訳しなさい。

Adjustment is made all the more difficult because we are often unconscious of the stress we are suffering. We have become an expert at re-channeling the effects of stress through motives such as ambition, perfectionism, and dedication to work. Yet the effects of “masked stress” are all the harder to deal with because they are not easily recognizable.

(同志社大)

演習：語句 adjustment 名 調整／re-channel Vt (路)を再び開く，切りかえる／perfectionism 名 完璧主義／dedication 名 献身／masked 形 潜在性の

72 even の意味を加えて訳す最上級

次の英文の下線部を訳しなさい

Consider the difficulty of saying all you know about the familiar face of a friend. The fact is that your **best** effort would probably fail to convey enough information to enable someone else to single out your friend in a large crowd. This simply illustrates the fact that you know more than you are able to say.

（東京大）

解法　**最上級**を「一番～」あるいは「最も～」と訳すと，意味がまったく不明になることがよくあります。そんな場合の訳し方を考えてみましょう。とりあえずは第 1 文からスタート。

を考えてごらん　難しいこと　が　を言うこと　すべて　（それを）　あなたが　を知っている
Consider the difficulty (of saying all [(that) you know
Vt　O　（主格）（動名）（Vt）→（O）　O（省略）　S　Vt

について　よく知っている　顔　の　友だち
(about the familiar face) (of a friend)]).
M

all を先行詞とする関係代名詞 that の省略がありますね。名詞 difficulty と saying は，意味上 saying が S，difficulty が P の関係ですから，of は**「主格の of」**で，「が」と訳すのでしたね（→ 53 課）。

事実は　である　ということ　あなたがどんなに努力しても　だろう　多分　ことができない
The fact is [that your **best** effort would probably fail (to
S　Vi　C →（接）　S（仮・条件）　（仮・過）　Vt　O →（不）

を伝える　十分な　情報　ほどに　を可能にする　誰かが　ほかの
convey enough information (to enable someone else
（Vt）　（形）　（O）　（不・副）（Vt）　（O）

こと　を選び出す　あなたの　友人　の中で　大きな　群衆
(to single out your friend (in a large crowd)))).
（C）　（Vt）　（O）　（M）

例題：語句　single out [Vt] を選び出す／ illustrate [Vt] を説明する

the fact is that ... は「実は…です」という訳が定番です。

ところで最上級の best，これが本課のテーマなのですが，「あなたの最良の努力は～」と訳しても意味が不鮮明です。こんな場合は，次に来る would（仮定法過去・帰結）との兼ね合いもあり，「あなたがどんなに頑張っても～でしょう」と**最上級に even「～でさえも」の意味を持たせて訳します**。**even** your best effort と考えればよいのです。次に，someone と to single out には，意味上 S と P の関係があります。Someone singles out your friend. の文が意味上成立しますね。

このことは	単に	を説明している	事実	という
This	simply	illustrates	the fact	[that
S	（副）	Vt	O	（接）

あなたは	を知っている	多くのこと	それより	自分が	ことができる	を言う
you	know	more	[than	you	are able to	say.]
S	Vt	（O）	（関代）O	S		Vt

the fact と that 節は同格関係にあり，the fact の内容を that 以下の節で説明しています。more than の**比較**がありますから，you know ＞ you are able to say の不等号の関係が訳に出れば完璧です。

《**全文訳**》 よく知っている友人の顔について，自分が知っているすべてのことを伝えることがどんなに難しいか，考えてみなさい。実は，あなたがどんなに努力しても，誰かほかの人が大勢の中でその友人を選び出せるだけの情報を相手に伝えることはまずできないだろう。このことは，自分が言い表せないほどのことを知っているという事実を説明しているにすぎない。

（解説・解答→別冊：p.33）

演習 72 次の英文の下線部を訳しなさい。

Of course, Japan could not match American-style housing in the best of circumstances. Only about a fifth of the country is habitable, and the population of 122 million is half that of the United States. But government policies have made land scarcity and crowding significantly worse.

（慶応義塾大）

演習：語句 scarcity 名 不足，欠乏／ habitable 形 住める／ significantly 副 かなり

73 接続詞がない関係詞節の連続に注意

次の英文の下線部を訳しなさい

<u>If you think of the people you know **who** can handle significant amounts of stress and avoid its damaging effects,</u> they are usually men and women **who** maintain a strong sense of commitment to their work and other activities, and **who** respond positively to challenges rather than feeling completely overcome by them.

（同志社大）

解法 例題の下線部には**関係代名詞の二重限定用法**が含まれています。二重限定とは，簡単に言えば**2つの関係詞節が，and や but や or などの等位接続詞やその代わりとなるカンマなどを用いないで，同じ先行詞を修飾する用法**です。また，前のほうの関係代名詞が目的格の場合は，**省略されることもある**ので注意が必要です。

もし～なら	あなたが	のことを考える	人々	（その人を）	あなたが	を知っている
[If	you	think of	the people	[(whom)	you	know]
（接）	S	Vt	O（先）	関代① O	S	Vt

（その人は）	ことのできる	を巧みにさばき	相当の	量	の ストレス	
[**who**	can	handle	significant	amounts	(of stress)	
（関代）② S	（助）	Vt①		O	M	
		を避ける	ストレスの	有害な	影響	そういう人たちは
	and	avoid	its	damaging	effects],	they ...
	（等）	Vt②		O		

省略された whom と who の 2 つの関係詞で，先行詞 the people を限定しています。

また，二重限定用法は，以下のように**先行詞の範囲を縮小する**ことが特徴です。

He is the only boy **whom** I know ①
（先）
who speaks English. ②

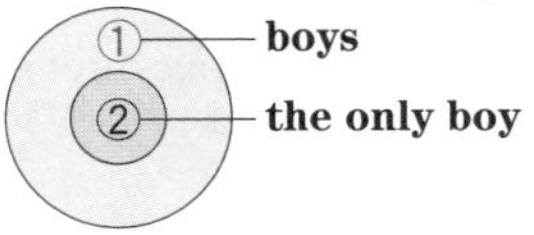

例題：語句 significant 形 著しい，重大な／damaging 形 有害な／commitment 名 献身／positively 副 前向きに，積極的に／challenge 名 やりがいのある課題，難題／rather than Ving「V するよりむしろ」

「①の男の子のうち②の男の子」と範囲を限定し，例文の訳は「彼は，私がつき合いのある男の子の中で，英語が話せるたった1人の男の子です」となります。

andなどの接続詞で結んでみましょう，

He is the only boy（先） **whom** I know ①

〈並列〉 ① and ②

and（等） **who** speaks English. ②

「彼は，私がつき合っているたった1人の男の子で，しかも英語が話せるのは彼だけです」の意味になり，二重限定とは明らかに違います。本問では下線部に続く文がこの**並列的な構文になっています。**

they《そういう人たちは》 are《である》 usually《たいてい》 men and women《人たち》
S Vi （副） C （先）

[**who**《（その人は）》 maintain《を維持する》 a strong《強い》 sense《意識》 （of《という》 commitment《献身している》）...],
（関代）S Vt O M

and《また》 [**who**《（その人は）》 respond《反応する》 positively《積極的に》 （to《に》 challenges《難しい問題》） ...]
（等） （関代）S Vi （副） M

「who以下の人たちであり，またwho以下の人たちだ」となります。

> **《全文訳》** 皆さんがご存じの方の中で，かなりの量のストレスを巧みにさばき，そのストレスが及ぼすひどい影響を避けることのできる人たちのことを考えてみるなら，そういう人たちは，たいてい，自分たちの仕事やそのほかの活動に対して献身しているという強い意識を維持している人たちであり，また難題に完全に圧倒されたと感じるよりはむしろ，積極的に反応する人たちである。

（解説・解答→別冊：p.34）

演習 73　次の英文の下線部を訳しなさい。

Why does a baby begin to make sounds in the first place? Is it instinctive, like crying? It seems not to be. A puppy raised apart from other dogs will know how to bark when he gets old enough, but the few children we know of who grew up without human contact grew up almost wholly mute.

（東京学芸大）

演習：語句 puppy 名 子犬／ mute 形 無言の

74 連鎖関係詞節を見抜け

次の英文の下線部を訳しなさい

The necessity to do without direct response from the addressee, without gesture, and suchlike, compels the writer to get absolutely clear what it is he wants to say. The careful planning and revision that this entails clarifies and structures **things the writer may think he knows**, until he comes to actually write.

（金沢大）

解法 非常に難解な英文です。ザッと眺め回してみても，何が書いてあるのかサッパリというのが皆さんの本音でしょう。こんな時は，〈前置詞＋名詞〉は（　　）に，従属節は［　　］にくくって主語Ｓと述語Ｖを確定していく作業を地道に行うことで，文の構造を解き明かしていくのが一番です。

The necessity《必要性は》 (to do《をすます》 { without《なしで》 direct《直接の》 response《反応》) (from ...《からの》),《また》
S　(不)(Vt)　(形)　(O)　M

without《なしで》 gesture《ジェスチャー》, and suchlike《～など》) },
(O)　(等)　O

compels《を強いる》 the《その》 writer《著者が》 (to《こと》 get《を…にする》 ....
Vt　O　C→(不)(Vt)

do without がカンマをはさんで**共通関係**になっていますね。これを見つけるのがポイントです。これに気づけば，以下のような文の骨格がわかります。

The necessity《必要性のために》 compels《必要となる》 the writer《その著者は》 (to get《することが》 absolutely《まったく》 clear《明確な》
S　Vt　O　C→(不)(Vt)　(副)　(C)(形)

[what《一体何かを》 it is (that) he《彼が》 wants《を望む》 (to say《を言うこと》))].
(O)→(O)(疑) ——→(省略)　S　Vt　O→(不)(Vt)

例題：語句 addressee 名（手紙の）受信人，聞き手／suchlike 代 その種の人・物／entail Vt（必然的に）を伴う／to actually write（副詞 actually が to Ⓥ に割って入った分離不定詞）

無生物主語構文になりますね。**主語を副詞的に，目的語は主語**として訳すのがコツです。また，疑問詞 what が say の O で〈it is, that〉で強調され，get の O である what 節を補語 clear の後に移しています。

入念な　計画
The careful { planning (S①)
と　修正
and (等) revision (S②) }

（それを）これが　を必然的に伴う
[that this entails]
(関代)O　S　Vt

を明確にする
{ clarifies (Vt①)
を整理する
and (等) structures (Vt②) }

こと　(省略)　と思っているであろう
things [(**that**) 〈**the writer may think**〉
O　(関代)O　S　V

著者が　わかっている　「～まで」→「そののち～」
he knows],　until ...
S　Vt

ここでのポイントは，**things とそれ以下の 2 つの SV のつながり方**です。things [that the writer may think] はダメ。things を先行詞とする関係詞節なら，think of と of を入れる必要があります。したがって，**things [that he knows]**「(それを) 著者がわかっていること」が正しいつながりになります。この部分はもともと，The writer may think that he knows things.であった文が名詞化し，things (that) the writer may think he knows となったもので，これを**連鎖関係詞節**と呼びます。連鎖関係詞節では関係代名詞の目的格だけでなく**主格が省略される**ことがあります。

《**全文訳**》 読者からの直接の反応や，ジェスチャーなどなしですます必要性から，著者は自分が言いたいことは一体何なのかを，完全にはっきりさせる必要が生じる。これに伴って必要となる，入念な計画と修正を行えば，著者が自分ではわかっていると考えそうなことが，明確になり体系化されるのだ。その後に著者は実際に書くことになる。

(解説・解答→別冊：p.34)

演習 74　次の英文の下線部を訳しなさい。

Interest in the past is prompted by many kinds of stimulus. Some writers and readers turn to history for adventure and escape, others seek lessons which they believe it will teach. (山口大)

演習：語句　stimulus 名 刺激

75 〈have to Ⓥ〉か〈have +（to Ⓥ）〉か

次の英文の下線部を訳しなさい

Acquiring a knowledge of history is a pleasant and safe pastime for the amateur. Developing an understanding of history is essential for those who would influence the future. It is not only on the lessons that history **has to teach**, valuable though they are, that this claim lies. It is rather because history gives us our bearings so that we may venture into the unknown confident at least of our direction.

（大阪大）

解法 例えば，This is something that I have to say. という文を見てみましょう。

① something［that I **have to** say］
「言わねばならないこと」

② something［that I have］（**to say**）
「言いたいと思っていること」「持っていて，言うべきこと」

文脈により，以上２つの解釈の仕方があります。この課では，下線部にある **has to teach** の解釈がポイントです。

Acquiring《を身につけることは》 a knowledge《知ること》 （of《を》 history《歴史》） /
S（動名）（Vt）　（O）　M

is《である》 a {pleasant and safe} pastime《気晴し》 （for《にとっての》 the amateur《素人》）.
Vi　C　M

Acquiring a knowledge「知識を身につけることは」に**「目的格の of」**が続いていますから，「を知るようになることは」とあっさり訳しましょう。第２文も構造は同じで，「歴史への理解を深めることは［歴史を理解するようになることは］who 以下の人たちにとって最も大切なことである」と歴史を知ることの重要性を繰り返しています。who 以下の関係詞節中の **would** は**控え目な意向**を示し，「～したいのだが」程度の**仮定法の would** です。

例題：語句 lesson 名 教訓／ bearing 名 方角，方向／ so that S may V「S が V するように」／ unknown 名 未知の世界（通例 the unknown）／ confident of N「N を信じて」

It is not《ではない》 only《単に》 (on《に基づいて》 the lessons《教訓》)
(強調構文) M (先)

[**that**《(それを)》 history《歴史が》 **has**《持つ》] (**to teach**《教えるべき》), [valuable《貴重な》 though《けれども》 they《教訓は》 are《である》],
(関代)O S Vt (不) (Vt) C (接) S Vi

that《〜のは》 this《このような》 claim《主張が》 lies《ある》.
S Vi

まず on the lessons が副詞句ですから (→36 課)，〈It is, that〉の強調構文とキャッチしてください。this claim は第 2 文を指します。文尾の lies は on the lessons の on と組んで lies on「〜によって決まる」ととります。

さて，以下がポイントになります。

the lessons [that history **has**] (**to teach**)
(Vt)

to Ⓥ が形容詞的に the lessons を修飾していて，冒頭で述べた②のタイプになっています。〈has to Ⓥ〉ではないことに注意しましょう。

第 4 文の It は this claim（= Developing 以下の第 2 文）を受けています。It is の部分に第 2 文を代入して Developing ... is essential ... rather because history gives us ... とすると意味が成立します。また，so that 節中の confident は He died young. の young と同様の付加的補語で，除外しても venture の意味は変わりません。

《全文訳》 歴史を知るようになることは，素人にとって楽しく，また無難な人生の気晴らしである。また歴史への理解を深めることは，未来に影響を及ぼしたいと考える人たちにとって，不可欠なのである。こういう主張がなされるのは単に歴史が教えてくれる教訓を根拠にしてのことではない。もっともその教訓は貴重なものであるけれども。それはむしろ，私たちが少なくとも自分の進む方向に自信を持って未知の世界に思い切って進んでいけるように，歴史が私たちに進むべき方向を教えてくれるからなのである。

(解説・解答→別冊：p.34)

演習 75 次の英文の下線部を訳しなさい。

The motives that bring an audience together to hear a talk are bound to be mixed. Some members will have come out of genuine interest in what you have to say; others will come because they regularly attend the meetings, whatever the topic for the evening. (大阪大)

演習・語句 motive 名 動機，目的／ be bound to Ⓥ「きっとⓋする」／ out of N「N（理由・動機）から」／ genuine 形 心からの，真の

76 〈not all / always〉の部分否定を見落とすな

部分否定を表す語句に注意して下線部を訳しなさい

The only advantage in going to bed before midnight is that one is apt to get more hours of rest by so doing. But it is **not always** the time spent in bed that means the greatest rest. It is better to have six hours of “high quality” sleep, than eight hours of restless tossing.

（千葉大）

解法 **〈not ＋ 100 ％を意味する形容詞・副詞〉＝部分否定**という公式は，皆さんよく知っていますね。not に，**all**，**every**，**both**，**always** などが結びつくと，順にそれぞれ「すべてが，皆が，両方ともが，いつ［必ずし］も**〜とは限らない**」という意味になるのでしたね。しかし，英文中に出てくると，ついウッカリ見逃しやすい用法でもあります。たとえば下線部，「いつも〜ない」などと全体否定で訳したら，意味がまるっきり違ってきます。要注意ですよ。

The only《唯一の》 advantage《良い点は》 (in《にある》 going《に入ること》 to bed《床》) (before《以前に》 midnight《真夜中》) /
S　M　M

is《である》 [that《ということ》 one《人が》 is apt《しそうである》 (to get《をとる》 more《より多くの》 hours《時間》 (of《の》 rest《休息》)
Vi　C→(接)　S　Vi　C　(不)(Vt)　(O)　M

(by《によって》 so doing《そうすること》))].
M→(前)(副)　(動名)

接続詞 that 以下は補語となる名詞節ですね。

But《しかし》 it is **not always**《必ずしも〜とは限らない》 the time《時間》 spent《過ごされる》 (in《の中で》 bed《床》)
(部分否定)　S　(過分)　M

that《〜のは》 means《となる》 the greatest《もっとも大きな》 rest《休息》.
Vt　(最上級)　O

例題：語句 mean Vt を意味する，（物事が〜）ということになる／ high quality 名 高品質（ここでは「安眠度が高いこと」）／ restless tossing 名 眠れなくて寝返りをうつこと

〈it is ＋名詞＋ that ...〉で，まずitに代入できる表現が前にありません。thatの後にはmeansのS（主語）がありませんから，the timeがはさまれた〈it is, that〉の強調構文です。The time spent in bed does not always mean the greatest rest. がもとの形で，spent in bedはtimeを修飾しています。**not always**は冒頭でも述べましたが，「**いつ［必ずし］も〜とは限らない**」という意味の**部分否定**です。

〈not ＋ quite/very/exactly/entirely〉も部分否定に準じた用法で，「**まったく〜とは限らない**」「**あまり〜ではない**」などの訳で応じていきましょう。もちろん，**〈not ＋ everybody〉**や**〈not ＋ everything〉**も**部分否定**になります。これに対し，**〈not ＋ any ＋名詞〉**，**〈no ＋名詞〉**，**none**，**neither**，**nobody**，**nothing**などは，**全体否定**の文になります。例を挙げておきます。

I know nothing about it.
＝ I don't know anything about it.
「その件については何も知らない」

	である	良いの	ことが	をとる	6時間	の	質の高い	睡眠
It	is	better	(to	have	six hours	(of	"high quality"	sleep)),
S(形)	Vi	C(比)	S(真)(不)(Vt)		O		M	

よりは		8時間	の	眠れないような	寝返り
than	(it is to have)	eight hours	(of	restless	tossing).
(接)					

than の後に (it is to have) を補うことができる。

《全文訳》 真夜中以前にベッドに入るのが良い唯一の点は，そうすることによって，より多くの休眠時間がとれそうだということである。だが，最大の休息をもたらすものは，必ずしも寝ている時間とは限らない。眠れなくて寝返りをうつような睡眠を8時間とるよりは，ぐっすりと6時間熟睡するほうが良いのである。

（解説・解答→別冊：p.35）

演習 76 次の英文を訳しなさい。

Education promoting coping-skills and realistic strategies for dealing with stress is important in helping young people recognize that problems can be confronted, though not necessarily solved.

（津田塾大）

演習：語句 coping-skill 名 対処法，切り抜ける技（術）

77 （否定）×（否定）＝肯定を忘れるな

次の英文の下線部を訳しなさい

My uncle George loved words as much as a singer loves music. The first thing he did when he came to spend the winter with us was to bring a big dictionary into the dining room. **Hardly** a meal was finished **without** the children jumping up to consult that dictionary.

（九州産業大）

解法 数学で（－ 1）×（－ 1）＝（＋ 1）と習ってきましたね。英語でもおおむね，**（否定）×（否定）＝（肯定）**という公式が成立しますが，弱い肯定になる場合と強い肯定になる場合があります。二重否定の本質はこの肯定にあるのです。

おじの	ジョージは	を大事にした	ことば
My uncle	George	loved	words
（同格語）	S	Vt	O

同じくらい	とても	～のと	歌手が	を大切にする	音楽
as	much	［as a	singer	loves	music］.
（副）	（副）	（接）	S	Vt	O

love は like very much または delight in ですが，「愛している」だけで通さないよう，文脈を見て訳を工夫してください。

最初の	ことは	それを	彼が	をする
The first	thing	［(that)	he	did
	S	（関代）O	S	Vt

～のときに	彼が	やって来る	を過ごしに	冬	私たちの家で
［when	he	came	(to spend	the winter	(with us))］］
（接）	S	Vi	（不・副）（Vt）	（O）	M

であった	こと	を持ち込む	大型の	辞書	～の中に	食堂
was	(to	bring	a big	dictionary	(into	the dining room)).
Vi	C→（不）（Vt）			（O）		M

The first thing was to bring ～がこの文の主要素です。**主節の動詞が was** なので**この部分だけを過去に訳し，従属節の動詞が過去形でも，主節と同じ時制なので現在**

例題：語句 jump up Vi 跳び上がる／music 名 楽譜，楽曲

に訳します。過去完了なら，**その時よりも過去として訳せばいい**のです。

Hardly《ほとんど…ない》 a《1つの》 meal《食事が》 was《た》 finished《終えられ》 / (**without**《(ら)ずに》 the children《子どもたちが》
S　V(受)　(前)　(O)

jumping up《急いで立ち上がる》 (to《ために》 consult《を引く》 that《その》 dictionary《辞書》).
P(現分)(Vi)　(不・副)(Vt)→　(O)

hardly「ほとんど〜ない」は準否定の副詞ですから，まずは Not a meal was finished.「1つの食事も終わらなかった→終わる食事は1つもなかった」を「…はほとんど1つもなかった」と弱めて訳します。without 〜 (→ 50 課) は，jumping を動名詞ととることもできます。後ろから訳し上げて「子どもたちが急いで立ち上がって，その辞書を引かずに，終わる食事はほとんど1つもなかった」とすると回りくどくなるので，**肯定で訳し**ましょう。また**二重否定**は次を参考にしてください。

① You can **never** hurt another **without** hurting yourself.
(−)　(−)

(−) × (−) = (+) とし，前から訳して「他人を傷つければ必ず，自分をも傷つけることになる」と訳すほうがよいでしょう。

② You can **never** succeed **without** doing your best.
(−)　(−)

(−) × (−) = (+) の二重否定を後ろから訳し上げて，「人はその最善を尽くすことなしには，決して成功はできない」と結ぶほうが自然な和訳になる場合もあります。

《全文訳》 おじのジョージは，歌手が楽譜を大事にするのと同じくらいに，ことばを大事にした。彼が私たちの家に来て冬を過ごすときには，まず大きな辞書を食堂に持ち込むのだった。すると，食事の際には必ずと言っていいほど，子どもたちは跳び上がって席を立ち，その辞書を引いたのだった。

(解説・解答→別冊：p.35)

演習 77　次の英文の下線部を訳しなさい。

I don't understand why some people insist on filling the air with noise. They can't stand to be in a car without having the radio on. They can't stand being anywhere with nothing but the natural sounds of earth in their ears.

(京都外語大)

演習：語句 insist on N「N を主張する」

78 複雑な二重否定は肯定を強めて訳せ

次の英文の下線部を訳しなさい

The reason that most students find writing difficult is simply that they have never been given a chance to learn simple paragraph patterns. And a writer **cannot** communicate unless he knows the written patterns of English, **any more than** a speaker can communicate if he doesn't know the patterns of spoken sentences.

（高知大）

解法 否定語が重なって文意がわかりにくくなったときは，物事が起こった順に注意して，肯定的に訳していくと文意がうまくとれるものです。**二重否定＝肯定**をもう一度確認してください。

理由は		たいていの	学生たちが	と思っている	書くことが	難しい
The reason	[that	most	students	find	writing	difficult] /
S(先)	(関副)		S	Vt	O	C

のである	に過ぎない	ということ		を与えられたことが１度もなかった	チャンス
is	simply	[that	they	have never been given	a chance
Vi	(副)	C→(接)→	S	V(現完)(受)	O

を学習する	簡単な	段落の	型
(to learn	simple	paragraph	patterns)].
(不・形)(Vt)		(O)	

The reason why の why の代わりに that が用いられています。意味はまったく同じです。文の主要素は，〈The reason is simply + that 節〉「理由は that 以下に過ぎないのである」の SVC 構造になっています。

また	書く人が	できる　意思を伝えることが	でなければ	彼が	がわかる
And	a writer	**cannot** communicate	[unless	he	knows
(等)	S	Vt	(接・否)	S	Vt

書きことばの　型	の　英文	〜と同程度（真実性ゼロ）
the written patterns	(of English),]	**any more than** ...
O	M	

例題：語句 paragraph 图 文章の段落，パラグラフ

no more ～ than ... の「鯨の公式」(→ 68 課) は，**no ＝ not ... any** なので，**〈not any more ～ than ...〉** または例題のように **〈not ～ any more than ...〉** の変形が作れます。

any more than 「のと同様に」

a speaker《話し手が》 can《できる》 communicate《意思を伝えることが》 [if《〜ならば》 he doesn't《ない》 know《がわから》
S　Vi　(接)　S　Vt(否)

the patterns《型》 (of《の》 spoken《口語の》 sentences《文》).]
O　M

さて，「鯨の第 1 公式」で下線部を訳すと，次のようになります。

「書く人が (～でなければ) 意思を伝えられないのは，話し手が (～でなければ) できないのと同じ」

➡「書く人が (～ならば) 必ず意思を伝えられるのは，話し手が (～ならば) 必ずできるのと同じ」

上の文は否定的に訳していますが，下の文は強い肯定で訳しています。しかし，この訳が一番しっくりいっています。**複雑な二重否定は強めの肯定で訳す**と自然な日本語になります。例えば，次のことわざの **but は従属接続詞で unless の意味**ですから，**never と連動して二重否定を構成**しています。

It never rains but it pours.「降ればどしゃぶり」

《全文訳》 たいていの学生が書くことは難しいと思っている理由は，単に，彼らに簡単な段落の型を学習する機会が今までになかったということなのだ。また，英語の書きことばの文型がわかれば，書き手が必ず意思を読者に伝えられるのは，話しことばの文型がわかれば，話し手が相手に必ず意思を伝えられるのと同じだ。

(解説・解答→別冊：p.36)

演習 78　次の英文の下線部を訳しなさい。

Ruskin said: "Great nations write their autobiographies in three manuscripts, the book of their deeds, the book of their words and the book of their art. Not one of these books can be understood unless we read the two others, but of the three the only trustworthy one is the last."　(立命館大)

演習：語句 autobiography 名 自叙伝，自伝／manuscript 名 原稿，本／trustworthy 形 信頼できる

79 否定の副詞が冒頭にきたら倒置に注目

次の英文の下線部を訳しなさい

In my experience the problem of what to do in life was not made any easier by those who were in charge of my education. Looking back, it seems most odd that **never** once in all the years that I was at school was there any general discussion about careers.

（法政大）

解法 **英語の文型に変動が起こる（語順が変化する）ことを倒置**と言います。例えば，SV → VS，SVO → OSV という変化です。とりわけ，not や never などの**否定の副詞が文頭または節の頭に来ると，倒置が起こります。**この場合，主語 S の前に助動詞や be 動詞が来るパターンが一般的です。この倒置を頭に入れて，例題を読み進めていきましょう。

(In《では》 my《私の》 experience《経験》) the problem《問題は》 (of《という》 (what to do《何をしたらよいか》 (in《で》 life《人生》)))
M　S　同格　(疑)(不)(Vt)　M

was not《なかった》 made《され》 any《少しも》 easier《わかりやすく》
V(受)(否)　(副)　C

by《からは》 those《人々》 [who《(その人たちは)》 were《いた》 (in charge《を担当して》) (of《を》 my《私の》 education《教育》)].
(先)　(関代)S　Vi　C　M

The problem is what to do in life.が成立しますから problem の後の of は**「同格の of」**（→ 52 課）です。any は比較級の easier を修飾する副詞。my education は educating me と読みとりましょう（→ 54 課）。さて，下線部です。

Looking back《振り返ってみると》, it seems《思われる》 most《とても》 odd《妙に》 [that《のことは》 ...
分詞構文　S(形)　Vi　(副)　C　S(真)→

Looking ... は一見して分詞構文とわかりますが，意味上の主語をカンマの後の it と

例題：語句 be in charge of N「N を担任している，預かっている」／ look back Vi 振り返る／ general 形 多方面にわたる／ career 名（一生の）職業

とるのは無理があります。常識的に判断して I，つまり筆者が意味上の主語です。

it seems odd that ... は，補語の odd がありますから，〈it is ～ that ...〉の形式主語構文です。前にも述べたように（→ 34 課），もし補語がなかったら，it seems that ... は成句表現です。

さて，本課のポイントの that 以下です。

that **never**《決してない》 once《1度も》 (in《に》 all the years《あの長い年月》) [that I《私が》 was《だった》 (at school《在学中》)]

never：（副・否）　once：（副）　(in all the years)：M（先）　that：（関副）　I：S　was：Vi　(at school)：C

never ... was there が倒置

was《あった》 there any《どんな…も》 general《幅広い》 discussion《話し合いが》 (about《についての》 careers《職業》).

was：Vi　there：（副）　any：（形）　general discussion：S　(about careers)：M

never ... was there any discussion ～の**倒置構文**が見つかりました。**〈否定の副詞＋ be 動詞＋ S〉**の形です。一般には以下のパターンの倒置がよく見られます。

Not ... ; Never ... **Not until**（句／節） **Seldom ... ; Little ...**	be 動詞＋ SX 助動詞＋ S ＋Ⓥ／過分＋ X

否定の副詞が先頭に立っている場合は，まず倒置構文の存在を疑ってみることです。

《全文訳》 私の経験では，どんな職業について人生を送るかという問題は，私の教育に当たった先生たちのおかげで，答えが得られそうになることはまったくなかった。振り返ってみると，学校に通った，あの長い年月のうちに1度も，一生の仕事について幅広い話し合いがなされたことがなかったというのは，とても奇妙に思われるのである。

演習 79　次の英文の下線部を訳しなさい。　（解説・解答→別冊：p.36）

The settlement of America was a unique experience in the history of man. Never before in recorded times had a whole culture — in this case, the culture of Western Europe — been transferred bodily to another and previously unknown continent.

（福島大）

演習：語句　settlement 名 植民，移民

80 not only が文頭 ― 倒置が起こる

次の英文の下線部を訳しなさい

Not only is gold beautiful, but it is virtually indestructible. It will not rust or corrode; gold coins and products fabricated from the metal have survived undamaged for centuries. Gold is extremely easy to work with; one ounce, which is about the size of a cube of sugar, can be beaten into a sheet nearly 100 square feet in size, and becomes so thin that light passes through it.　（長崎大）

解法　倒置については，〈**Not only** + **be** + **S**〉と，〈**Not only** + v (助) + **SV** (Ⓥ/過分)〉にも注目してください。

だけでなく	である	金は	美しい
Not only	is	gold	beautiful,
	Vi	S	C

Not only is gold beautiful が倒置

て	金は	ある	…もある	事実上(実質的には)	壊せない(不滅の)
but	it	is	(**also**)	virtually	indestructible.
	S	Vi		(副)	C

主語は，もちろん gold です。〈**not only ... but** (**also**) ～〉の構文は普通の場合では，「**…だけでなく～も**」という相関語句ですね。例文を 1 つ挙げておきましょう。

Not only is he kind, **but** he (**also**) has a fighting spirit.
= He is **not only** kind, **but** he (**also**) has a fighting spirit.
「彼は優しいだけでなく，闘争心もまた持っている」

金は	しない	錆びたり	また金の	硬貨	
It	will not	rust	; gold	coins	
S	(助)(否)	Vi ①		S ①	製造された fabricated (過分)
	も	腐食したり	と	製品は	
	or	corrode	and	products	
	(等)	Vi ②	(等)	S ②	

例題:語句　virtually 副 実質的に, ほぼ／indestructible 形 不滅の／rust Vi 錆びる／corrode Vi 腐食する／extremely 副 極めて, とても／work with Vt を細工する／one ounce 名 1 オンス (31.103g, その重量の金の塊を意味する)／beat O into N「O (=鉄など) を打ち延ばして N にする」／sheet 名 薄板／pass through Vt を通過する

から その 金属	そのまま残っている	損傷なく	の間 何世紀
(from the metal) /	have survived	undamaged	(for centuries).
M	Vi(現完)	C	M

will は「習性・傾向」を示し，from the metal は「金を原料にして」の意味です。

第 3 文は，「金は細工をするのがとても容易なのだ」の意味です。〈S is easy/difficult to Ⓥ〉の文では，S が Ⓥの意味上の O になるので，Ⓥの部分には O を持たない Vt か句動詞が使われ，前置詞の直後に目的語がありません。

1 オンスが	そしてそれは	である	およそ	大きさ	の 1個	の 角砂糖
one ounce,	[which	is	about	the size	(of a cube)	(of sugar)],
S(先)	(関代)S	Vi	(副)	C	M	M

	ことができる を打ち延ばす	に 1枚の薄板	およそ	100平方フィートの			
	can be beaten	(into a sheet)	nearly	100 square feet ...			
	V①(受)	M	(副)	M			
また	なるのだ	それほど	薄く	ほどに	光が	を通過する	箔
and	becomes	so	thin	[that	light	passes through	it].
(等)	Vi②	(副)	C	(接)	S	Vt	O

which は，one ounce を先行詞とする関係代名詞ですが，**and it の意味で，継続用法**で使われています。**共通関係**を **and** で見抜き，**〈so ～ that ...〉** の構文がキャッチできれば，この文は完璧です。

《全文訳》 金は美しいだけではなくて，ほぼ不滅である。金は錆びることも腐食することもなく，金で造られた金貨や金製品は，何世紀もの間，質が損われることなく残っている。金は細工するのがとても容易である。重さ 1 オンスの金は，およそ角砂糖 1 個の大きさなのだが，打ち延ばして，およそ 100 平方フィートの 1 枚の薄板にすることができ，また，光が通り抜けるほど薄くなる。

(解説・解答→別冊：p.37)

演習 80 次の英文の下線部を訳しなさい。

A subway system in Sendai, which is the technology's most celebrated showpiece, is operated by a fuzzy computer. Not only does it give an astonishingly smooth ride, but it is also 10% more energy efficient than systems driven by human conductors. (早稲田大)

演習：語句 celebrated 形 名高い／showpiece 名 展示品，見本／efficient 形 効率のいい

81 文頭の〈Only ＋副詞（句／節）〉も倒置に注意

次の英文の下線部を訳しなさい

Only recently, in fact, have men conquered, by means of the spoken word, any space larger than that over which the natural voice will carry, whereas down through the long course of history, writing has been of inestimable service in bringing men and nations closer together.

（成蹊大）

解法　**only を見たら倒置** ― そう思えるくらい，only は倒置構文において重要なカギを握っています。特に，**文頭にある only** は要注意です。**〈Only ＋副詞（句／節）〉で文が始まると，その後に続く SV に倒置**が起きます。例題の下線部がまさにその典型と言っていいでしょう。

最近になってようやく	事実	た	人間は	を征服し（た）
Only recently,	(in fact),	have	men	conquered,
	M	（助）	S	Vt（過分）

have men conquered が倒置

を用いて	話しことば	どんな…も	空間	広範囲な	よりも	空間
(by means of	the spoken word),	any	space	larger	(than	that
M			O	（比）		（先）

を越えて	（それ）	自然な	声が	ことのできる	届く
[(over	which)	the natural	voice	will	carry]),
M（関代）			S		Vi

in fact は挿入的に「実際のところ」の意味。文の主要素は Only recently have men conquered any space. で，**have men conquered**（have ＋ S ＋過去分詞）が**倒置**です。

Only	**yesterday**「つい昨日」	助動詞＋ SV（Ⓥ／過分）
	recently「つい最近」	または
	slowly「ようやく」	be 動詞＋ SX
	when SVX「～して初めて」	
	after SVX「～の後やっと」	

例題：語句　by means of 群前 によって，を用いて／ whereas 接 ところが（＝ while）／ down through 群前（長い期間）の間ずっと／ inestimable 形 計り知れない

〈**Only** ＋**副詞句／節**〉が文頭に来た場合も，訳すときに注意が必要です。

Only when we lose our health do we realize its value.
「健康を害して初めて，そのありがたみを知る」

主節のSVに倒置が起こっています。もともとは〈only ＋副詞節〉が文尾にあって，主節の部分がWe realize（SV）であったものが，do we realize（助動詞＋SV）に変わったのです。Only when ～，の部分が，**Only after** we lose our healthでも，同様になります。

ところが	の間ずっと		長い	過程	の	歴史
whereas	(down through	the	long	course)	(of	history), /
（接）			M		M	

文字を書くことが	きたのだ	をもって	計り知れない	有用性
writing	has been	(of	inestimable	service) /
S	Vi（現完）	（前）		（抽象名詞）

(の)上で	を至らせる（こと）	人間	や	国家	接近して	互いに
(in	bringing	men	and	nations	closer	together.)
（前）	（動名）（Vt）→		（O）		（副）←	（副）

〈of ＋抽象名詞〉＝形容詞ですから，of service ＝ serviceable「役に立っている」ですね（→ 51 課）。〈bring O ＋副詞〉は「Oを～な状態に至らせる」の意味になります。

《全文訳》 実際のところ，最近になってようやく，人間は話しことばを用いて，普通に出した声が届く空間よりも広い空間を，征服したのである。ところが，これまでの長い歴史の過程で，文字を書くことが人々や諸国家が互いにより親密になる上で計り知れないほど役に立ってきたのである。

（解説・解答→別冊：p.37）

演習 81　次の英文の下線部を訳しなさい。

Africa, though it is a huge continent, has for a very long time been the home of only a small part of the world's population. Only in the earliest times, when there were very few humans about, may this not have been true.

（日本大）

演習：語句 continent [名] 大陸

82 副詞(句)が強調されると倒置が起こる

次の英文を訳しなさい

Among topics we discussed over lunch was the regrettable habit film directors then had of altering the plot of a novel to suit themselves, to the extent even of changing a sad ending into a happy one.

(神戸大)

解法 **副詞句を強調して文頭に置くと，倒置が起こります。**こうした倒置がなされると，文全体の主語や述語動詞が非常に見えにくくなります。この例題は長い一文になっていますが，皆さんは文の主語，述語動詞の確定はできたでしょうか。

の中に	話題	(それを)	私たちが	を話し合った	をとりながら	昼食
(**Among**	**topics**)	[(which)	we	discussed	(over	lunch)]
M(先)		(省略)O	S	Vt	M	

あった		残念な	くせが
was	the	regrettable	habit
Vi		(形)	S

was the regrettable habit が倒置

元の形は The regrettable habit was among topics ... なのですが，**副詞句の Among topics が文頭に出て強調された**ために，be 動詞の was が主語 habit の前にくるという**倒置**が行なわれています。そして，この habit 以下がやや入り組んだ形になっています。ポイントは of altering がどの語と結合しているかです。

くせ	それを	映画の監督たちが	その頃	を持つ
the habit	[(that)	film directors	then	had]
(先)	(省略)O	S	(副)	Vt

という	を変える(こと)	筋	の	小説
(of	altering	the plot)	(of	a novel)
(同格)	(動名)(Vt)	(O)		(M)

例題:語句 over lunch「昼食をとりながら」(*cf.* talk over a cup of coffee「コーヒーを飲みながら話す」)／regrettable 形 残念な，遺憾な／alter Vt を(部分的に)変える，改める／plot 名 (小説などの)筋／ suit Vt を満足させる(suit oneself「満足する」)

of altering ... が habit を修飾するのは，have a habit (of Ving) を思い浮かべれば納得できますね。of は**「同格の of」**(→ 52 課) です。habit の後に that を補って関係詞節を設定すると支配範囲は had まで。接触節と前置詞が habit を二重に修飾する構造をキャッチしましょう。altering 以下の構造は以下のようになります。

altering the plot ... (to《ために》 suit《を満足させる》 themselves《自分自身》), (to the《にまで》 extent《程度》) (of changing ...)
(Vt) (O) (不・副)(Vt) (O) M (省略)

even《さえも》 (of《という》 changing《を〜変える》 a sad《悲しい》 ending《結末》 (into《に》 a happy one《ハッピーエンド》)).
(副) (動名)(Vt) (O) M

to suit themselves「自分たちが満足するように」の to Ⓥと to the extent ... の前置詞句が altering を修飾しています。to the extent of Ving「V するという程度にまで」は to such an extent [that SVX] に変換できます。訳は「悲しい結末を…に変えるほどに」ですが，「その結果，悲しい結末を…に変えたのだ」ともできます。

さて，副詞句を文頭に置くと倒置が起きる例をもう 1 つ。新約聖書「ヨハネによる福音書」の冒頭です。

In the beginning was the Word.「初めに言《ことば》があった」

主語が 1 語の代名詞の場合は，Beside him she sits. と倒置が行われません。と言っても，Well do I remember the scene. のように，助動詞を前に持って来る倒置法もあります。

《全文訳》 昼食をとりながら私たちが話し合った話題の 1 つが，その当時，映画監督たちに見られた嘆かわしいくせだった。そのくせとは，自分たちの気に入るようにするため，小説の筋を変えてしまうことだが，結果として悲しい結末をハッピーエンドに変えることさえあったのだ。

(解説・解答→別冊：p.37)

演習 82 次の英文の下線部を訳しなさい。

Hundreds of millions of years passed after the earth was formed, and then came the strangest and most wonderful event of all — the beginning of life. Science is at a loss to tell how or why life began or what it looked like.

(新潟大)

演習：語句 be at a loss to Ⓥ「Ⓥするのに困る」

83 補語が文頭―強調のための倒置

太字の主語を指摘して下線部を訳しなさい

Science is based on careful observation and experiment enabling theories to be constructed which connect different experiences. Regularities in the workings of nature are sought which hopefully reveal the fundamental laws that govern the behaviour of matter and forces. <u>Central to this approach **is** the willingness of the scientist to abandon a theory if evidence is produced against it.</u>

（大阪府立大）

解法 **補語を強調するために倒置が行なわれる**ケースもあります。下線部にその例があります。まずは冒頭，この例題のキー・センテンスです。

科学は　基づいている　に　注意深い
Science　is based　(on　careful
S　V（受）　（前）　（形）

観察
observation
（名）①

と　実験
and　experiment
（等）　（名）②

を可能にしている
enabling
（現分）（Vt）

理論が　構成される（こと）
theories　(to be constructed
（O）（先）　（C）→　（不）（受）

（それは）　を結びつける　いろいろな　経験
[which　connect　different　experiences]).
（関代）S　Vt　（形）　O

and がヒントになって，**observation と experiment が共通関係**になっていることがわかりますね。careful と enabling 以下がこの２語を修飾しています。さらに，which 以下が先行詞 theories を修飾しています。そしてこの **theories と to be constructed の間に，S と P の関係**つまり，**Theories are constructed.** という関係が成立していることに注意しましょう。

例題：語句 construct Vt（理論など）を構成する／regularity 名 規則性／the working of nature 名 自然の営み［現象］／hopefully 副 うまくいけば／reveal Vt を明らかにする／fundamental 形 基本的な／govern Vt を左右する，決定する／behaviour（英） 名 作用／central 形 最も重要な／approach 名 研究方法［態度］

第２文は長い文になっていますが，〈前置詞＋名詞〉を（　　）にくくり，which と that という２つの関係代名詞に導かれる従属節を同様に［　　］でくくれば，**Regularities are sought.**「(自然の働きにおける) 規則性が追求されている」という文の主要素が浮かび上がってきます。そして，**which の先行詞が Regularities, that の先行詞が laws** であることに気づけばよいのです。

さて，下線部です。

Central ... is
the willingness が倒置

最も重要な　にとって　この　研究態度　である　意思があることが　の　科学者
Central (to this approach) **is** the willingness (of the scientist)
C　M　Vi　S　M

ようとする　を捨て　理論　もし～なら　証拠が　示される　に反した　その理論
(to abandon a theory [if evidence is produced (against it)]).
(接)　S　V(受)　M

最初の is の主語は実は the willingness なのです。**The willingness is central.**「その意思こそ重要である」の**補語 central が強調されて文頭に立ち，そのため倒置された形**です。CVS の形ですが，主語が代名詞の場合は，**Right you are.**「正しいのはきみだ」となり，CSV になります。なお，the willingness of the scientist to abandon ... の**名詞構文**を見抜き，**The scientist is willing to abandon ...** と解釈します。また if 節の前置詞句 against it は，離れた S の evidence を修飾しています。

《**全文訳**》 科学は，いろいろな経験を結びつける理論構成を可能にする注意深い観察と実験に基づいている。自然現象の規則性が追求されるが，そういった規則性によって物体や種々の力の作用を左右する基本的法則をうまくいけば明らかにできるのである。この研究態度に不可欠なのが，もしある理論に反する証拠が提出されたら，科学者がいさぎよくその理論を捨てようとすることである。

（解説・解答→別冊：p.38）

演習 83　次の英文の下線部を訳しなさい。

The great pleasure in traveling in Southeast Asia is the excitement of meeting new people. It's people that make travel worthwhile. More than anything I remember from my travels in Southeast Asia are the many different individuals I met and got to know along the way. People have opened their countries, their homes, and their hearts to me.　（専修大）

演習：語句　worthwhile 形 やりがいのある，値うちのある／along the way 副 途中で（＝on the way）

84 目的語が文頭に出た倒置を見抜け

owe の目的語を指摘して，下線部を訳しなさい

I heartily wish that in my youth I had had someone of good sense to direct my reading. I sigh when I reflect on the amount of time I have wasted on books that were of no great profit to me. What little guidance I had I **owe** to a young man who came to live with the same family in Heidelberg as I was living with.

（共立女子大）

解法 この課では**目的語が文頭に出たために起こる倒置**を考えてみましょう。例題の下線部がそのケースです。こうしてみると，英文解釈にとって倒置はクセモノと思われることでしょう。

まずは冒頭から。

私は　心から　だといいのになあと思う　若い頃に　私に　いてくれたら　誰か～人が
I heartily　wish　[that　(in my youth)　I　had had　someone
S　(副)　Vt　O→(接)　M　S　(仮・過完) Vt　O

のある　堅実な　判断力　指導をしてくれる　私に　読書の
(of　good sense) (to direct　my reading)].
M　(不・形) (Vt)　(O)

まず I wish (that) I had had ... の**仮定法過去完了**の形に気づいてください。そして，someone には of good sense の形容詞的前置詞句と，to direct my reading の to Ⓥ の 2 つの修飾語句があります。a man of sense は「分別のある人，もののわかった人」ですから，of good sense は「思慮，判断力，常識にたけた」の意味です。

では第 2 文。

私は　ため息が出る　とき　私が　よく考える　を　長さ[量]　の　時間
I　sigh　[when　I　reflect　(on the amount)　(of time)]
S　Vi　(接)　S　Vi　M(先)　M

例題:語句 heartily 副 心から／reflect on N「N をじっくり考える，反省する」／be of profit (＝be profitable)「利益になる」／no great ＝ small「大したことのない，ほとんどない」

(省略)　自分が　を浪費してきた　に　本　(それは)　だった
[(which) I have wasted (on books)] [that were (of no ...)]
(関代)O→　S　(Vt)(現完)　(M)(先)　(関代)S→　Vi　C→

省略された関係代名詞 which の先行詞は the amount of time「時間の長さ」ですね。

わずかながら～なすべての指導　私が　を受けた　を負っている　に　青年
[What little guidance I had] I **owe** (to a young man)
O→(関形)(形)　O　S　Vt　S　Vt　M　(先)

(その人は)　ようになった　に寄宿する　同じ　家族のところ
[who came (to live with the same family)
(関代)S　Vi　C→(不)　(Vt)　(O)　(先)

の　ハイデルベルク　(それと)　私が　寄宿していた(のと)
(in Heidelberg) [as I was living with.])]
M　(関代)O　S　(Vt)(進)

What little guidance
I had I owe が倒置

I owe what little guidance I had to a young man. の**目的語である下線部が文頭に出た倒置**です。**普通，OSVの語順**になり，V(述語動詞)の確定(ここでは owe)がポイントになります。What little guidance I had は All the little guidance that I had と書き換え可能です。〈the same ～ as〉の **as** は，句動詞 live with の，直接的には前置詞 with の目的語となっていますから，**関係代名詞**です。

《全文訳》 若い頃，誰か読書指導をしてくれる，しっかりした判断力のある持ち主がいてくれたらよかったのになあと，今になって心から思う。あまり自分のためにならない本に，私が浪費してきた時間の長さを思うとき，ため息がもれるのだ。だが，少ないながら私が受けた指導は，ハイデルベルクの私と同じ家に寄宿するようになった，ある青年のおかげだったのである。

(解説・解答→別冊：p.39)

演習 84　次の英文の下線部を訳しなさい。

Certain basic conditions seem to prevail in all conversation, and many of the details of individual conversations are best understood as attempts that speakers (and listeners) make to meet these conditions. Above all, conversation is a social activity and, as such, it shares characteristics of all social activities. These characteristics we usually take for granted so that it is only their absence we notice.

(大阪女子大)

演習：語句 above all 副 とりわけ／as such 副 そういうものとして(such は代名詞)

85 目的語が文尾に回った倒置を見抜け

madeの目的語を指摘して，下線部を訳しなさい

By nature, Einstein was, according to all accounts, the gentlest of men, and by conviction he was a pacifist, yet he made intellectual discoveries that led the way to the invention of weapons with which the species could destroy itself. Inspired wholly by a love of knowledge for its own sake, and by an awe at the creation which bordered on the religious, he made possible **an instrument of destruction** with which the earth could be totally disfigured.

（大阪大）

解法 **倒置**の要因には，ある語（句）を強調することのほかに，やはり**語調**の問題があります。例えば，以下を見てください。

I made it known to everyone.　　　　（SVOC）
S　Vt　O　C
↓　　↓
I made known the fact［that SVX］.　（SVCO）

このように，**目的語（O）が長いときに，VCOの語順になりやすい**のです。下線部はもっと複雑ですが，基本的には同じ構造になっています。

さて，冒頭部。等位接続詞 **and** に結ばれて，By nature, Einstein was ...「生まれつきアインシュタインは…であった」と by conviction he was ...「信念についても彼は…であった」という2つの等位節が形づくられています。

yet《だが》 he《彼は》 made《をした》 intellectual《学術上の》 discoveries《発見》［that《(それは)》 led the way《導いていく》
（接）　S　Vt　（形）　O（先）　（関代）S　Vt　O

例題：語句 by nature 副 生来／account 名 話，報告／by conviction 副 信念の上では／pacifist 名 平和主義者／lead the way to N「Nへと導く」／the/our species 名 人類／inspire Vt を奮い立たせる／wholly 副 もっぱら／for its own sake 副 それ自身が目的で／awe 名 畏敬の念／border Vi 近い／the religious 名（〈the 十形容詞〉で）「宗教的なもの」／disfigure Vt（外観・美観）を損なう

への　作ること　を　武器　で　(それ)
(to the invention) (of weapons) [(with which) ...]]
(前)　(名)　M(先)　(前)　(関代)

with which では，which が前置詞 with の目的語になっています。「アインシュタインは平和を愛したけれども，人類自らを破滅に追いやることにもなる武器を作りかねない発見をした」という意味です。

鼓舞されて　すっかり
(Being) Inspired wholly　and { by a love of knowledge ...,　by an awe at the creation ..., }
分詞構文(過分)　(副)

彼は　を…にした　可能な　道具　のための　破壊
he made possible an instrument (of destruction)
S　Vt　C　O(先)　M

を使えば　(それ)　地球が　ことにもなる　完全に　美しさを損なわれる
[(with which) the earth could be totally disfigured].
(前)　(関代)　S　(仮過)　(副)　V(受)

possible an instrument of destruction が倒置

Inspired は **Being が省略された**受け身の分詞構文です。あっさり「触発されて」と訳しましょう。さてポイントは，he made an instrument of destruction possible の**目的語(O)**である下線部が，with which 以下の制限を受けて修飾されているため，**倒置**されて possible の後に回るという文型の変形がなされていることです。

《全文訳》 あらゆる話によると，アインシュタインは生来，この上なく心のやさしい人であったし，またその信念においては平和主義者であった。だが彼は，人類が使用すれば自らを破滅に追いやることになりかねない武器を，発明させる知的発見をした。知識のための知識愛とほぼ宗教的とも言える創造に対する畏敬の念とにもっぱら触発されて，使用すると，地球がその美しさをまったく失うことになりかねない破壊のための道具を可能にしてしまったのである。

(解説・解答→別冊：p.39)

演習 85　次の英文の下線部を訳しなさい。

A dramatic presentation of the use of the hand in conversation was portrayed through the medium of the dance by a modern dance performance presented by students at New York University. The dance interpreted an adolescent speaking over the telephone. No word was spoken, but the wide variety of gestures made clear to everyone what the performer was saying.

(小樽商科大)

演習：語句 through the medium of N「N を通して，を媒介として」／ adolescent 名 青年

86 〈So ～ that ...〉― so が文頭にきた倒置を見抜け

次の英文の下線部を訳しなさい

So important is the role of the environment **that** talking of an "innate" tendency to be aggressive makes little sense for animals, let alone for humans. It is as if we were to assert that because there can be no fires without oxygen, and because the Earth is blanketed by oxygen, it is in the nature of our planet for buildings to burn down.

（慶応義塾大）

解法 〈**SV ... so ～ [that SVX]**〉において **so ～が文頭**に来ると，主節内に**倒置**が起こります。倒置の場合は**元の形に戻して訳す**という手順を踏めば，多くの場合，何ら問題はありません。ですから，**元の形はどうなのか**をつかむのがポイントです。

それほど	重要	である	役割が	の	環境	～なほど
So	important	is	the role	(of	the environment)	[**that**
(副)	C	Vi	S		M	(接)

So important is the role が倒置

の話をすること	生来の	傾向		攻撃的なものである
talking of	an "innate"	tendency	(to be	aggressive)
S (動名) (Vt)		(O)	(不・形) (Vi)	(C)

をなす	ほとんどない	意味	について	動物	は言うまでもなく	について	人類
makes	little	sense	(for	animals),	let alone	(for	humans.)]
Vt		O		M	(接)		M

〈**So ～ that ...**〉**の構文**で，The role of the environment is so important that ... が元の形です。**So が文頭に出た**ために，**So important is the role ...** と語順が転倒，すなわち**倒置**が行われたのです。

I have worked **so** hard **that** I am tired.
「私は働きすぎて疲れてしまった」

→ **So** hard have I worked **that** I am tired.

例題：語句 innate 形 生来の／let alone 接 は言うまでもなく／assert Vt と断言する／oxygen 名 酸素／blanket Vt を覆う／in the nature of 群前 の性質を持つ，のような

So を文頭に持ってくると，主節に倒置が起こるのです。〈such ～ that ...〉の場合でも同じです。主節の動詞が一般動詞のときは，do や did が登場します。

Such a fright did she have **that** she felt faint.
「彼女はとても驚いたので気が遠くなった」

It is《ある》 [as if《のようで》 we were《する》 to assert《と断言しようと》 [that
S Vi C→（接） S （仮過） Vt→ O→（接）

and {[because there can be no fires (without oxygen),] [because the Earth is blanketed (by oxygen),]}

it is《ある》 (in the nature of《の性質を持つ》 our《この》 planet《惑星》) (for buildings《建物が》 (to《のは》 burn down《焼けてしまう》))]].
S（形） Vi C→ （群前） S（真）→（意味上の S） （不）（Vi）

共通関係を作っている because ～，because ～を ［　］でくくって構文からはずしてみてください。すると assert の O になっている that 節内の主節が it is in the nature ... burn down であることがはっきりします。また，文頭の It は漠然とした状況を示す it で，特に訳す必要はありません。as if の代わりに接続詞の like が使われることもあります。

《全文訳》 環境が果たす役割がとても大切なので，生来の性質が攻撃的であるというのは，人類についてはもちろん，動物についてもほとんど無意味なのだ。酸素がなければ火事はあり得ないから，そして地球は酸素におおわれているのだから，建築物が焼けてしまうのは地球の性質であると断言しようとするようなものだ。

演習 86 次の英文の下線部を訳しなさい。 （解説・解答→別冊：p.40）

I heard a sudden succession of sharp, scattered cries, and then I saw the owl flying across the yard with a swallow in its claws. With wild shrieks the small companion bird followed, now swooping over the owl, now diving right in front of it in its desperate attempts to rescue its mate. So fierce was its attack that I saw the owl hesitate in its flight, and, for a fraction of a second, I thought it was going to let go its prey.

（東京女子大）

演習：語句 succession 名 連続／shriek 名 金切り声／for a fraction of a second 副 つかの間（1 秒の何分の 1 かの間）

87 〈as V S〉のリズムをつかめ！

do の主語を指摘して，下線部を訳しなさい

It was commonplace for children of what they called good families to fill their imaginations with hopes of serious literary or philosophic careers, as **do** ours with hopes of careers in entertainment or business.

（一橋大）

解法　続けて**倒置**について学習します。何度も繰り返してきたように，英文解釈の基本は，文の主語（S）と述語動詞（V）をすばやく，的確に見つけることです。SV が指摘できれば，どんなに難解な構造の文もほぼ半分はとらえたことになるからです。その意味で文の法則に変化を与える倒置は，**SV 確定の最大の障害**とも言えます。このクセモノを掌握する力を養うこと，これが英文解釈上達のコツなのです。

	あった	よくあることで		子どもたちが	の出の	いわゆる		
It	was	commonplace	**(**for	children	(of	[what	they	called
S（形）	Vi	C	S（真）→	（意味上の S）		O	S	Vt

良家	を満たすことは		彼らの	想像
good families])	**(**to	fill	their	imaginations
C	（不）	（Vt）→		（O）

で	望む気持ち	を	堅い	文学	や	哲学の	仕事
(with	hopes)	(of	serious	literary	or	philosophic	careers)**))**,
	（M）	M→目的	（形）	（形）	（等）	（形）	（名）

まず〈**It ～ for ... to Ⓥ**〉の**形式主語構文**を見抜いてください。〈for O to Ⓥ〉（→ 43 課）の間には **S と P の関係**があるので，「子どもたちが～を満たす」としっかり訳しましょう。what they called はイディオム的な感じさえしますが訳のまる覚えではなく構造を押さえましょう（→ 23 課）。what is called や what we call も同じように用いられます。what they call をとりのぞくと，children of good families「名門の出の子どもたち」が浮かび上がってきますね。good families は what 節内の補語になっています。

例題：語句　commonplace 形 ごく普通の／good family 名 良家／serious 形 まじめな，堅い／literary 形 文学の／philosophic 形 哲学の

ように	fill	私たちの子弟が	で	望む気持ち	を	仕事	
as	**do**	ours	(with	hopes)	(of	careers)	
(接)	Vt	S		M	(目的)	M	

での	芸能	や	実業
(in	entertainment	or	business).
M→(前)	(名)①	(等)	(名)②

代動詞 do(→ 8 課)を fill their imaginations と文の流れからキャッチしたいですね。本来なら as ours do (as + SV) となるところですが，後続の with 以下の長めで重い感じの語句をにらんで as do ours (as + VS) とし，軽快なリズム感を出しています。例を挙げます。

Including all these is the speech-community of the English-speaking world.
「英語を話す英語通用圏は，このすべてを含んでいる」

この文では，The speech-community of the English-speaking world is including all these. と比べて，**現在分詞を先頭**に立てて軽快さを出し，is を主部の前に置くことにより，長めで重い主部が文末に置かれて安定した感じを出していますね。特に**比較級の than や (as ～) as の後では，〈軽い感じの語＋重い感じの語〉となり，〈as (または than) + VS〉の倒置**がよく起こります。これを念頭に，SV の確定を最優先してください。

《全文訳》 われわれの子どもが，芸能や実業の仕事を望む気持ちで胸をふくらますように，いわゆる良家の子どもたちが，堅い文学や哲学の仕事につくことを希望して胸をふくらますのは，ごく普通のことであった。

(解説・解答→別冊：p.40)

演習 87 次の英文の下線部を訳しなさい。

Cup your hand over one eye. At first there seems to be little change. Your brain is inferring depth from such cues as perspective, size, overlapping, variations in color and texture and shading, haze on distant scenery, and so on. Motions are important. When you move your head, close objects shift more rapidly across your visual field than do distant ones. (京都大)

演習：語句 infer O from N「O を N から推測する」／cue 名 手がかり／perspective 名 遠近感／overlap Vi 一部重なりあう／texture 名 手ざわり，構成／shading 名 明暗／haze 名 もや

88 〈so VS〉の語順をマークせよ！

次の英文の下線部を訳しなさい

Mr. Frey said he was afraid he wouldn't be able to find my glasses because of so much time having gone by, but he found them right away. When he found them, I immediately saw that the glasses were a mistake. They looked bright blue and **so** did the lenses.

（法政大）

解法 代名詞的な副詞と言われる **so** には前出の内容を示し，具体的には名詞，形容詞，動詞の代わりをする用法があります。これには，以下の２通りがあります。

同一の人・物

She is happy. → ① So she ís. ＝ Yes, she is happy.（その通り）

→ ② So is Tóm. ＝ Tom is happy, too.（もまた）

異なる人・物

①は yes「いかにも，その通り」，②は too「もまた」の意味になります。①，②ともに**文末の語に強勢**（①は is，②は Tom）が置かれますが，① **〈So SV〉，② 〈So VS〉という語順の違いに注意**してください。

Mr. Frey《フレイ氏は》 said《と言った》 [(that) he《彼が》 was afraid《と思っている》

S Vt (接)(省略) S Vi C

[(that) he《彼が》 wouldn't《ないだろう》 be able《ことはでき》 to find《を見つける》 my《私の》 glasses《めがね》

(接)(省略) (S) Vt→ O

(because of《のために》 so much《とても長い》 time《月日が》 having gone by《過ぎている(こと)》)]],

(群前) (意味上S) (完了動名詞)(Vi)

but《しかし》 he《彼は》 found《を見つけてくれた》 them《めがね》 right away《すぐに》.

(等) S Vt O M

例題：語句 go by Vi（時などが）経つ／ right away 副 すぐに／ bright blue 形 鮮やかな青の

ここでの〈be afraid + that 節～〉は,「申し上げにくいのですが～」の意味です。また, because of ～は「～のために」の意味の群前置詞です。前にも述べたように(→ 47 課), time と完了動名詞 having gone by の間には, S と P の関係が成立しています。

ときに	彼が	を見つけた	めがね		私は	すぐに	をわかった
[When	he	found	them],		I	immediately	saw
(接)	S	Vt	O		S	(副)	Vt

～のこと	その	めがねは	いる	間違って
[that	the glasses		were	a mistake].
O→(接)	S		Vi	C

mistake は「間違い, あやまり」を指す名詞ですが, ここでは,「私のめがねとは違うめがね」のことですね。

そのめがねは	に見えた	鮮やかな青	そして	もまた	そうだった	レンズ
They	looked	bright blue	and	**so**	did	the lenses.
S	Vi	C	(等)	(副)	V	S

and をはさんだ文の主語は異なるもので,〈so + VS〉の倒置が起こっているので, ここは冒頭で述べた②のパターンになります。「レンズもまたそうだった(鮮やかなブルーに見えた)」という意味になります。以下で確認しましょう。

so did the lenses → the lenses looked bright blue, too

so を「その通り (= yes)」と訳したりするケアレスミスは絶対にしないようにしてください。

《全文訳》 フレイ氏は, 申し訳ないのですがとても長い年月が経っているために, めがねを見つけることはできないと思うと言った。しかし, 彼は私のめがねをすぐに見つけてくれた。彼がめがねを見つけてくれたとき, 私はそのめがねが違っていることにすぐ気づいた。そのめがねは鮮やかな青に見えたし, レンズもまたそうだった。

(解説・解答→別冊 : p.41)

演習 88 次の英文の下線部を訳しなさい。

Men can communicate; so can the other animals. But men can communicate across the barriers of time and space, while the other animals cannot, for man alone holds the secret of the greatest of all inventions: the written world.

(成蹊大)

演習:語句 barrier 名 障害, 壁／ invention 名 発明

89 主節の挿入SVはカンマが目印

次の英文の下線部を訳しなさい

Emotions are everywhere the same; but the artistic expression of them varies from age to age and from one country to another. We are brought up to accept the conventions current in the society into which we are born. <u>This sort of art, we learn in childhood, is meant to excite laughter, that to provoke our tears</u>. Such conventions vary with great rapidity, even in the same country.

（東京大）

解法 カンマではさまれた**挿入節**をよく見かけます。この課では挿入節の文中における役割をどうとらえ，どう訳せばいいのかについて学びましょう。

感情は　である　どこでも　同じ　が
Emotions are everywhere the same; but
S　Vi　(副)　C　(等)

表現法は　の　感情
the artistic expression (of them)
S　M

異なっている
varies and {(from age) (to age) / (from one country) (to another).
Vi

2組の〈**from A to B**〉「AからBへと」「AとBでは」が**共通関係**になっていますね。なお，この表現では名詞に付く冠詞（a，the）が省かれます。

私たちは　育てられている　を受け入れるように　慣例
We are brought up (to accept the conventions
S　V(受)　(不・副) (Vt)　(O)

通用している　で　社会　に　そこ　私たちが　生まれている
current (in the society) [(into which) we are born.]
(形)　(M)　(前)　(関代)　S　(V)(受)

the conventions は前文からの流れで，「慣例」となっている表現方法ととりましょう。

例題:語句 vary from A to A「Aによって異なる」／convention 名 慣例／current 形 通用している／be meant to Ⓥ「Ⓥするためのものである」／with rapidity 副 急速に

さて，第３文。この課のポイントの挿入節があります。

この	表現法は		を覚えるのだ	子どもの頃に
This	sort	(of art),	we learn	(in childhood),
	S①	M S		挿入

のものである	ため	をかきたてる	笑い	あれは	(省略)	
is meant	(to	excite	laughter),	that	(sort)	(of art)
V(受)	C→(不)	(Vt)	(O)		S②	M

(省略) のものである	ため	を誘う	私たちの	涙
is meant	(to	provoke	our	tears).
V(受)	C→(不)	(Vt)		(O)

We learn in childhood が挿入節ですね。そして，この挿入は**前後のカンマがヒントになっています**。これは it seems や do you think と同様，実質的には**主節に相当する挿入節**です。これを試すには，その**挿入節を文頭に置いて，複文が成立するかどうかを見ればよい**のです。やってみましょう。

We learn (in childhood) that this sort of art is meant to excite laughter, that to provoke our tears.

どうです，立派に文意が成立しましたね。カンマの後の that と to provoke ... の関係はここだけを見てもわかりません。構造がよくわからないときは，前の部分と比較するのでしたね (→ 29 課)。**This** と **that**，**to excite** と **to provoke** が対応しますから，that (sort of art is meant) と補えます。

《全文訳》 感情はいずれの国でも同じだが，その表現法は時代により，国によって異なる。私たちは，自分が生まれてきた社会で通用している慣例的表現方法を受け入れるように育てられている。この表現法は笑いを誘うためのものであり，あの表現法は涙を誘うためのものであることを，私たちは子どもの頃に身に付けているのだ。だが，このような慣例は，同一国内であってもかなり急速に変化していくものだ。

(解説・解答→別冊：p.41)

演習 89　次の英文の下線部を訳しなさい。

No one goes abroad more happily than I do and few, I think, can have kindlier friends of foreign blood; but all the same, when I land in England it is always with a stirring of the heart.　(実践女子大)

演習:語句 all the same 副 にもかかわらず／land Vi 上陸する／stirring 名 (心・感情の) 動き

90 カンマにはさまれた if は挿入

次の英文の下線部を訳しなさい

In the nineteenth century, public parks became a feature of British urban life. Such parks were developed largely out of the Victorians' concern for reform, a concern that was goaded by the frequently appalling living conditions of the many citizens who had been drawn to urban centers by the Industrial Revolution. In effect, parks were seen as an opportunity for them to return, **if only** for a brief while, to nature.

（早稲田大）

解法 I'd like to be with you, (if only a couple of days).「たとえ数日だけでも，あなたと一緒にいたい」の〈**if only ～**〉は「たとえ～だけであっても」の意味で，実際にはその後に**省略**があると考えられますが，〈if only ～〉はイディオム的副詞句と思っていいでしょう。この例題では下線部に登場しますが，まずは冒頭から。

(In《に》 the nineteenth《19》 century《世紀》), public parks《公園が》 became《となった》

M　S　Vi

a feature《特徴》 (of《が持つ》 British《英国の》 urban life《都市生活》.)

C　M

ここに登場する public parks は，ロンドンにある Hyde Park や St. Jame's Park のような，一般市民向きの公園のことです。

Such《このような》 parks《公園は》 were developed《発達した》 largely《主として》

S　V(受)　(副)

(out of《から》 the Victorians'《ヴィクトリア朝の人たちが持つ》 concern《関心》) (for《への》 reform《改善》),《すなわち》

M　M

例題：語句 urban life 名 都市生活／concern 名 関心／reform 名 改革／goad Vt を刺激する／appall Vt をぞっとさせる（ような）／urban center 名 都心／in effect 副 事実上，要するに

このconcern「関心」の具体的内容は，カンマ以下のa concern that ~ by the Industrial Revolution. に述べられています。「産業革命によって都心に移り住んだ市民たちのしばしばぞっとさせる生活状況に刺激された」関心です。産業革命は英国を中心にして，18世紀末から19世紀初頭に起きたことは，もちろん知っていますね。

さて，下線部です。**カンマにはさまれたifに**注意しましょう。

要するに　公園は　見なされていた　と　機会　その市民が

(In effect,) parks were seen (as an opportunity) **(**for them

M　S　V(受)　C　(意味上のS)

帰る　たとえ〜としても　ほんのしばらく　に　自然

(to return, (**if only** for a brief while), (to nature)**))**.

(不)(Vi)　M　M

〈for O to Ⓥ〉のSとPの関係は見抜けましたか。そして，〈if only ~〉は，returnを修飾する副詞句の働きを持っているのがわかりますね。無理に補えば，(even) if they could be/stay there only for a brief whileとなるところです。**if any**や**if anything**「たとえあるにしても」，**if at all**「(少しでも) ~だとしても」なども挿入句としてよく使われます。**カンマにはさまれた〈if ~〉は要注意**であることを確認しておいてください。

《全文訳》 19世紀に，公園は英国の都市生活の特徴となった。このような公園は，主としてヴィクトリア朝の人たちが持つ改革への関心 ― 産業革命によって，都心へ引き寄せられた多くの市民の生活状況にたびたび衝撃を受けたのが関心のきっかけなのだが ― から発達した。要するに，公園は市民がたとえほんのしばらくだけだとしても，自然に帰る機会を得られる所と見なされていたのだ。

(解説・解答→別冊：p.42)

演習 90　次の英文を訳しなさい。

I have argued for several years that numbers are something of an invention of the human imagination, that the real world consists of shapes, sizes, structures, patterns, and so on, and very often, though not necessarily, unless we can visualize them in some form, numbers do not convey very much.

(横浜国立大)

演習:語句 be something of N「ちょっとしたN」／structure 名 構造，組み立て／and so on「など」

91 カンマのない〈if ～〉の挿入句もある

次の英文の下線部を訳しなさい

There is a general apathy to **if** not positive distrust of science itself as a search for truth; for, to the ordinary American, science is identified with mechanical inventions. Ask an American to name the greatest scientist of this country and he will very likely reply, "Edison."

（早稲田大）

解法 挿入の節や句が共通関係を作るときは，**カンマが省略**される場合があります。if 以下の挿入句は，**もともと副詞節の SV が脱落して短縮されたもの**です。**if ever**「たとえあるにしても」，**if not possible**「たとえ可能でないにしても」などがあります。

There could be seen a great if gradual change not only in Iraq
（could be seen: V（受）　if gradual: 挿入 → change: S）
but in the Russia after the Gulf War.
「湾岸戦争後，イラクのみならず，ロシアにおいても徐々にではあるが大きな変化が見られた」

この文には以下の共通関係があります。

a { great / if gradual } change

if gradual が挿入になっていますが，カンマがないためにわかりにくい構文になっています。great と if は意味の上で続きませんね。ですから，ここで区切れるのですが，この**「続かない」という感覚がポイント**になります。

さて，例題の下線部です。挿入部はどこからどこまででしょうか。

There（副） is（ある／Vi） a {
general（全般的な） apathy（無関心が）（S） (to（への）
[if not（たとえ～とまではいかなくとも） positive（積極的な） distrust（不信感） (of（への）] M（挿入）
} science（科学） itself（そのもの） ...);（同格語）

例題：語句 apathy 名 無関心／ distrust 名 疑い，不信感／ identify O with N「O を N と同一視する」

a general apathy to ～「～への全般的無関心」の to と if は意味の上で続きません。ですから，ここから挿入部が始まると考えられます。そして，apathy to science「科学への無関心」なら意味が成立しますし，distrust of science「科学に対する不信感」の意味も成り立ちますから，**挿入部は if not positive distrust of** というわけです。

というのは　にとっては　普通の　アメリカ人
for, (to the ordinary American),
(等)　M

科学は　同一に見られている　と　機械の　発明
science is identified (with mechanical inventions).
S　V(受)　M

be identified with は「～と同一視されている」という意味です。

に言ってごらん　アメリカ人　ように　の名を挙げる　最も偉大な　科学者　の　この
Ask an American (to name the greatest scientist (of this
Vt　O　C→(不)(Vt)　(O)　M

国　そうすれば　アメリカ人は　だろう　たぶん　と答える　エジソン
country)), and he will very likely reply, "Edison."
(等)　S　(助)　(副)　(副)　Vt　O

〈ask + O + to Ⓥ〉の O と to Ⓥ の間には S と P の関係が成立しています。〈命令形＋ and〉は「～しなさい，それすれば…」の頻出構文です。and の代わりに or なら，「さもないと…」の意味ですよ。

《全文訳》 真理探究としての科学そのものには，たとえ積極的不信感とまではいかなくとも，全般に無関心が見られる。というのは，普通のアメリカ人（科学者ではない人たち）にとっては，科学は機械の発明と同じと考えられているからである。アメリカ人に，この国で最も偉大な科学者の名前を挙げるように言ってみなさい。そうすれば，たぶん「エジソン」と答えるだろう。

（解説・解答→別冊：p.42）

演習 91　次の英文を訳しなさい。

In many cases known reserves or even likely reserves will begin to run out during the next hundred or few hundred years. These resources have been laid down over many millions if not billions of years.

（京都府立大）

演習：語句 reserves 名（石油などの）埋蔵量／ likely 形 ありそうな，期待される／ run out Vi（食糧などが）尽きる／ lay down Vt を蓄積する

92 what/which の挿入節の指定先は後続部

次の英文の下線部を訳しなさい

<u>When you take a man's language from him or, **what** amounts to the same thing, insist that he speak yours, you impoverish and diminish him.</u> Every man must recognize the right of every other man to be himself, not just a carbon copy of a national of some other country with a widely spoken language.

（徳島大）

解法 **関係代名詞 what や which に導かれた挿入節**もよく出題されます。

He is rich, and **which** is better, kind to everyone.
（**what** is better）

上記の「彼は金持ちである。そしてさらによいことには誰にも親切である」にという文では，which is better や what is better が指す内容がどこにあるかがポイントになります。この例文では，which is better は He is kind to everyone, which is better. において，which の中心的な内容を後に回して，He is, which is better, kind to everyone. としたものです。したがって **which の指す内容は後続部にあることになります**。what is better もそれ自体は「良いこと」という意味ですが，**文中では後続部に対する一定の判断**を示しています。「良いことには」と，副詞的な意味合いを持ちます。

[When《ときに》 you《人が》 take《を奪う》 a man's《ほかの人の》 language《言語》 (from《から》 him《その人》)
(接) S(一般) Vt① O M

or,《すなわち》 [**what**《それは》 amounts《結局なる》 (to《に》 the same thing《同じこと》)], 小従節
(等) (関代)S Vi M

insist《を強要する》 [that《ように》 he《彼が》 speak《を話す》 yours《自分たちのほうの言語》]], 大従節 小従節
Vt② O→(接) S Vt(原形) O

例題：語句 amount to N「結局 N になる」／impoverish [Vt] を貧しくする／diminish [Vt] を小さくする／carbon copy 【名】生き写し／national 【名】国民

When で始まる副詞節中で等位接続詞 **or** でつながれているのが，**take** と **insist** です。or の後に挿入されている what amounts to the same thing「結局同じことになる」の節が**後続部**の insist that he (should) speak yours を指していることを明確にさせることが重要です。なお，**主張・要求を表す動詞** insist の目的語である **that 節では should** を使いますが，アメリカ英語では原形（仮定法現在）のほうを多く使います。

主節は him が impoverish と diminish の共通の目的語になっています。

では，第 2 文を検討しましょう。

人は皆 / を認めなければならない / 権利 / が持つ すべての ほかの 人 / である

Every man (S) must recognize (Vt) the right (O) (of every other man) (M) (to be (不)(Vi)

本来の自分

himself) (C ①),

ではなく ただの 生き写し の ある 国民 の どこかほかの国

not just (副) a carbon copy (C ②) (of a national) (M) (of some other country) (M)

を持つ 広く 話されている 言語

(with a widely spoken language) (M).

to be の後には〈not A but B〉の変形〈B, not A〉が使われています。

《**全文訳**》 ほかの人から母語を奪うと，すなわち結局同じことになるのだが，自分のほうの言語を話すように強要すると，その人自身を貧しくし，弱らせることになる。ほかのすべての人が，世界的に広く話されている言語を持つからと言って，その言語を持つどこかほかの国の国民とそっくり同じである必要はなく，自分自身であることを失なわない権利を持つことを，すべての人が認めなければならない。

演習 92 次の英文の下線部を訳しなさい。 （解説・解答→別冊：p.43）

If you are acting as mother, father, food-provider and protector to an animal, half a year is enough to build up a very real friendship with it. The creature trusts you and, what is more important, behaves naturally when you are around. （福島大）

演習：語句 food-provider 名 食料を供給する人

93 挿入の関係代名詞 as 節は主節の前後に

次の英文の下線部を訳しなさい

My mother had represented my father's ideal of what a liberated woman should be. Her kindly and well-meaning parents had held advanced views. They had brought her up to believe that she should follow her conscience rather than her knowledge of social customs whenever she had to make a choice between one course of conduct and another. She had grown up to be a lively, positive, generous, and courageous being, just as they had hoped. <u>But she was also stubborn, as her mother had been before her, and, **as** is often the case with very clever young people, she grew up to find her elders more interesting company than members of her own generation.</u>

（跡見学園女子大）

解法 関係代名詞としての **as** 節は，主節の前・後・間に挿入という３つの形で主節の内容を指します。

① **As** ..., SVX　② SVX, **as** ...　③ SV, **as** ..., X

このasは**主語，目的語，補語**として働きますが，「〜のことだが」くらいに訳します。さっそく，下線部の検討に入りましょう。2つのas節がありますね。

	母は	であった		強情	ように	母の	母が	そうであった
But	she	was	also	stubborn,	as	her	mother	had been
（等）	S	Vi		C	（接）		S	Vi（過完）

より前に	母
(before	her),
M	

この **as** は**様態の接続詞**で had been (stubborn) のように，省略が行われています。

例題：語句 well-meaning 形 人柄の良い／advanced 形 進歩的な／a ... being 名 …な人間／stubborn 形 強情な／grow up to Ⓥ「成長してⓋするようになる」

そして　それは　である　しばしば　実情　についての　とても　利口な　若い　人たち
and, [**as** is often the case (with very clever young people)],
(等) (関代)S　Vi　(副)　C　M

母は　成長した　と思うように(なった)　年長の人たちのほうが　より　おもしろい
she grew up (to find her elders more interesting
S　Vi　(不)　(Vt)→　(O①)　(比)

仲間(と)　よりも　人たち　の　自分自身の　世代
company than members (of her own generation)).
(C)　M

このasはisの主語(S)となる**関係代名詞**で，**後続の主節**(she以下)**の内容を先行詞としている①のタイプ**です。the caseは「実際，実情」の意味で，trueと交換が可能です。なお，**〈as is often the case with ～〉**は「**～にはよくあることだが**」の意味でイディオム化しています。

《全文訳》 私の母は，束縛から解放された婦人があるべき姿について私の父が描いた理想の女性をそのまま表していた。優しくて人柄のよい母の両親は進んだ考えを持っていた。母の両親は，ある行動方針と別の方針との間で選択を迫られたときはいつでも，社会のしきたりに関する知識よりはむしろ自分の良心に従うべきだということを信ずるように母を育てた。母は成長して，まさに両親が望んでいたように，活発で，積極的で，寛大であり，また勇気のある人になった。だが，母のその母が昔そうであったように，母もまた強情であった。そして，非常に利口な若い人たちにはよくあることだが，母は成長して，年長の人たちのほうが，自分自身と同じ世代の人たちよりもおもしろい仲間であると思うようになっていた。

(解説・解答→別冊：p.43)

演習 93　次の英文の下線部を訳しなさい。

The reason that we know as much as we do about the early plants and animals is that in many cases the earth has kept its own records. When mud is squeezed together with great force, as may happen when there is an upheaval of the earth's crust, this mud will in time turn to stone.

(新潟大)

演習:語句 squeeze O together「Oをぎゅっとくっつける，Oを圧迫する」／an upheaval of the earth's crust 名 地球の地殻の隆起／in time 副 やがて／turn to N「Nに変わる」

94 挿入の〈A or B〉＝whether A or B

次の英文の下線部を訳しなさい

The intelligent person, **young or old**, meeting a new situation or problem, opens himself up to it; he tries to take in with mind and senses everything he can about it; he thinks about it, instead of about himself or what it might cause to happen to him; he wrestles with it boldly, imaginatively, resourcefully and, if not confidently, at least hopefully; if he fails to master it, he looks without shame or fear at his mistakes and learns from them. This is intelligence.

（明治学院大）

解法　**〈A or B〉が挿入**された形もよく見かけます。この場合，「A または B」と訳しても何ら意味をなさないケースがあります。特に**対立した語句が or でつながれると，〈whether A or B〉「A であろうと B であろうと」という意味**になります。例えば **rich or poor** がそうですね。成句化したものには，**sooner or later**「遅かれ早かれ」，**more or less**「多少（否定語の後では「少しも…ない」）」，**rain or shine**「降っても照っても」などがあります。

The intelligent《知性のある》 person《人は》, (**young or old**《年齢に関係なく》), meeting《に出くわすと》
S　挿入　分詞構文（現分）(Vt)

a new《新しい》 situation《状況》 or《や》 problem《問題》, opens《をさらす》 himself《自己》 up (to《に対し》 it《状況や問題》);
(O)　Vt　O　(副)　M

young と old が対立した語であることに注目してください。young or old で「若かろうと年長であろうと→年齢に関係なく」となります。

he《その人は》 tries《とするのだ》 (to《よう》 take in《を取り入れ》 (with《で》 mind《理性》 and《と》 senses《感覚》) everything《すべてのこと》
S　Vt　O→(不)　(Vt)　(M)　(O)(先)

例題：語句　open up（人）を（非難などに）さらす／take in Vt を取り入れる／wrestle Vi 取り組む／boldly 副 大胆に／imaginatively 副 想像力で／resourcefully 副 機転をきかせて／if not ～ 副「たとえ～でなくても」（→ 90・91 課）／confidently 副 確信して／hopefully 副 希望を持って

(省略)　その人が　できる　(省略)　について　状況や問題

[(that)　he　can　(do)]　(about　it);

(関代)O　S　Vt(代動)　(M)

he thinks about it,

S　Vt　O

～ではなく　～について　自分自身

(instead of　(about　himself

(群前)

あるいは　(～な)こと　それが　ひょっとして　させる　起こるように　に　自分

or　[what　it　might　cause　(to happen　(to him))]);

(等)　(関代)O　S　(控えめな推量)Vt　C→(不)(Vi)　M

そして最後に次のように締めくくっています。

たとえ～でも　その人が　ができない　を征すること　その状況や問題

[if　he　fails　(to master　it)],

(接)　S　Vt　O→(不)(Vt)　(O)

その人は　見つめ　なしに　恥　も　恐れも　を　自分が　犯した間違い

he　looks　(without shame or fear)　at　his　mistakes

S　Vi①　M　O

学ぶ　から　その間違い

and　learns　(from　them).

(等)　Vi②　M

《全文訳》 年齢に関係なく，知性のある人は，新しい状況や問題に出くわすと，その状況や問題に対して全精神を開くのだ。そんな人は，それについてできる限りすべてのことを，理性と感覚を使って取り入れようとするのだ。その人は，自分自身のことについてでも，その状況や問題で自分の身に起こるかもしれないことがらのことでもなく，その新しい状況や問題のことを考えるのだ。その人は，大胆に想像力や機転を働かせて，またたとえ確信を持ってとはいかないにしても，少なくとも希望を持って，それと取り組むのだ。たとえその人が，それを征することができないとしても，恥も恐れも感じないで，自分が犯した間違いを見つめ，そしてその間違いから学ぶ。これが知性である。

(解説・解答→別冊：p.44)

演習 94　次の英文の下線部を訳しなさい。

Ever since her childhood she had been hearing her mother and her mothers friends talking of the new woman and the new woman's right to live her life as she chose. She felt that, social customs or no social customs, she should be free to become an unmarried mother if she wanted to.

(跡見学園女子大)

演習：語句 the new woman's right 名 新しい女性の権利

95 〈X ＋ as ＋ SV〉は〈Though ＋ SVX〉

次の英文の下線部を訳しなさい

Kennedy is a historian of international relations, born and educated in England, now a professor at Yale. He is widely respected as one of the outstanding figures in his field. But it would be naive to think that this success has come to him simply because of his scholarly or literary achievements, impressive **as** they are.

（東京医科歯科大）

解法 この課のポイントは〈**X ＋ as ＋ SV**〉の訳出です。この構文は分詞構文の〈Ving as X as SV〉の -ing as を省略したものと言われ，次のように使われれます。

As young **as** he is, he is thoughtful.「彼は若いけれども，思慮深い」

この形は，〈**形容詞・副詞・（無冠詞）の名詞 as SV**〉で使われます。young as he is = young though he is = though he is young の関係にありますが，文脈によっては，以下のように「〜なので」と**理由を表す場合もあります。**

Young **as** he is, he is energetic.「若いので，活動的だ」

ケネディは	である	歴史家	についての	国際関係
Kennedy	is	a historian	(of	international relations),
S	Vi	C		M

（省略）で
(having been)
（分詞構文）（完了分詞）（受）

{ 生まれ born （過分）① and（等） 教育を受けた educated （過分）② }

で 英国 現在…
(in England), now ...
M

now 以下は省略しましたが，**is a historian**，**(and) now a professor** の共通関係をキャッチしてください。

例題：語句 Kennedy (, Paul) ケネディ（・ポール）（米国ニューイングランド，コネチカット州エール大学教授。国際関係史の権威）／international relations 名 国際関係／naive 形 単純な／impressive 形 深い感銘を与える，すばらしい

第2文は，「彼はその分野では目立った人物のひとりとして広く尊敬されている」の意味ですね。

しかし		だろう	である	単純	としたら	と考える
But	it	would	be	naive	(to	think
(等)	S(形)	(仮過)	Vi	C	S(真)→(不)(Vt)	

ということ	この 成功が	のものになった	彼
[that	this success	has come to	him
(O)→(接)	S	Vt	O

単に	によって	彼の	学問上の	業績
simply	(because of	his	scholarly	achievements)]),
(副)	M→(群前)		(形①)	
		or	literary	
		(等)	文学上の (形②)	

感銘深い	～けれども	その業績は	である
[impressive	**as**	they	are].
C	(接)	S	Vi

名詞構文 his achievements の his は所有格ですが，意味の上では主格「彼が果たした業績」となります。つまり，his と名詞 achievements の間にSとPの関係が成立しているわけです。さて，ポイント部分，impressive **as** they are = impressive **though** they are = **though** they are impressive の関係はキャッチできましたね。

《全文訳》 ケネディは国際関係の歴史家で，彼は英国で生まれ，教育を受けたが，現在エール大学の教授である。彼はこの分野では際立った人物の1人として広く尊敬を集めている。だが，彼がこういう成功を得られたのは，彼の業績はすばらしいけれども，単に彼が果たした学問上，文学上の業績のおかげだと考えるとしたら単純だろう。

(解説・解答→別冊：p.44)

演習 95 次の英文を訳しなさい。

Spoken language, rich and beautiful as it can be in other respects, must often be less compact and complex, because it does not have the precise syntactical signals that marks of punctuation give to written language.

(立命館大)

演習：語句 in other respects 副 ほかのもろもろの点で／syntactical 形 syntax シンタックス・統語論・構文論の

96 〈名詞＋ as 節〉の as 以下は名詞を制限

次の英文の下線部を訳しなさい

Human society **as** we know it, or **as** our ancestors for several thousand years knew it, would be impossible without speech. Language allows humans to cooperate in large-scale, complex patterns. It further allows these patterns to be modified; both the patterns and the modifications may then be passed on to future generations as a base on which they can build.

（武蔵工業大）

解法　下線部は，**2 つの as 節の働き**をキャッチすることがポイントです。

Human《人間》 society《社会は》 (S)
　[**as**《ような》 (接①)　we《われわれが》 (S)　know《知っている》 (Vt)　it (O)],
or《あるいは》 (等)
　[**as**《ような》 (接②)　our ancestors《祖先の人たちが》 (S)
　(for《にわたって》 several thousand years《数千年》) (M)　knew《経験してきた》 (Vt)　it (O)],

would be《ことであろう》 ((仮過) Vi)　impossible《(存在が)ありえない》 (C)　(without《もし〜がなかったら》 speech《言語が》) (M).

この 2 つの as 節は，名詞 Human society を修飾し，制限しています。**〈名詞＋[as SVO] や [as (S be)＋過去分詞]〉のように，名詞に後置する as 節の役目は名詞の制限**です。例題では，どんな「人間社会」か，つまり「私たちが知らない（ような）人間社会」もあるのだが，その中でも「私たちが知っている人間社会」あるいは「祖先が経験してきた人間社会」と制限しているわけです。下線部のもう 1 つのポイント

例題：語句　ancestor 名 祖先／ allow O to Ⓥ「O が Ⓥ することができるようにする」／ modify Vt を修正する，変更する／ modification 名 修正（された結果）／ pass O on to N「O を N に伝える」

は，**仮定法の without**（→ 60 課）です。without は，but for = if it were not for = were it not for の条件句（節）に置き換え可能でしたね。

第 2 文は，〈allow O to Ⓥ〉「O がⓋするのを可能にする」がポイントです。人間社会の中での言語の重要性を強調しています。

第 3 文を見ていきましょう。

言語は	さらに	を可能にする	この 様式が	修正される	そして
It	further	allows	these patterns	(to be modified)	;
S	（副）	Vt	O	C →（不）（受）	

の両方が	この 様式	と	その 修正されたもの
both	the patterns	and	the modifications
（副）	S ①	（等）	S ②

かもしれない それから 伝えられる	に 未来の 世代
may then be passed on	(to future generations)
V（受）	M

として 土台	をもとに それ	彼らが	ことができる 発展する
(as a base)	[(on which)	they	can build].
M（先）	M	S	Vi

《全文訳》 私たちが知っている，また私たちの祖先たちが，数千年にわたって経験してきた人間社会は，もし話し言葉がなかったら，あり得ないであろう。言語のおかげで，人間は大規模で複雑な様式で協力し合えるのだ。さらにまた言語のおかげで，この様式が修正されてもいけるのである。そしてそれからこの様式と修正された様式の両方が，未来の世代がさらに言語を発展させる土台として伝えられるかもしれない。

演習 96 次の英文の下線部を訳しなさい。 （解説・解答→別冊：p.45）

Anthropologists seeking the origins of humankind have attempted to differentiate between most animals and the genus "human". One distinction they find is that humans employed tools. Humankind as we know it probably could not have evolved or survived without tools.

（埼玉大）

演習：語句 anthropologist 名（文化）人類学者／ differentiate between A and B「A と B を区別する」／ genus 名 種類，属／ employ Vt を使う，利用する

97 〈in ＋ that 節〉には意味が２つある

次の英文の下線部を訳しなさい

Field studies show that chimpanzees not only use but also make tools, and that many Primates have an extraordinarily complex social organization based on elaborate signalling systems. Observation also indicates that chimpanzees have a concept of self and can dissemble and deceive others. Chimpanzees can cooperate **in that** one can learn to ask another for one out of six possible tools required to obtain food, which is then shared.

（京都大）

解法　この課でのポイントは，〈in ＋ that 節〉の訳出の方法です。in that には以下の２つの意味があります。

① **in the fact that ～「～という事実［点］において」**
② **because, since ～「～なので」**

どちらかを決めるのは，やはり文脈です。例題の下線部にある〈in ＋ that 節〉はどうでしょうか。

まずは冒頭から見ていきましょう。

Field studies《実地研究は》 show《を示している》
S　Vt

not only《だけで(な)》
use《を使う》
Vt①
[that《こと》 chimpanzees《チンパンジーは》 tools《道具》],
O →(接)　S　O
but《(な)く》 also《もまた》 make《を作る》
Vt②

例題：語句　field studies 名 実地研究／Primates 名 霊長類，霊長目／base O on N「O を N に基づかせる→ O の基礎を N に置く」, be based on N「N に基づいている」／concept 名 概念／ dissemble Vi しらば（っ）くれる／ out of 群前（ある数）の中から

and《そして》 [that《こと》 many《多い》 Primates《霊長類は》 have《を持つ》

O →(接) (形) S Vt

an extraordinarily《非常に》 complex《複雑な》 social《社会の》 organization《機構》 ...].

(形) (形) (形) O

この後の based on elaborate signalling systems は，「手の込んだ合図方式に基づく（機構）」の意味です。based は過去分詞で，organization を修飾しています。

Observation《観察は》 also《もまた》 indicates《を示している》 [that《ということ》 chimpanzees《チンパンジーは》 ...]

無生物主語 S Vt O→(接) S

無生物主語構文ですね。that 以下の目的節を主語として訳すと，スムーズな日本語になります。

Chimpanzees《チンパンジーは》 can《できる》 cooperate《協力することが》 **[in**《で》 **that**《という点》 one《チンパンジーが》 can《られる》 learn《を覚え》

S Vi (接) S Vt

(to《こと》 ask《に求める》 another《ほかのチンパンジー》 (for《を》 one《1つ》 (out of《のうちの》 six《6つの》 possible《使えそうな》 tools《道具》

O→(不) (Vt)→ (O) (M)→ (代) (群前)

required《必要な》 (to obtain《を得るのに》 food《食物》, [which《そして》 is《のである》 then《それから》 shared《分けて食べられる》]))**))]**.

(過分) (不・副)(Vt)→ (O)(先) (関代)S V(受)

この **in that は in the fact that ～「～という点において」の意味**で，冒頭の①のパターンです。文脈上，ここでは because，since「～なので」の意味にはなりません。

《全文訳》 実地研究から，チンパンジーは道具を使うだけでなくて，作るということ，そして霊長類には，手の込んだ合図方式に基づく，非常に複雑な社会機構を持つものが多いということがわかっている。また，観察によって，チンパンジーには自己概念があり，しらばっくれたり，相手をだましたりできるとわかっている。チンパンジーは食物を得るのに必要な 6 つの使えそうな道具のうち，1 つをほかのチンパンジーに求めることを覚えられるし，その食物を後で分け合って食べることで，協力し合うことができる。

（解説・解答→別冊：p.45）

演習 97 次の英文の下線部を訳しなさい。

If the chief end of all art is delight, there is small blame to be attached to most of us in that we are glad to take our pleasure carelessly and to give little thought to the means whereby we have been moved. （実践女子大）

演習:語句 attach O to N「O（責任など）を N に負わせる，帰す」／ give thought to N「N を考える」／ whereby 副 それによって

98 〈Ⓥ＋S＋X ...〉は譲歩，or があれば〈whether ... A or B〉

次の英文を訳しなさい

Spiritual life seems to parallel natural diamond formation. We have all probably seen the miracle of people under extreme pressure, **be it** physical, emotional **or** moral, developing a new and shining strength.

（大阪大）

解法　受験生用の英文法参考書などには少し載っているだけですが，公文書や，ときには会話でも使われるのが**動詞の原形で始まる仮定法現在の表現**です。

映画『ビルマの竪琴』の中に登場する歌の中にもこの仮定法現在が使われています。タイ国境付近の村で少数の日本軍が何千ものイギリス軍に包囲されたそのとき，日本兵が「埴生の宿」を歌うとイギリス軍も“Home, Sweet Home”を合唱し，戦闘は止むのですが，その曲の一節が“Be it ever so humble, there is no place like home.”です。この Be it ... は現代英語の Even if it is ... に相当しますが，Be ... humble は普通 However humble it may be「それ（＝わが家）がどんなに粗末であっても」と言い換えられています。要するに**「譲歩」の表現**だということです。like は前置詞ですが，nothing や〈no＋名詞〉とセットになった場合，「…に匹敵する（equal to）」の意味になります。なお，「埴生の宿」とは「土で塗ったみすぼらしい家」のことです。

この Be it ... に **or** が加わると，**Whether it is ... or ～**の意味になります。

では例題に入りましょう。第 1 文は〈seem to Ⓥ〉「Ⓥするようだ」がわかれば，あとは語彙力の問題ですね。

第 2 文は be it ... or moral がカンマとカンマで挟まれているのが容易に把握できます。いったんこの部分をはずして文構造を検討しましょう。

人は	ことがある	皆	たぶん…だろう	を見た	奇跡的な出来事	～という	人間が
We	have	all	probably	seen	the miracle	(of	people ...
S	（助）	（同格語）	（副）	（過分）	O	M→（意味上の S）	

例題：語句　parallel Vt に似ている／formation 名 組成／miracle 名 奇跡（的な出来事）／physical 形 肉体的な／emotional 形 感情的な／moral 形 道徳的な

(under《のもとにある》 extreme《極度の》 pressure《重圧》) developing《を発揮する》 a new《新たな》 and《そして》 shining《すばらしい》 strength《力》).

M　(動名)(Vt)　(O)

この文の構造理解でポイントとなるのが developing です。developing は**①現在分詞**なのか，**②動名詞**なのかで文型が異なります。

①現在分詞の場合：(a) people を修飾するのか，(b) see the miracle developing で VOC の文型になるかのどちらかです。

②動名詞の場合： people が developing の意味上の主語になるので，miracle と people developing がどのような関係なのかの説明が重要になります。

この developing のように，**構造上の可能性が複数ある場合は，文の流れ（文脈）で構造を決定する**しかありません。つまり，第 1 文「精神生活は天然のダイヤモンドの組成と似ている」の意味が決め手になります。ダイヤモンドと人間を対比していることから，「人間の組成」の意味合いになるのは②であり，「奇跡的な出来事」の具体的内容が「人間が…を develop すること」と考えると，意味の流れがいいですね。of は「**同格の of**」(→ 52 課) です。

さて，いよいよこの課のテーマです。be it ... or ～から whether 節にしましょう。

[whether《であろうと》 it《それが》 is《である》 physical《肉体的な》, emotional《感情的な》 or moral《道徳的な》]

(接)　S　Vi　C①　C②　C③

> 《全文訳》 精神生活は天然のダイヤモンドの組成に似ているようだ。人は皆たぶんひどい重圧の下にある人間が，新たな，そしてすばらしい力を発揮するという奇跡的な出来事 — 肉体面であろうと，感情面のものであろうと，道徳的な面のものであろうと — を見たことがあるだろう。

（解説・解答→別冊：p.46）

演習 98　次の英文を訳しなさい。

We often hear the expression, "Stop and smell the roses," which encourages us to make time to enjoy the simple things in life, be it a walk in the park, a talk with a child, or nothing more than lying quietly and letting your mind wander, experiencing the sounds and smells around you.

（日本女子大）

演習：語句　nothing more than 副 にすぎない／ wander Vi さまよう

99 文修飾の副詞は文頭とは限らない

次の英文の下線部を訳しなさい

In a society where slavery in the strict sense has been abolished, the sign that what a man does is of social value is that he is paid money to do it, but a laborer today can **rightly** be called a wage slave. A man is a laborer if the job society offers him is of no interest to himself but he is compelled to take it by the necessity of earning a living and supporting his family.

（名古屋大）

解法 いよいよ最後に近づいてきましたね。ここでは，**文修飾の副詞**について，そのポイントをマスターします。副詞の中には，文の内容に対する判断を示すものがあります。これが文修飾の副詞です。例を挙げましょう。

Evidently he made a mistake.

「明らかに，彼は誤りを犯した」と，**副詞が文全体を修飾**していますね。このようなときは，**「～にも」，「～なことに」**と訳すとよいのです。一般には，文頭あるいは文尾に置かれますが，文中，特に動詞の前に置かれることもありますので，注意が必要です。

では冒頭から見ていきましょう。

(In《では》 a society《社会》) [where slavery《奴隷制度が》 (in《における》 the strict《厳密な》 sense《意味》)
M　(関副)　S　M

has been abolished《廃止されている》], the sign《印は》 [that《という》
V(現完・受)　S　(接)

[what《ことが》 a man《人が》 does《をやっている》] is《いる》 (of《を持って》 social《社会的な》 value《価値》)] is《である》 [that ...《～ということ》]
S→(関代)O　S　Vt　Vi　C　(抽象名詞)　Vi　C→(接)

例題：語句 slavery 名 奴隷制度／strict 形 厳密な／pay O_1 O_2 to Ⓥ「O_1 に O_2 を払ってⓋさせる」／be of no interest 形 まったく興味を起こさせない／compel O to Ⓥ「O に無理やりⓋさせる」

複雑な構文ですが〈the sign is + that 節〉という大まかな構造はキャッチできましたね。

ということ	その人が	を払われる	お金	ように	をする	その仕事	が
[that	he	is paid	money	(to	do	it)],	but
(接)	S	V(受)	O	(不・副)	(Vt)	(O)	(等)

労働者は	今日の	得る	当然	と呼ばれ	賃金奴隷
a laborer	today	can	**rightly**	be called	a wage slave.
S	←	(助)	(副)	V(受)	C

ポイントは **rightly**「当然（のことながら）」で，これが**文中に置かれた文修飾の副詞**の例です。文中に置かれた場合は要注意です。例えば，冒頭の例文の副詞を文中に置いてみましょう。

He evidently made a mistake.

このように動詞の前に置かれても，**文全体の内容に対する判断をしている**のです。

さて，第 2 文ですが，ここでは **2 つの共通関係をキャッチすることがポイント**です。but と and に注目して，1 つは if the job ..., but（if）he is ... となり，**if が共通語**。そしてもう 1 つは，by the necessity of earning ...（and）supporting ... と**主格の of「が」**（→ 53 課）**が共通語**になっています。is of no interest は，第 1 文の of（social）value 同様，〈of ＋抽象名詞〉ですね。「まったく興味が持てない」の意味です（→ 51 課）。

《全文訳》 厳密な意味における奴隷制度が廃止されている社会においては，人がやっていることが社会的に価値があるという印は，その人がその仕事をして金が支払われているということである。しかし，今日の労働者が，賃金の奴隷と呼ばれるのは当を得ている。というのは，社会が提供してくれる仕事が自分自身にとってまったく興味が持てないのに，生計を立て，家族を養う必要性から，その仕事につかざるを得ないとしたら，その人は労働者である。

（解説・解答→別冊：p.46）

演習 99　次の英文を訳しなさい。

Sadly the world is not at all like those school mathematics problems in which all the information you need is given and all you have to do is to apply the right process and extract the result. Alas!

（立命館大）

演習：語句 extract Vt を引き出す／apply Vt を当てはめる

100 描出話法 ― 文の流れの変化を逃すな

次の英文の下線部を訳しなさい

John, now in his second year at college, was home for the spring vacation, and his mother took the opportunity of having a serious talk with him. Did he know where he wanted to live? John was not sure. Did he know what he wanted to do? He was equally uncertain, but when pressed remarked that he should prefer to be quite free of any profession.

（東京大）

解法 さあ，最後の締めくくりです。直接話法や間接話法に属さない，**話法の問題**に挑戦してみましょう。

その前に第１文。修飾語句を（　　）でくくり，文の主要素をとり出すと，John was home, and his mother took the opportunity.となります。was home は was at home「帰省して」，take the opportunity of Ving は take the opportunity to Ⓥ と同意で，「待ってましたと V/Ⓥ する」の意味ですから，「彼は（春休みで）帰省し，彼の母は待ってましたと（まじめな話を）した」のです。

さて，下線部の２つの疑問文は地の文（作者自身の考え）でしょうか。状況が急変し過ぎてギクシャクしていませんか。これを**登場人物**（この場合はお母さん）**のことば**ととると，生き生きとした描写になりますね。これが**描出話法**です。

描出話法は，多くの場合，以下のような特徴があります。

1. 〈主語＋伝達動詞〉がない
2. 人称，時制は間接話法と同じ
3. 語順は直接話法の“　　”内と同じ

下線部には４つの描出話法があります。疑問文２つを間接話法に直してみましょう。

She asked him if he knew where he wanted to live.
She asked him if he knew what he wanted to do.

例題：語句 in his second year「第２学年に在学中」／ take the opportunity of Ving「好機をとらえて V する」／press Vt にしつこく迫る／remark Vt （考え）を述べる／be free of N「N の束縛のない」

間接話法にすると間のびして，対話の緊張感が失せてしまい，文の流れがよくありません。

この課の例題のように，描出話法が登場人物の心理描写や対話をリアルに感じさせるのに適しているのがわかりますね。

Did he know《と思っているのか》 [where《どこに》 he wanted to live《住みたい》]?
S　Vt　O

John《(ジョンは)》 was not《いない》 sure《はっきり決めては》.　Did he know《と思っているのか》 [what《何を》 he wanted to do《したい》]?
S　Vi(否)　C　S　Vt　O

He《(彼は)》 was《い》 equally《同様に》 uncertain《はっきりしてはいな》, but [when《とき》 (he was) pressed《迫られた》] (he) remarked《と言った》
S　Vi　(副)　C　(等)　(省略)　Vt

[that he should prefer《ほうがいい》 (to be quite free《まったくつかない》 (of《にも》 any《どんな》 profession《仕事》)].
O→(接)　S　Vt　O→(不)(Vi)　(C)　(M)

[when pressed] は完全な節にすると when he was pressed になりますね（→ 28 課）。

> 《全文訳》 ジョンは現在大学の２年生だが，春休みで帰省していた。すると母親が，待ってましたとばかり，彼とまじめな話をするのだった。「一体どこに住むつもりなの」。「わからない」。「一体何がしたいの」。「それもわからない」と言ったが，どうしてもはっきりしなさいと言われて，「まったくどんな仕事にもつかないほうがいいや」と答えた。

(解説・解答→別冊：p.47)

演習 100　次の英文の下線部を訳しなさい。

She entered the station twenty minutes before the train was due, since her parents had impressed upon her that she would not miss it. <u>If she did, she would cause the friends with whom she was going to stay to make two journeys to meet her.</u> She gave her luggage to a porter and showed him her ticket. To her horror he said that she was two hours too soon.

(関西大)

演習：語句　due 形 到着する予定である／impress (up)on N that SVX「N に SVX をわからせる」／miss Vt に乗りそこねる

復習トレーニング

p.2 ～ p.200 の英文 100 題を，解釈のポイントを示す太字なしで掲載しています。学んだことを思い出しながら，もう一度自分で和訳してみましょう。

また，音声は，各英文を 1 回ずつ読んでいます。意味を考えながら聞く，音読する，ディクテーションをするなど，活用してください。

音声 ▶

TR 2

本文：p.2

❶ We all know from a study of history the progress of the working people from the stage of barbarism to that of slavery, serfdom and later individual freedom. In the early days of human history the wants of the masses were few and simple.

TR 3

本文：p.4

❷ The radio telescope is a new, rather than a better tool for studying the sky. Many of the radio sources in space found with the radio telescope cannot be seen through the ordinary telescope. And in the same way, most of the stars seen by the ordinary telescope cannot be heard with the radio telescope.

TR 4

本文：p.6

❸ *The Star* — one of America's oldest newspapers — was established in 1852. Until the late 1950's, it was the most popular newspaper in Washington. Even after it lost its leading position to the *Washington Post*, many observers considered it to be one of the best newspapers in America.

TR 5

本文：p.8

❹ These days, many enterprising Japanese businesses are finding it profitable to reimport goods made in Japan. Many technical products are being sold abroad at prices much lower than those recommended by the manufacturers for the domestic market.

TR 6

本文：p.10

❺ In most instances the speech of the first settlers lives on when they come in substantial numbers and people the land with their descendants.

TR 7

本文：p.12

❻ People with a high level of intuition don't really make impulsive decisions; rather, they have a certain "feeling" and then act upon it. The truly impulsive person does not act in response to a "feeling" about the right path but as a reaction to tension and anxiety.

TR 8

本文：p.14

❼ By intelligence we mean a style of life, a way of behaving in various situations, and particularly in new, strange, and perplexing situations. The true test of intelligence is not how much we know how to do, but how we behave when we don't know what to do.

TR 9

本文：p.16

❽ We do not often pause to think why we like some people more than others. But if you do, ten to one, you will find that those on the preferred side are mostly those of good disposition.

TR 10

本文：p.18

❾ The historian tries to impose on events some kind of rational pattern: how they happened and even why they happened. No historian starts with a blank mind as a jury is supposed to do.

TR 11

本文：p.20

❿ For a long time I have had trouble saying 'No' and I had a lot of pressure from my friends and the other kids at school. For example, if they found out I was with a guy, they would pressure me into doing something wrong ... you know what I mean? I really didn't want to, but I was afraid I would lose him and my friends.

TR 12

本文：p.22

⑪ Consider the difference between an amateur and a professional photographer. The person who uses his camera occasionally to capture a birthday party, a scenic view, or a family outing will snap a few pictures of the cherished moment, eagerly await the outcome, then, often as not, feel disappointed with the results.

TR 13

本文：p.24

⑫ I do not think that ordinary human beings can be happy without competition, for competition has been, ever since the origin of Man, the spur to most serious activities. We should not, therefore, attempt to abolish competition, but only to see to it that it takes forms which are not too injurious.

TR 14

本文：p.26

⑬ Many things that people in Europe have in common are part of the common property of the "global village" created by the mass media —watching American TV programs, for example. While the Beatles could claim to be a European creation —an English pop group that launched its career in Hamburg —they too swept the world.

TR 15

本文：p.28

⑭ The aggressive part of human nature is not only a necessary safeguard against savage attack. It is also the basis of intellectual achievement, of the attainment of independence, and even of that proper pride which enables a man to hold his head high amongst his fellows.

TR 16

本文：p.30

⑮ How many words are there in English? That is a question no one can answer. A desk dictionary of the kind most college students use may have somewhere around 100,000 words listed in it. One of the large, so-called unabridged dictionaries may list over 500,000 words.

TR 17

本文：p.32

⑯ In general, the context in which the words are spoken, or the way in which they are said will tell us which of the possible speaker-meanings is intended. But between speakers of different languages or people of different cultures, serious misunderstandings can occur.

TR 18

本文：p.34

⑰ The Europe the aeroplane brought me to was not the Europe I had known all my life. When I was a child Europe ruled my world. It had defeated the Arabs in Africa and controlled the interior of the continent. It ruled all the countries of the Indian Ocean with which we traded; it supplied our goods.

TR 19

本文：p.36

⑱ Competition is no longer defined by who has the best know-how to do things better. Companies will be constantly changing. Established companies will be reinventing themselves, and new ones will be appearing all the time. Large size isn't the advantage it once was; variety and flexibility will be more important in determining success.

TR 20

本文：p.38

⑲ Every culture has its own body language, and children absorb its nuances along with the spoken language. The way an Englishman crosses his legs is nothing like the way a male American does it. In talking, Americans are apt to end a statement with a droop of the head or hand, a lowering of the eyelids.

TR 21

本文：p.40

⑳ When digital watches came into being, the old watch became an analog watch, the way that 'baseball' and 'turf' were forced by the new 'night baseball' and 'artificial turf' to identify themselves as 'day baseball' and 'natural turf.'

TR 22

本文：p.42

㉑ In many offices, when you call and are put on hold, the company apparently feels the need to amuse, entertain or distract you, so it feeds music into the line. If I have to wait for someone on the phone, I don't want the thought of what I wish to say crowded out of my head by some senseless bit of music.

TR 23

本文：p.44

㉒ Very few of the great landscape artists of the past or present have ever chosen to paint naturally dramatic or beautiful subjects. A landscape which is naturally beautiful or otherwise attractive to the human eye leaves the artist with little to do except faithfully copy what he sees before him.

TR 24

本文：p.46

㉓ In a recent issue of *Nature* two investigators report finding what they call the earliest evidence for human use of fire; bits of charred animal bone from a South Africa cave that appear to be more than a million years old.

TR 25

本文：p.48

㉔ So long as the mind of man is what it is, it will continue to rejoice in advancing on the unknown throughout the infinite field of the universe; and the tree of knowledge will remain for ever, as it was in the beginning, a tree to be desired to make one wise.

TR 26

本文：p.50

㉕ When it is a foregone conclusion that the only thing that will be, or can be, is the thing that has been, every phenomenon which refuses to adapt itself to that self-evident formula will be doubted or ignored; and, if it persists in thrusting itself as an obstinate fact, it must be manipulated somehow till it fits in with the old formula.

TR 27

本文：p.52

26 The myth of the hero is the most common and the best-known myth in the world. We find it in the classical mythology of Greece and Rome, in the Middle Ages, in the Far East, and among contemporary primitive tribes. It also appears in our dreams. It has an obvious dramatic appeal, and a less obvious, but nonetheless profound, psychological importance.

TR 28

本文：p.54

27 Although I know of no scientific grounds to support my theory, I do not believe that a sense of humor is something that a person just is or is not born with, nor that it cannot be developed. My limited study of the mind and its potential suggests to me that we could all develop a sense of humor, if we but tried.

TR 29

本文：p.56

28 Recent dream research has shown that a person deprived of dreaming, even though not deprived of sleep, is nevertheless impaired in his ability to manage reality. He becomes emotionally disturbed because of being unable to work out in dreams the unconscious problems that confuse him.

TR 30

本文：p.58

29 Dad often made surprise visits to our schools to find out if and when we were ready to skip. Because of his home-training program —spelling games, geography quizzes, and arithmetic and languages —we sometimes were prepared to skip; but never so prepared as Dad thought we should be.

TR 31

本文：p.60

30 When travelling on the circle line in Tokyo a year or so ago, I was fascinated by the wildness of advertising on display in the carriages. In addition to the usual row above the windows, as in the London Tube, there were advertisements projecting on banners from the walls, advertisements pasted on the doors, ceiling, windows and dividing screens by the doors, and advertisements wrapped round each individual strap hanger.

TR 32

本文：p.62

31 As Carpenter worked on *Sarada Kinenbi*, the far greater challenge was to capture Tawara's shades of meaning. "One of the things that made Tawara famous is that her poems are more easily understood than the classic *tanka*," says Carpenter.

TR 33

本文：p.64

32 The story is told of the Russian poet Samuel Marshak that when he was first in London, before 1914, and did not know English well he went up to a man in the street and asked, 'Please, what is time?' The man looked very surprised and replied, 'But that's a philosophical question. Why ask me?'

TR 34

本文：p.66

33 Most of us think of plants and their leaves as being stationary objects, without power of movement. Thus, it may come as a surprise to you to learn that most plants and leaves are almost continually moving in slow motion even when there is no breeze blowing. The movements of animals, of course, are more obvious because they are much more rapid.

TR 35

本文：p.68

34 Somebody once went to a good deal of trouble to find out if cigarette smokers make lower college grades than nonsmokers. It turned out that they did. This pleased a good many people and they have been making much of it ever since.

TR 36

本文：p.70

35 It is not the fact that virtue wins out at the end which promotes morality, but that the hero is most attractive to the child, who identifies with the hero in all his struggles. Because of this identification the child imagines that he suffers with the hero his trials and hardships, and triumphs with him as virtue is victorious.

TR 37

本文：p.72

36 I felt sure that I would never see him again. But in a few minutes he was back. “The last bus left an hour ago. I must drive you to Partinico in my car.” I had no choice but to accept. It wasn’t until my suitcases and I were piled into a little Fiat and the man in dark glasses was telephoning to his mamma that he would be late for supper, that the voice of my mamma could be heard above my desperation.

TR 38

本文：p.74

37 People die. It is a strange event, a strange order of event; it is an order that is not accurately understood. Nobody really knows what death is. Everybody talks about death all their lives. Everybody dies and falls silent.

TR 39

本文：p.76

38 Some of the lies parents tell are completely ridiculous: that boys climb trees, girls don’t; that, for a girl, it’s nice to be better but it’s better to be nice; that John is great at helping dad with the car and Jenny is much better in the kitchen helping mummy bake cakes. I feel sorry for parents. It isn’t that they say things that are lies. It’s that what we do is what we are. Children have eyes and can see. That’s why it’s better to tell the truth.

TR 40

本文：p.78

39 Some people are so changed by their life’s experience that in old age they behave in completely unexpected ways. Many of us know elderly men and women who no longer act as we have come to expect them to act.

TR 41

本文：p.80

40 In any complex social activity in which different persons have conflicting interests, there must be rules that regulate behavior so that everyone’s interests are equally protected. Automobile driving laws provide a clear case of such rules.

TR 42 本文：p.82

41 Non-verbal signals play an important role in communicating attitudes and affect, in expressing emotions, in supporting speech by elaborating on what is said, by providing feedback from listener to sender and by synchronizing verbal interactions so that the participants know when it is their turn to speak and when it is their turn to listen, when it is appropriate to interrupt, and so on.

TR 43 本文：p.84

42 To write about human aggression is a difficult task because the term is used in so many different senses. Aggression is one of those words which everyone knows, but which is nevertheless hard to define. One difficulty is that there is no clear dividing line between those forms of aggression which we all deplore and those which we must not disown if we are to survive.

TR 44 本文：p.86

43 Being able to record and predict such events as the ripening of berries, fruits, and grasses, as well as the migration periods of different birds, fish, and game animals, greatly improved the potential for survival of these early human beings and made it possible for them to plan for the first time in human history.

TR 45 本文：p.88

44 Is there any end in sight to the fitness fever? Exercise enthusiasts agree that fitness is such an essential part of their lives that it will continue in some form right into old age. As one Oregon jogger noted, when he and his friends are too old and too worn-out to run marathons any longer, they'll still be out there — walking.

TR 46 本文：p.90

45 Except for children (who don't know enough not to ask the important questions), few of us spend much time wondering why nature is the way it is, where the cosmos came from, or whether it was always here; if time will one day flow backward and effects precede causes; or whether there are ultimate limits to what humans can know.

TR 47

本文：p.92

46 Woodrow Wilson in 1912 observed that Americans like to think that "this is the country where there is no distinction of class, no distinction of social status." To judge from their responses to modern sociologists' questionnaires, American attitudes toward class have not changed much during the past two generations.

TR 48

本文：p.94

47 In the 1960's and 1970's women underwent many changes through the Women's Movement. Many women began realizing the roles and images forced upon them by a male-dominated society and started to do something about it. This period of consciousness-raising resulted in women taking actions to eliminate sex discrimination in society, realize their full potential as human beings, and humane attitudes towards women.

TR 49

本文：p.96

48 The length of life as an adult moth is very variable. The males live longer than the females, the former averaging about four weeks and the latter half that time or a little more, but in cold winter weather females will live some five weeks.

TR 50

本文：p.98

49 Forest is at once the most durable and the most fragile of resources that we have. Given the right care, it can endure for centuries, but a single act of folly — a fire or an ill-planned cutting down of trees — can destroy it within weeks or even hours, and it will take a century to return.

TR 51

本文：p.100

50 The truth is that newborns arrive in a presocial state, ready and eager for contact. They turn toward sounds and even show a preference for the human voice, especially a high-pitched one. Newborns spend nearly forty minutes of their first hour paying attention, with eyes bright, shiny, wide open, and capable of fixing on objects.

TR 52 本文：p.102

51 To be happy, a man must feel, firstly, free and, secondly, important. He cannot be really happy if he is compelled by society to do what he does not enjoy doing, or if what he enjoys doing is ignored by society as of no value or importance.

TR 53 本文：p.104

52 All of us have had the experience of not being able to find the right words to get across our meaning, of being misunderstood, of finding that we don't make ourselves clear. Thought and language are mutually dependent.

TR 54 本文：p.106

53 In the age of abundance, the apparent availability of virtually all material necessities tended to lead people to expect speedy gratification of their desires and to have little sense of the length of time over which people in other times and places had had to wait in order to have some of their more basic material needs satisfied.

TR 55 本文：p.108

54 Since he came down from the trees, man has faced the problem of survival, not as an individual but as a member of a social group. His continued existence is testimony to the fact that he has succeeded in solving the problem; but the continued existence of want and misery, even in the richest of nations, is evidence that his solution has been, at best, a partial one.

TR 56 本文：p.110

55 Since the decipherment of the writing system in the third decade of the last century, the Egyptian language has been among the most thoroughly researched areas of Egyptology. As a result, although a great deal of vocabulary and many points of grammar remain to be fully explained, our understanding of the basic structure of Egyptian and of the rules governing its operation can now be considered to be on a reasonably firm footing.

TR 57

本文：p.112

56 My father enlisted when my brother Jacey was two and I was on the way. He died only a few months before my birth, and my mother brought us back to live with her parents here in Haley, the small town in Illinois where she'd grown up. My mother was the only woman in our circle who worked. She taught second grade at the Haley Elementary School, moving to third grade the years Jacey and I would have been her pupils.

TR 58

本文：p.114

57 Even if someone were to write a sentence or two of his diary immediately after he had finished whatever he was doing, still his diary would not be like those television cameras that follow shoppers around in book shops. It could not simply record.

TR 59

本文：p.116

58 The peaks of the Kandertal Range go on and on as if God had forgotten to stop making mountains. Snow-capped pinnacles are everywhere, with nothing above them but an azure sky. There isn't a hint of a cloud. My two friends and I stop to marvel at this show of sunlit peaks and then push forward through the fresh snow. We skim down the bowl, the snow giving way as if we were skiing through a sea of foam washed up on a beach.

TR 60

本文：p.118

59 The electronic media themselves can be understood as merely technological extensions of preexisting forms of communication. There would, in fact, be little point in developing them at all, were we not people who had in the course of some long evolutionary development come to have things to say to each other.

TR 61

本文：p.120

60 Without the aggressive, active side of his nature man would be even less able than he is to direct the course of his life or to influence the world around him. In fact, it is obvious that man could never have attained his present dominance, nor even have survived as a species, unless he possessed a large amount of inborn aggressiveness.

TR 62

本文：p.122

61 Some people would say that the Englishman's home is no longer his castle; that it has become his workshop. This is partly because the average Englishman is keen on working with his hands and partly because he feels, for one reason or another, that he must do for himself many household jobs for which, before the war, he would have hired professional help.

TR 63

本文：p.124

62 It is only when some irrelevant memory makes us prejudiced, when we instinctively turn away from a magnificent picture of an alpine scene because we dislike climbing, that we should search our mind for the reason of the aversion which spoils pleasure we might otherwise have had.

TR 64

本文：p.126

63 Those who live in a city are, to be sure, dependent on other people for their daily needs since they cannot be self-sufficient, but they are less dependent on particular individuals. Moreover, although he may know more people than the country dweller, the urbanite knows a much smaller percentage of those he sees daily and knows them less well.

TR 65

本文：p.128

64 Before making a valuable observation, it is necessary to have some idea of what to observe, a preconception of what is possible. Scientific advances often come from uncovering some previously unseen aspect of things, not so much as a result of using some new instrument, but rather of looking at objects from a new angle.

TR 66

本文：p.130

65 It is well known that camels can go for long periods without drinking and then take in enormous quantities of water at one time; in fact, camels can refrain from drinking for as long as eight days in summer and eight weeks in winter. After such abstinence they have been known to imbibe as much as a hundred quarts in ten minutes.

TR 67

本文：p.132

66 Within no longer than a decade or two the probability of spending part of one's life in a foreign culture will exceed the probability a hundred years ago of ever leaving the town in which one was born.

TR 68

本文：p.134

67 Louise was a woman of thirty, but only looked her age when she was in a very serious mood, which was not often the case. At other times her face had a bright smile, which made her look no more than a young girl of sixteen.

TR 69

本文：p.136

68 Needless to say, women are no more guided exclusively by intuition than men are by reason. There are women whose make-up includes an almost masculine approach to life. There are men — especially those with artistic gifts — who possess marked intuitive tendencies.

TR 70

本文：p.138

69 Reading is to the mind what food is to the body. If you try to do without it, you simply cannot. On the other hand, if you try to read more than your system can absorb, you can easily lose your appetite for reading. You must remember, therefore, that your mind is no less sensitive to injury than your body.

TR 71

本文：p.140

70 We are so familiar with the fact that man ages, that people have for years assumed that the process of losing vigour with time, of becoming more likely to die the older we get, was something self-evident, like the cooling of a hot kettle or the wearing out of a pair of shoes.

TR 72

本文：p.142

71 Every year we hear from employers, who come to seek out graduates and to whom our graduates go for jobs, that the biggest single category of student they are looking for today, is a generalist who is trained to think. If he or she is able to cope with numbers, so much the better, but the first qualification is to be able to make a sensible assessment of a situation from the facts.

TR 73

本文：p.144

72 Consider the difficulty of saying all you know about the familiar face of a friend. The fact is that your best effort would probably fail to convey enough information to enable someone else to single out your friend in a large crowd. This simply illustrates the fact that you know more than you are able to say.

TR 74

本文：p.146

73 If you think of the people you know who can handle significant amounts of stress and avoid its damaging effects, they are usually men and women who maintain a strong sense of commitment to their work and other activities, and who respond positively to challenges rather than feeling completely overcome by them.

TR 75

本文：p.148

74 The necessity to do without direct response from the addressee, without gesture, and suchlike, compels the writer to get absolutely clear what it is he wants to say. The careful planning and revision that this entails clarifies and structures things the writer may think he knows, until he comes to actually write.

TR 76

本文：p.150

75 Acquiring a knowledge of history is a pleasant and safe pastime for the amateur. Developing an understanding of history is essential for those who would influence the future. It is not only on the lessons that history has to teach, valuable though they are, that this claim lies. It is rather because history gives us our bearings so that we may venture into the unknown confident at least of our direction.

TR 77

本文：p.152

76 The only advantage in going to bed before midnight is that one is apt to get more hours of rest by so doing. But it is not always the time spent in bed that means the greatest rest. It is better to have six hours of "high quality" sleep, than eight hours of restless tossing.

TR 78

本文：p.154

77 My uncle George loved words as much as a singer loves music. The first thing he did when he came to spend the winter with us was to bring a big dictionary into the dining room. Hardly a meal was finished without the children jumping up to consult that dictionary.

TR 79

本文：p.156

78 The reason that most students find writing difficult is simply that they have never been given a chance to learn simple paragraph patterns. And a writer cannot communicate unless he knows the written patterns of English, any more than a speaker can communicate if he doesn't know the patterns of spoken sentences.

TR 80

本文：p.158

79 In my experience the problem of what to do in life was not made any easier by those who were in charge of my education. Looking back, it seems most odd that never once in all the years that I was at school was there any general discussion about careers.

TR 81

本文：p.160

80 Not only is gold beautiful, but it is virtually indestructible. It will not rust or corrode; gold coins and products fabricated from the metal have survived undamaged for centuries. Gold is extremely easy to work with; one ounce, which is about the size of a cube of sugar, can be beaten into a sheet nearly 100 square feet in size, and becomes so thin that light passes through it.

TR 82

本文 ：p.162

81 Only recently, in fact, have men conquered, by means of the spoken word, any space larger than that over which the natural voice will carry, whereas down through the long course of history, writing has been of inestimable service in bringing men and nations closer together.

TR 83

本文 ：p.164

82 Among topics we discussed over lunch was the regrettable habit film directors then had of altering the plot of a novel to suit themselves, to the extent even of changing a sad ending into a happy one.

TR 84

本文 ：p.166

83 Science is based on careful observation and experiment enabling theories to be constructed which connect different experiences. Regularities in the workings of nature are sought which hopefully reveal the fundamental laws that govern the behaviour of matter and forces. Central to this approach is the willingness of the scientist to abandon a theory if evidence is produced against it.

TR 85

本文 ：p.168

84 I heartily wish that in my youth I had had someone of good sense to direct my reading. I sigh when I reflect on the amount of time I have wasted on books that were of no great profit to me. What little guidance I had I owe to a young man who came to live with the same family in Heidelberg as I was living with.

TR 86

本文 ：p.170

85 By nature, Einstein was, according to all accounts, the gentlest of men, and by conviction he was a pacifist, yet he made intellectual discoveries that led the way to the invention of weapons with which the species could destroy itself. Inspired wholly by a love of knowledge for its own sake, and by an awe at the creation which bordered on the religious, he made possible an instrument of destruction with which the earth could be totally disfigured.

TR 87

本文：p.172

86 So important is the role of the environment that talking of an "innate" tendency to be aggressive makes little sense for animals, let alone for humans. It is as if we were to assert that because there can be no fires without oxygen, and because the Earth is blanketed by oxygen, it is in the nature of our planet for buildings to burn down.

TR 88

本文：p.174

87 It was commonplace for children of what they called good families to fill their imaginations with hopes of serious literary or philosophic careers, as do ours with hopes of careers in entertainment or business.

TR 89

本文：p.176

88 Mr. Frey said he was afraid he wouldn't be able to find my glasses because of so much time having gone by, but he found them right away. When he found them, I immediately saw that the glasses were a mistake. They looked bright blue and so did the lenses.

TR 90

本文：p.178

89 Emotions are everywhere the same; but the artistic expression of them varies from age to age and from one country to another. We are brought up to accept the conventions current in the society into which we are born. This sort of art, we learn in childhood, is meant to excite laughter, that to provoke our tears. Such conventions vary with great rapidity, even in the same country.

TR 91

本文：p.180

90 In the nineteenth century, public parks became a feature of British urban life. Such parks were developed largely out of the Victorians' concern for reform, a concern that was goaded by the frequently appalling living conditions of the many citizens who had been drawn to urban centers by the Industrial Revolution. In effect, parks were seen as an opportunity for them to return, if only for a brief while, to nature.

TR 92

本文 ：p.182

91 There is a general apathy to if not positive distrust of science itself as a search for truth; for, to the ordinary American, science is identified with mechanical inventions. Ask an American to name the greatest scientist of this country and he will very likely reply, "Edison."

TR 93

本文 ：p.184

92 When you take a man's language from him or, what amounts to the same thing, insist that he speak yours, you impoverish and diminish him. Every man must recognize the right of every other man to be himself, not just a carbon copy of a national of some other country with a widely spoken language.

TR 94

本文 ：p.186

93 My mother had represented my father's ideal of what a liberated woman should be. Her kindly and well-meaning parents had held advanced views. They had brought her up to believe that she should follow her conscience rather than her knowledge of social customs whenever she had to make a choice between one course of conduct and another. She had grown up to be a lively, positive, generous, and courageous being, just as they had hoped. But she was also stubborn, as her mother had been before her, and, as is often the case with very clever young people, she grew up to find her elders more interesting company than members of her own generation.

TR 95

本文 ：p.188

94 The intelligent person, young or old, meeting a new situation or problem, opens himself up to it; he tries to take in with mind and senses everything he can about it; he thinks about it, instead of about himself or what it might cause to happen to him; he wrestles with it boldly, imaginatively, resourcefully and, if not confidently, at least hopefully; if he fails to master it, he looks without shame or fear at his mistakes and learns from them. This is intelligence.

TR 96

本文：p.190

95 Kennedy is a historian of international relations, born and educated in England, now a professor at Yale. He is widely respected as one of the outstanding figures in his field. But it would be naive to think that this success has come to him simply because of his scholarly or literary achievements, impressive as they are.

TR 97

本文：p.192

96 Human society as we know it, or as our ancestors for several thousand years knew it, would be impossible without speech. Language allows humans to cooperate in large-scale, complex patterns. It further allows these patterns to be modified; both the patterns and the modifications may then be passed on to future generations as a base on which they can build.

TR 98

本文：p.194

97 Field studies show that chimpanzees not only use but also make tools, and that many Primates have an extraordinarily complex social organization based on elaborate signalling systems. Observation also indicates that chimpanzees have a concept of self and can dissemble and deceive others. Chimpanzees can cooperate in that one can learn to ask another for one out of six possible tools required to obtain food, which is then shared.

本文：p.196

98 Spiritual life seems to parallel natural diamond formation. We have all probably seen the miracle of people under extreme pressure, be it physical, emotional or moral, developing a new and shining strength.

TR 99

本文：p.198

99 In a society where slavery in the strict sense has been abolished, the sign that what a man does is of social value is that he is paid money to do it, but a laborer today can rightly be called a wage slave. A man is a laborer if the job society offers him is of no interest to himself but he is compelled to take it by the necessity of earning a living and supporting his family.

本文：p.200

100 John, now in his second year at college, was home for the spring vacation, and his mother took the opportunity of having a serious talk with him. Did he know where he wanted to live? John was not sure. Did he know what he wanted to do? He was equally uncertain, but when pressed remarked that he should prefer to be quite free of any profession.

さ く い ん

日本語さくいん

せ

そ

た

と

に

ひ

ふ

へ

ほ

む

め

も

れ

英文さくいん

A

B

N

O

P

杉野　隆（すぎの　たかし）

金沢大学教育学部英語科卒業。明治学院大学大学院英文学科修士課程修了。都立高校教諭・私立女子大学講師を経て，代々木ゼミナール講師。長文読解の講義で人気を博し，生徒から絶大な信頼を得る。著書に『基礎英文解釈の技術 100』（共著／桐原書店）がある。趣味は囲碁と小唄。

桑原　信淑（くわはら　のぶよし）

東京外国語大学英米語学科卒業。都立高校教諭，県立高校教諭を経て，私立中高一貫校の教諭となる。長年，難関大学を目指す受験生の指導にあたり，その実力がつく講義には定評がある。代々木ゼミナール，駿台予備学校，河合塾，Z 会東大マスターコース など，予備校での指導経験も豊富。著書に『入門英文解釈の技術 70』（桐原書店），『基礎英文解釈の技術 100』（共著／桐原書店）がある。

英文校閲：Karl Matsumoto, David A. Biasotti, David F. Goldberg
編集協力：小沼忠雄

●大学受験スーパーゼミ　徹底攻略
英文解釈の技術100　音声オンライン提供版

1991 年 7 月 30 日　初　　　版第 1 刷発行
2009 年 2 月 10 日　新装改訂版第 1 刷発行
2024 年 3 月 30 日　音声オンライン提供版第 1 刷発行
2024 年 8 月 20 日　音声オンライン提供版第 3 刷発行

著　者　杉野　隆
　　　　桑原　信淑
発行者　門間　正哉
印刷・製本　TOPPANクロレ株式会社

発行所　株式会社 桐原書店
〒114-0001 東京都北区東十条3-10-36
TEL　03-5302-7010（販売）
www.kirihara.co.jp

装丁／竹歳明弘（スタジオ・ビート）
本文レイアウト／新田由起子（ムーブ），武藤孝子（ムーブ）
DTP ／沼田和義（オフィス・クエスト），武藤孝子（ムーブ）

Printed in Japan
ISBN978-4-342-21012-9

大学受験 スーパーゼミ 徹底攻略・きっちりわかる

英文解釈の技術100

杉野 隆／桑原信淑 共著

音声オンライン提供版

演習問題／解説・解答

桐原書店

大学受験 スーパーゼミ 徹底攻略・きっちりわかる

英文解釈の技術100

杉野 隆／桑原信淑 共著

音声オンライン提供版

演習問題／解説・解答

桐原書店

1 演習 1 （問題→本冊：p.3）

Tocqueville's concern, to a large extent, became a reality. In the process of creating a land of abundance, Americans began to judge themselves by materialistic standards.

【全文訳】トクヴィルの心配は，かなり現実になった。豊かな国を作る過程で，アメリカ人は物質主義的な基準によって自己を判断し始めた。

【解説】下線部の**前置詞句を（　　）でくくると**，(In the process) (of creating a land) (of abundance), Americans began to judge themselves (by materialistic standards). となる。of creating の **creating は動名詞**。**of abundance** は形容詞 **abundant** と同じ意味（→ 51 課）。

2 演習 2 （問題→本冊：p.5）

The old conception of national character based on biological differences has long been exploded; but differences of national character arising out of different national backgrounds of society and education are difficult to deny.

【全文訳】生物学的な差異に基づいた国民性という古い概念はくつがえされてかなりになるが，国により社会・教育背景が異なることから生じる国民性の違いは否定し難い。

【解説】述語動詞は has (long) been exploded と are である。なお下線部の **of** は「の」と訳すと意味があいまいになるので，はっきり**「同格」**であることを示した（→ 52 課）。**arising** は前の differences を修飾する**現在分詞**。

3 演習3 （問題→本冊：p.7）

Some can point to tangible successes — wells dug, schools and roads built, forests planted, water systems installed. Others have seen village cooperatives established, health practices improved, education levels lifted.

【全文訳】目に見える成功 — 井戸が掘られ，学校や道路が建設され，森林が植林され，水道が敷設されたり — を指摘する人々がいる。また村の協同組合が設立され，衛生習慣が改善されたり，教育水準が向上したのを目のあたりにした人々もいる。

【解説】第 2 文の構造は，以下のようになる。

Others	have seen	village cooperatives	established,	health practices
S	Vt	O	C（過分）	O

improved,	education levels	lifted.
C（過分）	O	C（過分）

また，第 1 文のダッシュ以降は wells (having been) dug のように，built，planted，installed の直前にもそれぞれ having been を補える**分詞構文**である。(→ 49 課)。

4 演習4 （問題→本冊：p.9）

Television hasn't been with us all that long, but we are already beginning to forget what the world was like without it. <u>Before we admitted the one-eyed monster into our homes, we never found it difficult to occupy our spare time.</u>

【全文訳】テレビが登場してそれほど長くないが，私たちはテレビがないとき，世の中がどんなふうであったかを，もう忘れ始めている。<u>1 つ眼の怪物を家の中に入れる以前は，私たちは決して自分の余暇を費やすのが難しいとは思わなかった。</u>

【解説】下線部の主節が以下のようになっている。

we	never found	it	difficult	(to occupy ...)
S	Vt（否）	O（形）	C	O（真）

また第 1 文において，**what 以下は forget の目的語**となっている。**like は前置詞で，what がその目的語**。long の前の that は副詞。

5 演習 5 （問題→本冊：p.11）

Animals studied by Americans rush about excitedly, with an incredible display of hustle and pep, and at last achieve the desired result by chance. Animals observed by Germans sit still and think, and at last evolve the solution out of their inner consciousness.

【全文訳】アメリカ人が研究する動物は興奮して，信じられないほど元気に動き回り，ついには偶然思いどおりの結果を達成する。ドイツ人が観察する動物はじっと座って考え，ついに内面の意識から（心の中で熟慮してから）解決策をまとめる。

【解説】第 2 文の still は形容詞で sit の補語である。**studied** と **observed** は by が続くことでも**過去分詞**なのは明らかで，それぞれ直前の animals を修飾する。

6 演習 6 （問題→本冊：p.13）

The study of mythology need no longer be looked on as an escape from reality into the fantasies of primitive peoples, but as a search for the deeper understanding of the human mind.

【全文訳】神話学研究はもはや現実から原始民族の幻想へと逃避する手段としてではなく，人間精神をより深く理解するための探求と考える必要がある。

【解説】no longer = not ... any longer である。否定されるのが as an escape であるのは，but as a search を見ればわかる。なお，understanding の直後の **of** は**「〜を」の目的格の of** である（→ 53 課）。

7 演習 7 （問題→本冊：p.15）

Magazines, newspapers, advertisements and television programmes are full of thin, beautiful people and make fat people feel ugly or guilty. Many people in Britain think that you need to be slim if you want to look good.

【全文訳】雑誌，新聞，広告，テレビ番組にはほっそりとして美しい人々があふれているので，太った人々は醜いとか，やましいと感じる。イギリスには見た目が良くなりたければほっそりしていなければならない，と考える人が多い。

【解説】第 2 文は以下のようにくくる。

Many people（in Britain）think [that you need（to be slim）
S　Vt　O→　S　Vt　O

[if you want（to look good）]].
S　Vt　O

つまり think の目的語である that 節内に，副詞的 if 節が入り込んでいる。また，第 1 文の make 以下は以下のように把握すること（→ 4 課）。

make fat people feel ugly or guilty → fat people feel ugly or guilty
Vt　O　C　S　Vi　C

8 演習 8 （問題→本冊：p.17）

Many words are acquired through reading. Children learn words at school in the same way as they do at home: by observing how the words are used in intelligible contexts. The difference is that the academic environment depends more on written contexts.

【全文訳】読むことによって身に付く単語が多い。子どもたちは家庭にいる場合と同じように，学校で単語を学習する。すなわち単語が意味のわかる文脈の中でどのように使われているかを観察することによって。違うのは，学校という環境は，書きことばの文脈に依拠することのほうが多い点だ。

【解説】as they do の do は learn words の代用。how 節は動名詞 observing の目的語。また第 3 文は，The difference（S）is（Vi）that 節（C）という文型。

9 演習 9 （問題→本冊：p.19）

Golf and tennis rarely seem “fun” for Japanese as they are for Western amateurs; they are serious undertakings that require expensive equipment and elaborate preparation.

【全文訳】ゴルフとテニスは，日本人にとっては西洋の愛好家の場合とは違って「楽しみ」に思えることがめったにない。それらは高価な装備と入念な準備を要する真剣な仕事なのだ。

【解説】as they are（fun）for と補なう。as の前方に否定語の **rarely** があるのを見落とさないこと。undertakings の直後の **that** は**関係代名詞の主格**。

10 演習 10 （問題→本冊：p.21）

We can no longer consume energy so wastefully. We can lead a comfortable life, even if it’s not a life of luxury. We can take buses instead of cars. We can burn wood in a fireplace to heat our homes if we have to.

【全文訳】私たちはもはやエネルギーをあまり浪費することはできない。私たちは，たとえぜいたくな生活ではなくても，快適な生活を送れる。車の代わりにバスに乗れる。私たちは必要があれば家を暖めるために暖炉でまきを燃やすことができる。

【解説】下線部の if we have to の to は to heat our homes となる**代不定詞**。**of luxury** は形容詞 **luxurious** と同じ（→ 51 課）。

11 演習 11 （問題→本冊：p.23）

The consequences of making rapid, impulsive decisions depend somewhat upon your level of intuitiveness. People who are not in touch with their intuition frequently make rash decisions resulting in much regret.

【全文訳】すばやい，衝動的な決断をした結果は，いくぶん直観力の水準に左右される。自分の直観と通じていない人々はしばしば性急な決断を下してひどく後悔する。

【解説】**who 節の切れ目**を探す。関係代名詞 who から離れた述語動詞は make である。frequently は動詞を直前から修飾する副詞。また，intuition は前置詞 with の目的語なので，その直後が切れ目となるため，[who ... intuition] とくくる。resulting は decision を修飾する現在分詞。result in ～は「～に終わる」「～という結果になる」という意味。

⑫ 演習 12 （問題→本冊：p.25）

> Actually I do not think that there are any wrong reasons for liking a statue or a picture. Someone may like a landscape painting because it reminds him of home, or a portrait because it reminds him of a friend. There is nothing wrong with that. All of us, when we see a painting, are bound to be reminded of a hundred-and-one things which influence our likes and dislikes.

【全文訳】実際私は彫像も絵も好きになってはいけない理由などないと思う。わが家を思い出すという理由で風景画を，あるいは友人を思い出すというので肖像画を好む人がいるかもしれない。それはどこも間違っていない。私たちは皆，絵を目にすると必ず，私たちの好き嫌いに影響している非常に多くのものを思い出す。

【解説】下線部の which の後は，influence (Vt) likes and dislikes (O) だから，**which は関係代名詞主格**。第 1 文は not を any とくっつけるとわかりやすい。第 2 文の構造は以下のとおり。

like (Vt) ｛ a landscape painting because ～
　　　　　　a portrait because ～

⑬ 演習 13 （問題→本冊：p.27）

> I heard Mother walk across the kitchen floor and push the teakettle to the back of the stove. I listened to her clear away the dishes that she and Daddy had used for their breakfast and begin cooking breakfast for Brother and me.

【全文訳】私は，母さんが台所を歩いて横切り，やかんをストーブの後ろのほうへ押しやる音を耳にした。私は耳をすまして，母さんが，父さんと朝食を取るのに使った皿を片づけて，兄さんと私の朝食を作り始めるのを聞いた。

【解説】下線部のポイントは，that (O) she and Daddy (S) had used (Vt)。第 1 文も第 2 文も，**〈知覚動詞 (hear/listen to) ＋ O ＋ C (原形)〉**を見抜く。**O と C の間には S と P の関係がある** (→ 4 課)。

14 演習 14 （問題→本冊：p.29）

A very narrow definition of the economy would be "that part of society which is organized through exchange," but I myself would want to expand this to include grants and transfers, public and private capital accounting, and so on.

【全文訳】経済を非常に狭く定義すると，「社会の，交換を通して組織化された一部分」となるのだろうが，私自身はこれを広げて，授与や譲渡，公共のそして個人の資本会計などを含めたいものと考えている。

【解説】"that part ... which is ..." の that は訳出しない。2 つの **would** は仮定法だったが，今は慣用化していて，**「控え目」**を表す。**「〜だろう」「〜ものだ」**くらいに訳す。

15 演習 15 （問題→本冊：p.31）

No Smoking Except in Designated Areas is a sign one is most likely to see more and more in the years ahead, and chances are those designated areas will become more and more out of the way. Perhaps one day there will be a sign that reads, No Smoking Except in the Andes.

【全文訳】「指定区域以外では禁煙」は，これから将来ますます目にする可能性が非常に高い標示だし，たぶんそうした指定区域は，ますます目にすることはなくなるだろう。たぶんいつか，「アンデス山中以外では禁煙」と書いてある標示が登場するだろう。

【解説】下線部の a sign one is most likely to see は以下のように考える。

a sign ［(　　) one is most likely (to see ...)］

関係代名詞の省略 → (　　)

one = S，is = Vi，likely = C，(to see ...) = M（→ likely）

see が Vt なので，**one の前に関係代名詞目的格の省略**を見抜く。

16 演習 16 （問題→本冊：p.33）

The most important day I remember in all my life is the one on which my teacher, Anne Mansfield Sullivan, came to me. I am filled with wonder when I consider the immeasurable contrast between the two lives which this day connects. It was the third of March, 1887, three months before I was seven years old.

【全文訳】私の全人生で記憶している中で最も重要な日は，アン・マンスフィールド・サリヴァンという私の先生が私のもとへ来た日である。私は，この日が境目になっている２つの人生の間にあるとてつもない対照を考えると，驚きの念でいっぱいになる。それは1887年3月3日，私が7歳になる3か月前のことであった。

【解説】下線部の remember は Vt と考えるべき。目的語が直後にないので，I の直前に**関係代名詞目的格**（ここでは先行詞 day に最上級が付いているため that）**が省略**されていることを見抜く。ポイントは，the one（= the day）に続く on which を on the day と読みかえて，my teacher came to me on the day と確認することである。two lives の直後の **which** は this day connects なので，**関係代名詞目的格**。

S Vt

17 演習 17 （問題→本冊：p.35）

The only thing all the kids are really interested in is cars. The driving and motor sports clubs at the University are the only ones that are really flourishing. So one nineteen-year-old stands up in class, and says, with a silly grin, I drive a Super Macho XT Turbo, and the other students clap and roar their approval.

【全文訳】ただ１つ若者たちが皆本当に関心があるのは，車である。大学では自動車クラブとモータースポーツクラブだけが本当に繁盛している。それで，１人の19歳の若者が授業中立ち上がって，馬鹿みたいにニヤニヤして，僕はスーパー・マチョXTターボに乗っています，と言うと，残りの学生は拍手して「いいぞ」と大歓声を浴びせる（歓声を上げて賛意を示す）。

【解説】第1文の all the kids（S）are（Vi）interested（C）in is ... において，in と is は意味的につながらないことと，前置詞 in の目的語がその後に見当たらないことに着目する。The only thing (that) と関係代名詞目的格を補う。第2文の the only ones（= clubs）の後の **that** は**関係代名詞主格**。

18 演習 18 （問題→本冊：p.37）

A person's choice and use of words tells as much about him or her as do manners, dress, and general behavior. Your choice of words is not wholly accidental. Listen to someone speak for a few moments, or read something which he has written, and you will learn much about the kind of person he is.

【全文訳】人のことばの選択と使い方は，行儀や服装や普段の態度と同じくらいその人柄を表す。ことばの選び方はまったく偶然というわけではない。誰かが話すのにしばらく耳を傾けるか，その人が書いたものを読んでごらんなさい。そうすればその人がどんな人かがかなりわかるだろう。

【解説】第 1 文は，以下のようにつながっている。

$$\text{a person's}\left\{\begin{array}{l}\text{choice}\\ \text{use}\end{array}\right\}\text{(of words)}$$

of は**目的格関係**を示す。as 以下はリズムの関係で倒置が起きている（→ 87 課）。**do** は代動詞で，**tell（about ...）の代わり**。**not wholly** は**部分否定**。下線部の something の直後の **which** は**関係代名詞目的格**で，has written の目的語。ポイントは，the kind of person（that）he is と，**is の補語としての that の省略**を見抜くこと。

19 演習 19 （問題→本冊：p.39）

I am very sorry to know that you think that as one grows older the affections seem less important. I find myself that the reverse is true. Young people are interested only in themselves and they care only for people who affect them in the way they like to be affected.

【全文訳】あなたが，人は年をとるにつれて愛情が大切でなくなってくるようだと考えているのを知って，とても残念です。私自身はその逆が真実だと思います。若い人々は自分自身にしか関心がなく，自分たちの思いどおりに愛してくれる人々だけを好きになるのです。

【解説】第 1 文の **as** は比較級に着目して**「～するにつれて」**とする。下線部の in the way がポイントとなる。「自分たちが愛されたいその方法で」，つまり **the way ［（that） SVX］** であり，前置詞 in が付いて全体が接続詞的になっているので，**「ように」**という**様態の意味**になる。

20 演習 20 （問題→本冊：p.41）

If each individual spells the way he speaks, or thinks he speaks, disorder returns and destroys ready communication in writing. If some sort of regional phonetic spelling is used — one for India, one for Britain, one for Texas — that spelling becomes inaccurate and difficult, not only for people of other regions, but possibly for every other individual in any region.

【全文訳】もし各個人が話すように，もしくは話していると思っているとおりに字を綴れば，混乱が再び生じて文字を使用した迅速な意思伝達は台なしになる。もしある種の地域的な表音式綴りが — インド用綴りとかイギリス用あるいはテキサス用の綴りといったように — 使われれば，その綴り字は，ほかの地域の人々にとってのみならず，おそらくはどんな（同一）地域のほかのあらゆる個人にとっても，不正確で難しくなる。

【解説】下線部の the way 以下のつながりの把握がポイント。

the way he { speaks
　　　　　 { thinks he speaks

the way の前後に（in）the way（that）と補ってみるとはっきりする。（in）the way（that）he thinks he speaks（→74課）。第2文の one は one sort of phonetic spelling と同じ。後半は〈not only A but（also）B〉を見落とさないこと。

21 演習 21 （問題→本冊：p.43）

Only man is able to record his experiences and leave a written record of his accomplishments and failures. Only man can give future generations the chance to acquire a heritage and a tradition, to profit from what those who have gone before have learned and experienced.

【全文訳】人間だけが自分の経験を記録し，自分の業績と失敗を文字で記録して残すことができる。人間だけが未来の世代に対し，遺産と伝統を得て，先代の人々が学び経験したことから利益を得る機会を与えることができる。

【解説】下線部の文型は man（S）can give（Vt）generations（O1）chance（O2）で，2つの不定詞は chance を修飾する形容詞用法。ポイントである下線部の what 節は以下のように把握する。

［what those ［who have gone before］ have { learned (Vt①)
 O　　S　　　S　　Vi　　　　　　　　　　{ experienced (Vt②)］.

those は代名詞で，**（the）people**「**…する／である人々**」の意味。

22 演習 22 (問題→本冊：p.45)

Despite mankind's reputation for violence, most people prefer to avoid confrontation, and avoiding confrontation is what manners are all about. Manners are not a demonstration of weakness, but a sign of common sense.

【全文訳】人類は暴力的だという評判にもかかわらず，たいていの人々は対立を避けたがるし，対立を避けるのが，行儀作法の目的である。行儀は弱さを示すものでなく，良識を示すのである。

【解説】下線部の what manners are all about は疑問文の What is it all about?「それは一体何だ（何のことについてだ）」が，物事の本質・核心を問う表現であることから，「行儀のねらい（本質・目的）」くらいの意味になる。第 2 文は耶 〈**not A but B**〉の相関表現を押さえること。

23 演習 23 (問題→本冊：p.47)

Words themselves can be viewed in two different ways. There is, in fact, the meaning that a word has in the dictionary (what is called the denotation) and the associations that the word has gained through constant use (the connotations of the word).

【全文訳】単語それ自体，2 つの異なった見方が可能である。実際，単語には辞書に載っている意味（いわゆる明示的意味）と，その語がたえず使用されることによって得てきた連想される意味（暗示的意味）がある。

【解説】There is the meaning that ... のように，主語（meaning）に of 句や that 節などが続くと，この **There is 構文でも主語に the が付く**。ポイントは what（S）is called（V・受）the denotation（C）を見抜き，what is called を「いわゆる」と訳すこと。

24 演習 24 （問題→本冊：p.49）

Some people supply too many past victories or pleasures with which to comfort themselves, and other people cling to pains, real and imagined, to excuse what they have become.

【全文訳】自分を慰めるために過去の勝利や喜びを語りすぎる人もいれば，現在の自分のことを言いわけするために，苦労（実際のも，そうでないのも）にこだわる人もいる。

【解説】**with which to は前の 2 つの名詞を修飾**する。直訳すれば「～するための」。形容詞 real と過去分詞 imagined は pains を修飾する。what they have become は「現在なってしまっている（彼ら）」。

25 演習 25 （問題→本冊：p.51）

We must not forget that even people from the same country but different regions also have their own special accents. The same can be said about Japan. People who grew up in Tokyo speak quite differently from those who were born in Osaka.

【全文訳】私たちは，同じ国の出身の人々でも地域が異なるとまたそれぞれの独特のなまりがあることを忘れてはならない。同じことが日本についても言える。東京で育った人々は大阪生まれの人々とまったく異なった話し方をする。

【解説】**but** が結ぶのは **different regions** と **the same country**。those who = people who。

26 演習 26 （問題→本冊：p.53）

Happiness and true freedom come only when we assume full responsibility for who and what we are. As long as we feel comfortable putting blame on others, we will never be required to think over and change our own behaviors.

【全文訳】幸福と真の自由は，私たちが自己の存在と人格に全責任を負って初めて得られる。私たちが他人に責任を負わせて気安くしているうちは，自己の行動をよく考えて，それを変える必要に迫られることは決してないだろう。

【解説】第 1 文で only は when 部を修飾し，「～のときにのみ→～して初めて」の意味。共通関係は以下のとおり。

for [{ who (C①) / what (C②) } we (S) are (Vi)]

who も **what** も，**ともに are の補語**。また，第 2 文の **putting …** は**分詞構文**（→ 48 課）。behaviors は think over と change の目的語。

27 演習 27 （問題→本冊：p.55）

Although man has been growing mentally richer ever since he started to think, <u>the computer allows and will continue to allow him to perform vast "mental" tasks in a relatively short time.</u>

【全文訳】人間は思考を始めて以来，精神的により豊かになってきているけれども，<u>コンピューターによって人間は比較的短時間に相当の「頭脳」作業ができているし，これからもできるだろう。</u>

【解説】下線部の共通関係を見抜く。また，文脈から allow ＝ enable.

the computer (共通の S) { allows (Vt①) / will continue (Vt②) (to allow) (O→(不)(Vt)) } him (共通の O)

28 演習 28 （問題→本冊：p.57）

Among other things, it is usually quite easy to get permission to take pictures in an undeveloped field, the price of admission is free, and there are few if any restrictions on what you can do.

【全文訳】とりわけ，未開発分野で写真を撮る許可を得るのは，通常まったくたやすいし，入場料は無料だし，行動制限があるとしてもほとんどない。

【解説】**it** は**形式主語**で，真主語は to get … field まで。to Ⓥ の to take … は permission を修飾する。ポイントは there are few if (there are) any の副詞節中の［S + be］。この場合は there が主語もどきの副詞。**if** はこの場合は even if **「たとえ〜でも」**。any は any (restrictions) と同じ。**if any** を文尾に置くと restrictions と離れてしまって意味がぼけるために，**挿入**されたもの。if any の前後にカンマがあればはっきりする（→ 91 課）。

29 演習 29 （問題→本冊：p.59）

The writer of a science book, the creators of a new constitution for a country — these do not want to appeal to the emotions of the reader, only to his brain, his understanding. They are not writing literature.

【全文訳】科学の本の著者や一国の新しい憲法の創案者たち，こういった人々は読者の感情に訴えたいとは思っていないのであって，単にその頭脳・理解力に訴えたいと考えているのだ。彼らは文学作品を書いているのではない。

【解説】only to his brain と，前出の to the emotions を並べてみると，(**these want to appeal**) **が省略**されていると見抜ける。否定語（この場合は not）は含まれない。

30 演習 30 （問題→本冊：p.61）

There are said to be more than 600,000 people studying Japanese today, and the number is expected to grow to 4 million within 10 years, according to the Japan Foundation. The first standardized test given by the Japanese government to qualify Japanese language teachers recently attracted nearly 5,800 applicants, including 50 non-Japanese.

【全文訳】60万を超える人々が今日，日本語を学習していると言われているし，その数は国際交流基金によれば10年以内に400万人まで増えると予想されている。日本語教師の資格を与える日本政府による最初の統一試験には最近，50人の外国人を含めて，約5800人が応募した。

【解説】〈There are S studying〉は〈S are studying〉である。〈be said to Ⓥ〉「Ⓥすると言われている」のⓋの 部分に，There are の are が原形 be になって入り込んだのが There are said to be ...，である。第2文の to qualify ... は，test を修飾する。including は applicants を修飾する現在分詞とも，前置詞とも考えられる。

31 演習 31 （問題→本冊：p.63）

You sometimes hear it said that we ought to pronounce in such and such a way, because the word is so written. But this is putting the cart before the horse.

【全文訳】ことばがこのように書いてあるのだから，これこれのように発音するべきなのだということを耳にすることがある。だが，これは本末転倒だ。

【解説】第1文は，You（S）hear（V）it（O）said（C）で，**形式目的語の中身**（＝真目的語）は**名詞的 that 節**。第2文の **putting** は**動名詞**。

32 演習 32 （問題→本冊：p.65）

Most of our knowledge, acquired from parents, friends, schools, newspapers, books, conversation, speeches, and radio, is received verbally. All our knowledge of history, for example, comes to us only in words. The only proof we have that the Battle of Waterloo ever took place is that we have had reports to that effect.

【全文訳】親，友人，学校，新聞，書物，会話，演説，ラジオから得られる知識の大部分はことばによって伝えられる。たとえば歴史の知識はすべてことばによってしか得られない。「ワーテルローの戦いがあった」ということについて私たちが得ている唯一の証拠は，その趣旨の報告が手に入っているということなのだ。

【解説】acquired ... radio までは knowledge を修飾。下線部は **proof と that 節が同格**。proof の直後の **we have は，関係代名詞目的格 that が省略された接触節**。ever は強意の副詞で，「ともかく」くらいの意味。to that effect は「その趣旨の(で)」。

33 演習 33 （問題→本冊：p.67）

Speech is so familiar a feature of daily life that we rarely pause to define it. It seems as natural to man as walking, and only less so than breathing. Yet it needs but a moment's reflection to convince us that this naturalness of speech is but an illusory feeling. The process of acquiring speech is an utterly different sort of thing from the process of learning to walk.

【全文訳】話せることは日常生活であまりにもありふれた特徴なので，時間をとって定義することはめったにない。それは歩くのと同じくらいに，そして，ただ呼吸ほどではないが生来のものに思える。しかしほんのちょっと考えれば，話せることが生得的というのは幻想にすぎないことがはっきりわかる。言語能力を獲得する過程は，歩けるようになる過程とはまったく異なる種類のものだ。

【解説】第 1 文は〈**so ～ that … の構文**〉（→ 39 課）。natural to man は「人間に生来備わった」という意味。man に冠詞がないことに注意。less so = less natural。第 3 文の it は形式主語で，真主語は to convince ～。2 つの but = only。learn to Ⓥは「Ⓥできるようになる」。

34 演習 34 （問題→本冊：p.69）

Because human beings have diverse characteristics, there are a multitude of paths for human development. But it now appears that Japan has only exploited one channel and has ignored most of the others.

【全文訳】人間はいろいろな特徴を持っているので，人間の発達には多くの道がある。しかし，現在日本は 1 つの経路を利用するだけで，ほかはほとんど無視してきたと思われる。

【解説】it appears［that S V X］は「［that S V X］に見える」。the others = the other channels。

35 演習 35 （問題→本冊：p.71）

Human beings are talkative creatures and always have been, so far as we can see. It was our urge to communicate with each other and growing ability to do so that was probably the chief factor in the development that made us different from all other animals.

【全文訳】人間は，私たちが認識する限りにおいては，話し好きな動物であり，いつもそうであり続けてきた。互いに意思を通じさせたいという欲望とその能力の発達こそが，たぶん，人間がほかの動物と異なる発達をした主な要因であったろう。

【解説】第 1 文はカンマを頼りに，so far as ... を前出部分全部に関連させた。第 2 文は，It was, that（so と was の間の）をはずすと，our urge（S）... and growing ability（S）was（Vi）... factor（C）... となる。to do so（= to communicate with each other）は ability を修飾する。後の **that** は，the chief factor（in the development）を先行詞とする**関係代名詞主格**。

36 演習 36 （問題→本冊：p.73）

Connie and I had known each other all our lives. We grew up in Humber Valley, New Hampshire, attended the same schools, even went to the same college, Dartmouth. But it wasn't till our senior year at Dartmouth that we really "discovered" each other.

【全文訳】コニーと私はずっとつき合いがあったのだ。私たちはニューハンプシャーのハンバーバレーで育ち，同じ学校に通ったし，ダートマスというカレッジ（大学）までも同じだった。しかしダートマスの 4 年になって，初めて私たちはお互いを「発見した」のだ。

【解説】第 2 文で **Dartmouth** は **the same college** の**同格語**。第 3 文は楽々〈**It wasn't till ～ that ...**〉と見破れる。

37 演習 37 （問題→本冊：p.75）

Children form attachments to objects at an early age. Most children select a blanket or toy animal to cherish. Usually it is one that they have nearby as they fall asleep.

【全文訳】子どもというのは幼い時期に物に愛着をおぼえる。たいていの子どもは大事にする毛布だとかおもちゃの動物を（1 つ）選ぶ。普通は寝入るときにそばにある物なのだ。

【解説】to cherish は blanket or ... toy animal を修飾する。第 2 文は強引に it is, that をはずすと，文意がぎくしゃくする。it は the objects「そういった物」と解釈する。**one** は不定代名詞で，〈**a/an 十単数名詞**〉と置き換える。ここではあえて置き換えると a thing くらい。

38 演習 38 （問題→本冊：p.77）

I feel that at this stage of my life, simply because of my reading, I have already lived the equivalent of about ten lifetimes of experience. Not that that gives me any feeling of superiority. It doesn't.

【全文訳】私は，人生のこの段階で，単に読書によるところなのだが，自分はすでに約 10 回の人生経験に相当する分を生きたと感じている。だからと言って，それで優越感を持っているというのではない。優越感は持っていない。

【解説】第 2 文の**後の that は前文の内容を指す**。第 3 文は It doesn't（give ...）. と補ってみる。

39 演習 39 （問題→本冊：p.79）

Even Einstein, when he formulated the general theory of relativity in 1915, was so sure that the universe had to be static that he modified his theory to make this possible.

【全文訳】アインシュタインでさえ，1915 年に一般相対性理論を明らかにしたときは，宇宙が静的なものに違いないと確信していたので，このことを可能にするために，自分の理論を修正することとなった。

【解説】so sure ... that he modified ... と把握する。this は「宇宙が静的でなければ」ということ。

40 演習 40 （問題→本冊：p.81）

Maybe people are less sentimental about where they live now because they don't spend much time there. The new houses are efficient workshops, set up so that what has to be done can be done quickly, though without joy, so the people who own them can leave for someplace else. The getaway car is always ready in the driveway.

【全文訳】おそらく人々は現在自分たちが住んでいる場所については，あまりそこで過ごすことはないので，以前ほどは感傷的でないかもしれない。新しい家は効率のいい仕事場であり，しなければならないことが，楽しくはないが，すばやくできるようにできている。それで家の主はどこかほかの場所へ出かけられる。逃走用の車がいつも敷地内の車道に準備してある。

【解説】第 1 文 where ... now は，前置詞 about の目的語。第 2 文の最初のカンマの後は，(being) set up と考える (→ 49 課)。what は関係代名詞で，what ... done は名詞節。though ... without joy は quickly とともに can be done を修飾する。so that ... can を見落とさないこと。下線部 2 つ目の **so** は**「それで」**の意味の**接続詞**。

41 演習 41 （問題→本冊：p.83）

Unlike English in North America and Britain, Australian English has almost no regional accents or dialects, so that the English spoken in one state is much the same as the English spoken in another.

【全文訳】北アメリカやイギリスの英語とは違って，オーストラリア英語にはほとんど地域的ななまりも方言もない。それで 1 つの州で話される英語は，別の州で話される英語とほとんど同じなのだ。

【解説】so that の前にカンマがあり，文の流れからも簡単に**「結果」**ととれる。「同じ」「同様（に）」を意味する表現の前に置かれた much は「だいたい，ほぼ」の意味の副詞。

42 演習 42 （問題→本冊：p.85）

The truck stood in the yard loaded with stone that was to be used for building a wall. The young driver let down the flap and then raised up the body of the truck carelessly high, so that the stone shot down with a noise like a falling cliff.

【全文訳】トラックは壁を作るのに使う石を積んで仕事場に止まっていた。若い運転手がフラップ（あおり）を下ろし，それから車体を無造作に高く上げた。それで石が崩れてゆく崖のようにどさっと落ちた。

【解説】下線部の文型は truck (S) stood (Vi) loaded (C・過分)。**that** は stone を先行詞とする**関係代名詞主格**。**was to be used** がポイントで，**「使うことになっている」**と訳す。**so that** は**「結果」**を表す。

43 演習 43 （問題→本冊：p.87）

Neither dolphins, nor bees, nor chimpanzees in their natural state have anything which is close to human language. When some chimpanzees are taught to use language, they become much more human-like to us. Whether they actually have learned a human-like language is a question we leave for others to resolve.

【全文訳】イルカもハチもチンパンジーも自然の状態においては人間のことばに近いものは何もない。チンパンジーの中には，ことばを使うように教えると，私たちから見ると，（教えられないより）ずっと人間みたいに振る舞うものがいる。そうしたチンパンジーが，本当に人間みたいなことばを学んだかどうかは私たちがほかの人たちに任せて解決してもらう問題である。

【解説】**〈neither ～ nor ...〉**は**「～も…もない」**の相関表現。第 1 文の **which** は**関係代名詞主格**。第 2 文は，to us 以下に than before they are taught to use language が省略されている。第 3 文 Whether ... language は名詞節。we leave 以下は question に対する**接触節**。for others to resolve は leave 「残す」を修飾し，「ほかの人々（＝専門家）が解くように」という意味。

44 演習 44 （問題→本冊：p.89）

Writing is the only thing I am really good at, and it is too late now to become really good at anything else. I am, I think, a competent and conscientious university teacher, but I know there are others who are more dedicated and inspiring.

【全文訳】書くことは，唯一私が本当に得意とすることであるし，もう遅すぎて，ほかのことで本当の腕利きになるのは無理である。思うに，私は有能で良心的な大学教師だが，ほかにもっと献身的でやる気を起こさせる教師がいることを知っている。

【解説】下線部の thing と I の間に，前置詞 at の目的語に当たる **that / which** を補う（→ 17 課）。it is too late の **it** は**「時」を表す it** で，to Ⓥ が too を修飾している。「…になるには遅すぎる」と訳してもよい。too との関係で to Ⓥ の内容が実質的に否定されるので，anything が使われている。

カンマにはさまれた I think は**挿入**なので，文頭に移動すると I think［（that） I am ...］のように主節の SV になる（→ 89 課）。文脈から others = other teachers。

45 演習 45

（問題→本冊：p.91）

A good computer can think clearly and quickly enough to beat you at chess, and some of them have even been programmed to write obscure verse. They can do anything we can do, and more besides.

【全文訳】すぐれたコンピューターは（十分に）はっきり，かつすばやく考えることができるので，人にチェスで勝てるし，中には意味不明な詩までも書くようにプログラムされているものがある。コンピューターは人間のできることは何でも，そしてさらにそれ以上することができる。

【解説】下線部の think に続く箇所は以下のようにとらえる。

clearly }
quickly } enough to ～

we can do は anything に対する**接触節**。

46 演習 46

（問題→本冊：p.93）

Manners change. The changeability of manners makes the whole subject difficult to approach. To take one example: it was not considered bad manners for a gentleman in the 18th century to wear his hat indoors, which he would take off to greet a lady, but then put right back on his head.

【全文訳】行儀作法は変化する。変わりやすいものだから，それに関する問題全体に取り組むのは大変だ。1 つの例を挙げれば，18 世紀の紳士が，室内で帽子をかぶっているのは無作法ではなかったし，その帽子は御婦人に挨拶するのに脱いで，またすぐかぶったものだった。

【解説】第 2 文の骨格は以下のとおり。

changeability	makes	subject	difficult
S	Vt	O	C

下線部の **To take ...** は「例を挙げよう」と訳すのは可能だが，文法的には**条件の意味**を持っている。その後の it は形式主語で，for ... to wear ... indoors が真主語。**which** は継続用法の**関係代名詞**で，先行詞は his hat。but の後の put は would につながる原形。

47 演習 47 （問題→本冊： p.95）

Mistakes are not believed to be part of the normal behavior of a good machine. If things go wrong, it must be a personal, human error, the result of fingering, a button getting stuck, or someone hitting the wrong key. The computer, at its normal best, is believed to be absolutely perfect.

【全文訳】誤ちは性能のいい機械が正常に作動している場合はないものと信じられている。何か間違いがあれば，それは個人的な人間のミス，すなわち指が触れたりボタンが引っかかったり，誰かが誤ってキーをたたいた結果に違いない。コンピューターは通常の最良の状態では絶対に完全だと信じられている。

【解説】第 1 文の骨格は以下のとおり。

mistakes are not believed (to be part (of ...))
S　V(受)　C→(不)(Vi)(C)

things は「状況・事態」。the result は error の**同格語**で，of 以下の-ing は**動名詞**。それぞれ意味上の主語に注意する。第 3 文も第 1 文と同じ文型。

48 演習 48 （問題→本冊： p.97）

Believing as they do that freshness and originality are the key elements in any great dining experience, Americans have turned their curiosity to one ancient kind of fish more hated than hungered for: the shark.

【全文訳】新鮮さと奇抜さがどんな豪盛な食体験にも重要な要素だと信じているので，アメリカ人は切望されていたよりはむしろひどく嫌われていた大昔からいる種類の魚 — 鮫（サメ）— に好奇心を向けたのだ。

【解説】下線部 Believing ［as they do］ that ... の［　　］内は **as が様態の接続詞**で，**do** は believe の代役をする**代動詞**。**Believing** は Since/As/Because they believe の意味の**分詞構文**。more = rather。

49 演習 49 （問題→本冊：p.99）

Human life may be said to be obsessed with death. Everybody is said to be afraid of death. All the same sooner or later everybody becomes adjusted to life, fully aware that he is going to die.

【全文訳】人間の生は死に取りつかれていると言えるかもしれない。人は皆死を恐れていると言われている。にもかかわらず遅かれ早かれ皆，自分が死ぬのを十分承知して，生になじんでいく。

【解説】下線部の fully aware ... の前にカンマだけで接続詞がないことから，fully 以下は **being のない分詞構文**とわかる。

50 演習 50 （問題→本冊：p.101）

MIT had built a new cyclotron while I was a student there, and it was just beautiful! The cyclotron itself was in one room, with the controls in another room. It was beautifully engineered.

【全文訳】マサチューセッツ工科大学は私が在籍しているころに新しいサイクロトロンを建設したが，実にすばらしいものだった。サイクロトロン自体と制御装置は別々の部屋にあった。それはすばらしい設計だった。

【解説】下線部の with の後が the controls in another room と〈with ＋名詞＋副詞句〉になっているので，意味上は the controls were in another room。

51 演習 51 （問題→本冊：p.103）

In primitive societies a system of barter was used. Barter was a system of direct exchange of goods. Somebody could exchange a sheep, for example, for anything in the marketplace that they considered to be of equal value.

【全文訳】原始社会では物々交換制度が用いられた。物々交換というのは品物を直接交換する制度だ。例えば，人は羊を，人々が等価値があると思う市場に出ているどんな物とでも交換できた。

【解説】第 1 文の **of は同格**。第 2 文の前のほうの **of も同格**だが，exchange of **は目的の of**。この課のポイントは，of equal value ＝ equally valuable。関係代名詞目的格 that の先行詞は anything。in the market place は anything を修飾している。

下線部の that 以下の構造は以下のとおり。

that	they	considered	(to be ... value)
O	S	Vt	C

52 演習 52 （問題→本冊：p.105）

> Each power also has its allies and satellite states, the hard cores of which are bound together in the two groupings of NATO and the Warsaw Pact. Some countries, like Japan, are perfectly reliable allies who are not included in the main grouping for geographical reasons.

【全文訳】各大国はまた同盟国と衛星国を持っているが，その中心となる国々はNATO とワルシャワ条約機構という２つのグループを構成している。日本のように，地理的な理由で主要な集団に入ってはいないが，完全に頼れる同盟国と言える国々もある。

【解説】第１文の which の先行詞は its allies ... states。groupings の後の **of** は**同格の of**。NATO and the Warsaw Pact are the two groupings と変えられる。

53 演習 53 （問題→本冊：p.107）

> “National security” has become a commonplace expression, a concept regularly appealed to. It is used to justify the maintenance of armies, the development of new weapon systems and the manufacture of armaments.

【全文訳】「国家の安全」という表現は新味のない表現，つまりいつも用いられる概念となった。この表現は軍隊を維持し，新しい兵器装置を開発し，兵器を生産するのを正当化するために利用される。

【解説】第１文の concept は expression の同格語。appealed to は concept を修飾する。下線部の **of** は３つとも**目的格の of**。maintain (Vt) armies (O), develop (Vt) new weapon systems (O), manufacture (Vt) armaments (O) とできる。

演習 54 （問題→本冊：p.109）

In their struggle for equality, Japan's feminists have for the most part avoided the strong political pressure and aggressive rhetoric that have characterized the women's movement in the United States. Their methods reflect a difference in the nature of society in Japan and the United States.

【全文訳】平等を勝ち取る闘いにおいて，日本の男女同権論者たちはたいていアメリカの女性運動を特徴づけてきた強い政治的圧力と攻撃的なことばづかいを避けてきた。日本の男女同権論者たちの方法は日米の社会の特質の相違を反映している。

【解説】their struggle for equality は they（S） struggle（Vi） for equality（M）ということ。**関係代名詞主格 that** の先行詞は，pressure と rhetoric。

演習 55 （問題→本冊：p.111）

Every man, in reading, is his own best critic. Whatever the learned say about a book, however unanimous they are in their praise of it, unless it interests you it is no business of yours.

【全文訳】人は皆，読書については，自身の最良の批評家だ。学識ある人々が本について何と言おうと，どんなに彼らが口をそろえてその本をほめようと，本が読者の関心を引くのでない限り，その本はその人にはどうでもいいものなのだ。

【解説】第 1 文の in reading は，「読書するとき」よりは「読書について／おいて」の意味。Whatever = No matter what。however = no matter how。ポイントは their praise of it が they（S） praise（Vt） it（O）ということ。下線部にある unless は except it/when「（～の）場合を除いては→～でない限り」と同じ。

演習 56 （問題→本冊：p.113）

The social experiences and values of the old and the young have always been in conflict; if younger people did not question the advice and beliefs of their parents, little change or 'progress' would ever occur.

【全文訳】老いた人々と若者たちの社会的経験と価値観はいつも対立してきた。仮に，若いほうの人々が親たちの忠告とか信念に疑いを持たないとすると，変化とか「進歩」はほとんどないだろう。

【解説】下線部は事実と逆の仮定。実際は，若者が疑問を持つから，変化・「進歩」がある。

57 演習 57 （問題→本冊：p.115）

After all, it seemed that wherever I traveled there were some people who spoke English. What a great convenience it would be if English were to become everybody's major language! A great convenience for us English-speaking people, that is.

【全文訳】結局，旅行の先々に英語の話せる人たちがいると思われた。仮に英語がすべての人の主要な言語になるようなことがあれば，何と便利なことだろう。私たち英語を話す人々にはとても便利だということだ。

【解説】〈**it seemed that**〉は成句的表現。wherever「（～する所）はどこでも」「どこへ［で］～しても」。下線部は if の前で区切る。it would be .../if ... were to become ... とくっきり見えるはず。第 3 文の that is は，本来は **That is ...** と文頭に来るべきもので，「**…ということなんだ，つまりは**」の感じ。

58 演習 58 （問題→本冊：p.117）

Biologists observed that when a frog was placed in a cage with the snake, the tail rattled. The frog then leaped at the rattles as if they were an insect and bit the snake's tail. The snake proceeded to devour the frog.

【全文訳】生物学者たちは，蛙をその蛇と一緒にかごに入れると蛇の尾がガラガラ鳴るのに気づいた。すると蛙はガラガラヘビの音響器管に，まるでそれが昆虫ででもあるかのように飛びついて，蛇の尾にかみついた。蛇は蛙をのみ込み始めた。

【解説】**as if 節の動詞が過去形**ということは，想定されていることが述語動詞と**同時**に起こっているということ。

59 演習 59 （問題→本冊：p.119）

Often and often in afterlife I have come across people doing jobs that I had never dreamed of before, and which would have thrilled me had I been told about them at school.

【全文訳】後年になって何度となく，私は以前夢にも思わなかった職業で，しかも学校時代にその職業のことを聞いていたならば，胸がワクワクしたと思われる職業についている人たちに出くわしたことがある。

【解説】doing jobs は people を修飾。jobs の後の that は関係代名詞目的格（dreamed of の目的語）。2つ目の関係詞節が条件・帰結ともに仮定法過去完了。which would have thrilled me had I been told ... me と，had が意味の上で不連続なのに気づく。had I been told は，この課のポイントである **if の省略による倒置**で，本来は **if** I had been told。

60 演習 60 （問題→本冊：p.121）

> Conversation, like daily living, requires you to exhibit a considerable trust in others. Life would be extremely difficult, perhaps even impossible, without such trust.

【全文訳】会話では，日常生活と同様に，他人に対して相当の信頼を置いていることを示す必要がある。もし（他人に対する）このような信頼がなければ，生きていくのが極めて困難だろうし，おそらく不可能ですらあろう。

【解説】Life would be ... without ... と見据えて，**時制を判断**する。ここでは現在の事実に反する仮定。

61 演習 61 （問題→本冊：p.123）

> It is believed that water which in other animals would be passed off by the body is, by the camel, used over again: in effect recycled, as if the camel had an almost closed air conditioning system.

【全文訳】ラクダは，ほかの動物の場合だと体が排出する水分をまた使うと信じられている。つまり，実際は，まるでラクダがほとんど密閉された空気調節装置を持っているみたいに，水を再利用しているのである。

【解説】下線部の **It** は**形式主語**。続く関係詞節は**仮定法** would be passed off となっている。**条件**になり得るのは which 節中の **in other animals**「ほかの動物の場合ならば」しかない。コロンの後は（water is） in effect recycled と補う。

62 演習 62

（問題→本冊：p.125）

> Most of those who urge spelling reform are honest enough to say that their proposal, whichever it may be, is a “fundamental,” a “radical” change; otherwise it would not be “rational.”

【全文訳】綴り字改革を説く人々のうち大部分は，率直にも自分たちの提案はいずれにしても「根本的」「徹底的」な改革で，そうしないと「合理的」ではないであろう，と言う。

【解説】those who は本問では the people who。who 節は reform まで。be ～ enough to Ⓥ「…するほど十分～」「～にも Ⓥ する」。are が Most の述語動詞。whichever = no matter which。さてポイントは otherwise it would not be ... だが，it = their proposal であり otherwise が意識する対象となる SVX は，their proposal is a ... change と探り当てる。if it were not a ... change である。

63 演習 63

（問題→本冊：p.127）

> Separation for a day or two at birth does not seem to damage a monkey mother’s love for her baby. Why should human mothers be more affected, when they can see the baby through the nursery glass and look forward to holding the baby in a few hours?

【全文訳】生まれて 1 日か 2 日引き離しても，母猿が赤ちゃん猿に対して持つ愛情に影響はないと思われる。人間の母親が，新生児室のガラス越しに赤ちゃんが見れて，数時間すれば赤ちゃんを抱けるのを楽しみに待っているときに，感動ぶりが母猿以上なのは一体なぜなのだろう。

【解説】第 1 文の a monkey mother’s love for her baby は，意味上 a monkey mother loves her baby。第 2 文の should は「一体…」。more affected（than a monkey mother）と補う。母猿と比べていたのだ。

64 演習 64 (問題→本冊：p.129)

Life, for most people, is not so much "a bowl of cherries" as a succession of difficult decisions. Consider a typical young woman entering her senior year in high school. During the years ahead she will have to make many important choices.

【全文訳】人生は大多数の人にとって，「楽なこと」というよりはむしろ困難な決断の連続である。典型的な（例として），高校３年生になる若い女性を考えてみなさい。これからの数年間彼女は重要な選択をたくさんしなければならない。

【解説】下線部はすっきりした〈**not so much A as B**〉。entering は woman を修飾する現在分詞。

65 演習 65 (問題→本冊：p.131)

As late as the 1870s almost all the nature tourists on the American frontier continued to be foreigners. Americans went west for science and discovery, for fur and gold, to fight Indians and secure homesteads. The foreigners were there for fun. Their pioneering was in wilderness appreciation.

【全文訳】つい 1870 年代にはアメリカの辺境地に自然を求める旅行者のほとんどすべては，ずっと外国人だった。アメリカ人は科学と発見を求めて，毛皮と金を求め，インディアンと戦って，自作農場を確保するために，西部へ行った。外国人は楽しみを求めて行った。彼らは荒野鑑賞の先駆者だった。

【解説】late は「最近」という意味なので，as late as 〜は「〜も最近」「つい〜」。continue to be 〜は「〜であり続ける」「ずっと〜」。Their pioneering ... は They（S）pioneered（Vi）... という意味に解される。

66 演習 66 (問題→本冊：p.133)

The Japanese shores are the scene of more drownings, relative to population size, than any other coast in the world. Many explanations are offered for this disturbing fact. The waves and currents are uniquely dangerous. But the experience of a casual traveler will deny this: the waters are no more dangerous than those found anywhere else in the world's oceans.

【全文訳】日本の海岸は，人口の規模の割に，世界の海岸の中で最も溺死が多い場所となっている。この困った事実に対して多くの説明がなされる。波と海流がどこと比べても危険だ（といったように）。しかし，ふらりと旅行に来た人の経験でこのことは否定される。つまり日本の海域は世界の大洋のどこにでも見られる海域と同程度に危険性は少ないのである。

【解説】第 1 文は more（drownings）than any other（coast）「どんな（海岸）よりも（溺死）が多い」。no more（dangerous）than ～「～と同様に（危険）ではない」「同程度に安全」。

67 演習 67 （問題→本冊：p.135）

Americans feel that the first rule of being a courteous guest is, 'Be prompt.' If a person is invited to dinner at six thirty, the hostess expects him to be there at six thirty or not more than a few minutes after.

【全文訳】アメリカ人は，客として礼儀正しさの一番の規則は「時間を守れ」ということだ，と思っている。人を 6 時半に食事へ招待すると，招待するほうは，客が 6 時半かせいぜい数分後には来るものと期待する。

【解説】not more than a few minutes after をしっかりマークする。after は after six thirty ということ。

68 演習 68 （問題→本冊：p.137）

Civilized man, like primitive man, is moulded by society just as effectively as society is moulded by him. You can no more have the egg without the hen than you can have the hen without the egg.

【全文訳】文明人は，原始人と同様，まったく社会によって形成されるが，それはちょうど社会がまったく文明人によって形成されるのと同じだ。めんどりがなければ卵がないのは，卵がなくてはめんどりがないのと同じだ。

【解説】**～just as effectively as ... は「…（の）とまったく同じように完全に～」**としてもよい。下線部は実にすっきりした〈**no more A than B**〉。否定表現を入れて**「B と同様に A ではない」「A でないのは B と同じ」。比較の基準は than の後の「B」**であることを絶対に忘れないこと。

69 演習 69 （問題→本冊：p.139）

In producing new and unsuspected wonders to our gaze, scientists have only succeeded in deadening our sense of wonder. At the same time, they are bringing about an increasing exhaustion of the resources no less of man than of the earth.

【全文訳】新しい思いもよらない製品を作って，私たちの注目を集めた場合，科学者は私たちの驚きの気持ちを和らげるのに成功したにすぎない。同時に，それは科学者が地球の，また人的資源をますます使い果たす原因を作っていることになる。

【解説】to our gaze は「その結果私たちが注目する（こと）」。exhaustion of the resources は，exhaust（Vt）the resources（O）とできる。最後の部分は the resources of man/of the earth に no less ～ than ... を割り込ませた形。冗長になるが，than の前後に節を整えると，they are no less bringing about an increasing exhaustion of the resources of man than they are bringing about an increasing exhaustion of the resources of the earth。

70 演習 70 （問題→本冊：p.141）

Thanks to modern machinery, production is outrunning consumption. Organized waste among consumers is the first condition of our industrial prosperity. The sooner a consumer throws away the object he has bought and buys another, the better for the producer.

【全文訳】現代の機械のおかげで，生産が消費を超過している。消費者側が組織的に浪費することが現代の産業が繁栄する第一条件だ。消費者が買ったばかりの物をすぐに捨てて，別にもう 1 つ買えば，それだけ生産者には都合がいいのだ。

【解説】下線部の The sooner ..., the better ～（**〈The ＋比較級 ..., the ＋比較級～〉の構文**）がポイント。前の節が従属節で，後のほうが **SV（it is）が省略された主節**。この it は the situation「状況」と考えるとよい。he has bought は object に対する接触節なので，object（that / which）と関係代名詞目的格を補うとよい。

71 演習 71 (問題→本冊：p.143)

Adjustment is made all the more difficult because we are often unconscious of the stress we are suffering. We have become an expert at re-channeling the effects of stress through motives such as ambition, perfectionism, and dedication to work. Yet the effects of "masked stress" are all the harder to deal with because they are not easily recognizable.

【全文訳】私たちはよく自分が被っているストレスを意識していないことが多いので，それだけ調整がいっそう困難になる。私たちはストレスの影響を，大望や完璧主義や仕事への献身といったような動機によってほかの方向へ向けることには熟練するようになった。しかし「潜在性のストレス」は，容易には認識されないためにそれだけいっそう処置するのが困難だ。

【解説】第 1 文の主節は，Adjustment (S) is made (V・受) all the more difficult (C) で，the は副詞。we are suffering は stress に対する**接触節**。2 つ目の下線部にも，all the harder と，〈the ＋比較級〉がある。両者ともに because 節と連動している。

72 演習 72 (問題→本冊：p.145)

Of course, Japan could not match American-style housing in the best of circumstances. Only about a fifth of the country is habitable, and the population of 122 million is half that of the United States. But government policies have made land scarcity and crowding significantly worse.

【全文訳】もちろん日本は情況が最善だとしてもアメリカ式の住宅事情にはかなわないだろう。国土の約 5 分の 1 しか住めないし，1 億 2 千 2 百万の人口はアメリカの人口の半分だ。しかし，政府の政策のために土地不足と過密状態は相当悪化の一途をたどっている。

【解説】the best の前に even を置くと意味がはっきりする。第 2 文の **that** は the population を受ける**代名詞**。第 3 文は policies (S) have made (Vt・現完) scarcity and crowding (O) worse (C)。

73 演習 73 （問題→本冊：p.147）

Why does a baby begin to make sounds in the first place? Is it instinctive, like crying? It seems not to be. A puppy raised apart from other dogs will know how to bark when he gets old enough, but the few children we know of who grew up without human contact grew up almost wholly mute.

【全文訳】 まず第一に，なぜ赤ん坊は音声を発し始めるのだろうか。泣くのと同様に，本能的なものなのだろうか。そうではなさそうだ。ほかの犬から離されて育った子犬は，時期が来れば吠え方を覚えるものだが，私たちが話で知っている子どもの中で，人間と接触しないで育った少数の子どもは，成長してもほとんど口がきけなかった。

【解説】 第 2 文から第 3 文にかけての **it** と **It** は，**「音声を発すること」**。第 4 文の will は習性・傾向。下線部の the few 以下の文構造は以下のとおり。

the few children［we know of］［who grew up ...］grew up ... mute.

children = S　grew up = Vi　mute = C

74 演習 74 （問題→本冊：p.149）

Interest in the past is prompted by many kinds of stimulus. Some writers and readers turn to history for adventure and escape, others seek lessons which they believe it will teach.

【全文訳】 過去に対する関心は多くの種類の刺激によって誘発される。冒険や逃避を求めて歴史に眼を向ける作家や読者もいれば，歴史が教えてくれると信じている教訓を見つけようとする作家や読者もいる。

【解説】 下線部は，Some writers and readers ...，others（= other writers and readers）... と考える。lessons which〈they believe〉it will teach で，**which** は teach の目的語である**関係代名詞**。

75 演習 75 （問題→本冊：p.151）

The motives that bring an audience together to hear a talk are bound to be mixed. Some members will have come out of genuine interest in what you have to say; others will come because they regularly attend the meetings, whatever the topic for the evening.

【全文訳】 講演を聴くために聴衆が集まる動機は必ずさまざまだ。講演者が言いたいと思っていることに本当に興味があって来る人もいるだろうし，夕方の演題が何であれいつも来ているから来る人もいるだろう。

【解説】第 1 文の**関係詞節**は that ～ talk までで **that** は**主格**。〈have to〉ではなく，以下のようになる。

［what you have］（to say）

whatever = no matter what。文尾に may be か is を補う。

76 演習 76 （問題→本冊：p.153）

Education promoting coping-skills and realistic strategies for dealing with stress is important in helping young people recognize that problems can be confronted, though not necessarily solved.

【全文訳】問題を処理する技術や，ストレスを処理するための実際的な対処法を促進する教育は，若者が，問題は必ずしも解決されなくても，ひるまずに立ち向かうことはできるのだ，と認識するのを促す上で重要だ。

【解説】promoting は Education を修飾する。〈help O（to）Ⓥ〉は，「O がⓋするのを助長する」という意味。カンマ以下は**副詞節**なので**〈S ＋ be〉が省略**されている。though（they are）not ... と補う。**not necessarily** は**部分否定**で**「必ずしも…ない」**。

77 演習 77 （問題→本冊：p.155）

I don't understand why some people insist on filling the air with noise. They can't stand to be in a car without having the radio on. They can't stand being anywhere with nothing but the natural sounds of earth in their ears.

【全文訳】なぜ外気を騒音だらけにするぞと言わんばかりの人がいるのか理解できない。そういった人たちはラジオをつけっぱなしにしないでは車に乗っていられない。彼らは地上の自然の音しか聞こえないでは，どこにいるのも耐えられない。

【解説】下線部は ... can't stand ... without ... という**二重否定**。stand は「～を耐える」。having the radio on は have（Vt）the radio（O）on（C）の文型なので，The radio（S）is（Vi）on（C）. の内容を読むこと。第 3 文は nothing but = only で，with ～ in their ears は「～が耳に入っている状態で」の**付帯状況**（→ 50 課）。

78 演習 78 （問題→本冊：p.157）

> Ruskin said: 'Great nations write their autobiographies in three manuscripts, the book of their deeds, the book of their words and the book of their art. Not one of these books can be understood unless we read the two others, but of the three the only trustworthy one is the last.'

【全文訳】ラスキンは言った。「偉大な国家は自伝を書くのに３つの本，すなわち行為の本・ことばの本・芸術の本，を使う。３冊の本のうち，ほかの２冊を読まないで理解できるものは１冊もないが，３冊のうちで唯一信頼に値するのは３つ目（の芸術の本）である」と。

【解説】下線部が Not one ～ unless ...「1 つも～ない，…しないでは」と**二重否定**。「1 冊を理解するにはほかの 2 冊を読まなければ…」「ほかの 2 冊を読んでこそ 1 冊の本が理解できる」と訳す。

79 演習 79 （問題→本冊：p.159）

> The settlement of America was a unique experience in the history of man. Never before in recorded times had a whole culture — in this case, the culture of Western Europe — been transferred bodily to another and previously unknown continent.

【全文訳】アメリカに入植したことは人間の歴史上特異な経験だ。有史以来，１つの文化全体が ― この場合は西欧文化 ― がまるごと別の，以前は未知であった大陸へ移されたことはなかった。

【解説】以下の倒置に注意（第２文）。

Never ...	had	a whole culture	been transferred ...
否定の副詞	V（助）	S	V（受）

80 演習 80 （問題→本冊：p.161）

A subway system in Sendai, which is the technology's most celebrated showpiece, is operated by a fuzzy computer. Not only does it give an astonishingly smooth ride, but it is also 10% more energy efficient than systems driven by human conductors.

【全文訳】仙台の地下鉄網は，技術上最も有名なすぐれた見本なのだが，ファジーコンピューターで操作されている。乗り心地が驚くほどなめらかであるだけでなく，またほかの人間が管理して操作している鉄道網よりもエネルギー効率が 10 %だけいい。

【解説】以下の倒置に注意（第 2 文）。

Not only does it give ...

v（助） S Vt

81 演習 81 （問題→本冊：p.163）

Africa, though it is a huge continent, has for a very long time been the home of only a small part of the world's population. Only in the earliest times, when there were very few humans about, may this not have been true.

【全文訳】アフリカは巨大な大陸だが，長期間にわたって世界人口のほんのわずかな人々だけが住んできた。（この）周囲に人類が極めて少ししか存在しなかった最も初期の時代だけは，こういったことはなかったかもしれない。

【解説】以下の**倒置**に注意（第 2 文）。

Only in the earliest time ... may this not have been true.

副詞句 v（助） S V（完）（否） C

when は times を先行詞とする関係副詞。

82 演習 82 （問題→本冊：p.165）

Hundreds of millions of years passed after the earth was formed, and then came the strangest and most wonderful event of all — the beginning of life. Science is at a loss to tell how or why life began or what it looked like.

【全文訳】地球が形成されてから何億年もたったが，そのときに起きたのがすべての中で最も不思議ですばらしい出来事 — 生命の始まり — だった。科学によっては現在どのように，なぜ，生命が始まり，それがどんなふうなものであったかは説明がつかない。

【解説】以下の**倒置**に注意（第 1 文）。

and then came ... event
副詞 Vi S

以下の構造にも注意（第 2 文）。

tell { [{ how / or life began / why] (life: S, began: Vi)
or
[what it looked like] (what: like の目的語, it: S, looked: Vi, like: (前))

83 演習 83 （問題→本冊：p.167）

The great pleasure in traveling in Southeast Asia is the excitement of meeting new people. It's people that make travel worthwhile. More than anything I remember from my travels in Southeast Asia are the many different individuals I met and got to know along the way. People have opened their countries, their homes, and their hearts to me.

【全文訳】東南アジア旅行での大きな喜びは，会ったことのない人々に会う感動だ。旅を価値あるものにするのは人々だ。私が東南アジアを旅して覚えているどんなものよりも優るのは，私が途中で会って知り合いになった多くのさまざまな人々だ。人々は私に対して自分たちの国，家庭，心を開いて見せてくれたのだ。

【解説】the excitement of meeting「人に会う（という）興奮」。第 2 文は**〈It is, that〉の強調構文**。第 3 文は More（C） than ... are（V） the ... individuals（S）... で，複数形の名詞が are の主語であることに着目する。[I remember ... Asia] は anything に対して，[I met ... got to know ...] は individuals に対する**接触節**。

84 演習 84 （問題→本冊：p.169）

Certain basic conditions seem to prevail in all conversation, and many of the details of individual conversations are best understood as attempts that speakers (and listeners) make to meet these conditions. Above all, conversation is a social activity and, as such, it shares characteristics of all social activities. These characteristics we usually take for granted so that it is only their absence we notice.

【全文訳】 ある基本的な条件がすべての会話を支配しているように思われるし，個々の会話の細部の中には話者（と聴者）がこの条件を満たそうとして行う試みとして理解するのが最良なものが多い。とりわけ，会話は社会的活動であり，そういうものとしてすべての社会活動の特徴が会話にもある。こういう特徴を私たちは普段は心にとどめることはない。その結果，私たちが気づくのはその特徴が欠如していることだけだ。

【解説】 第 1 文の **that** は**関係代名詞目的格**。that 節は make までで，to meet ... も attempts を修飾する。第 3 文では，**〈take O for granted〉「〜を（慣れすぎて）当然と思う／よく考えないでしまう」**の目的語が主語 we の前に飛び出していることに注意。第 3 文の **so that** は**「結果」**。その後は**強調構文**なので，it is only their absence (that) we notice と考える。their absence は They are absent ということ。

85 演習 85 （問題→本冊：p.171）

A dramatic presentation of the use of the hand in conversation was portrayed through the medium of the dance by a modern dance performance presented by students at New York University. The dance interpreted an adolescent speaking over the telephone. No word was spoken, but the wide variety of gestures made clear to everyone what the performer was saying.

【全文訳】 会話の中で手が役立つことを劇で上演したのは，ダンスによってニューヨーク大学の学生らが行った現代舞踊であった。その舞踊は電話で話している青年を表現した。ことばは話されなかったが，種々のさまざまな手ぶりで，すべての人は演技者が何を言っているかはっきりわかった。

【解説】 第 1 文では，presentation of the use「効用を上演すること」と the use of the hand「手が役に立つこと」の 2 つの of に注意。また，以下の構造を把握する。

was portrayed ... (by a modern dance performance) presented by ...

第 3 文では，made clear ... ［what the performer was saying］で what 節の目的語が長いため，それが補語の後に移動されている。

86 演習 86 （問題→本冊：p.173）

I heard a sudden succession of sharp, scattered cries, and then I saw the owl flying across the yard with a swallow in its claws. With wild shrieks the small companion bird followed, now swooping over the owl, now diving right in front of it in its desperate attempts to rescue its mate. So fierce was its attack that I saw the owl hesitate in its flight, and, for a fraction of a second, I thought it was going to let go its prey.

【全文訳】突然鋭い散発的な声が続くのが聞こえ，そのときフクロウがツバメを爪で押えたまま庭を飛んで横切るところが見えた。荒々しい金切り声をあげて，小さな仲間の鳥が迫って，ふくろうに飛びかかったかと思うと，必死になって仲間を助けようとしてフクロウの真正面に急降下した。その攻撃があまりにもすごいので，私にはフクロウが飛ぶのをためらうのが見えた。そしてほんのちょっとの間，私はフクロウが獲物を放すかと思った。

【解説】第１文では以下に注意。

I saw the owl flying ... with a swallow （in its claws）
S Vt O C 名詞 副詞句

with が**付帯状況**を表して，「ツバメが爪の中にある状態で」の意味になる。
第３文では So が文頭に出て，以下のように**倒置**されている。

So fierce was its attack ...
C Vi S

また，I（S） saw（Vt） the owl（O） hesitate（C）... の **see** は**知覚動詞**。〈let O go〉は〈let go O〉の用法もある。

87 演習 87 （問題→本冊：p.175）

Cup your hand over one eye. At first there seems to be little change. Your brain is inferring depth from such cues as perspective, size, overlapping, variations in color and texture and shading, haze on distant scenery, and so on. Motions are important. When you move your head, close objects shift more rapidly across your visual field than do distant ones.

【全文訳】手を片目に当てなさい。初めのうちはほとんど変化がないように思える。あなたの頭脳は遠近感，大きさ，重なり，色・質感・明暗の変化，遠くの景色のもやなどを手がかりに奥行きを推測している。動きは重要だ。顔を動かすときに，近くにある物体は遠くの物体よりも速く視界を横切っていく。

【解説】下線部の than 以下に do（v・助）distant ones（S）の倒置がある。**do** は**代動詞**で shift across ... field の意味。

88 演習 88

（問題→本冊：p.177）

Men can communicate; so can the other animals. But men can communicate across the barriers of time and space, while the other animals cannot, for man alone holds the secret of the greatest of all inventions: the written world.

【全文訳】人間は意思伝達ができるし，ほかの動物もできる。しかし，人間は時と空間の壁を越えて意思伝達ができるのにひきかえ，ほかの動物はできない。というのは，人類のみがすべての発明中最も偉大なるものである秘法，つまり書きことばの世界を持っているからだ。

【解説】**So** can（v・助） the other animals（S）の**倒置**がポイント。第 2 文の while は対比を表す。the secret of ... の of は**「同格」の of** で，the written world は the secret の同格語。

89 演習 89

（問題→本冊：p.179）

No one goes abroad more happily than I do and few, I think, can have kindlier friends of foreign blood; but all the same, when I land in England it is always with a stirring of the heart.

【全文訳】私ほど楽しく外国に行く者はいないし，私が思うには，私ほど親切な外国人の友人を持てる人はほとんどいない。が，にもかかわらず，イギリスに着くときはいつも心が躍動する。

【解説】下線部の **do** は**代動詞**で，go abroad の内容を持つ。and few, I think, ... となっているので，I think を few の前に移動して考える。セミコロンの後は when 節の内容が主節の it にまとめあげられている。it（S） is（Vi） with a stir（C）... の構造で，**with** は**「持っていて」「伴っていて」**の意味。

90 演習 90 （問題→本冊：p.181）

I have argued for several years that numbers are something of an invention of the human imagination, that the real world consists of shapes, sizes, structures, patterns, and so on, and very often, though not necessarily, unless we can visualize them in some form, numbers do not convey very much.

【全文訳】私はこの数年間，数は人間の想像力のちょっとした発明品で，現実の世界は形・大きさ，構造，様式などで成立しており，必ずというわけではないが非常に多くの場合，何らかの形で（数を）視覚化しない限り，数はあまり多くを伝えない，と論じてきた。

【解説】**2つ目の that 節**には，**2つの等位節**（the real world consists of ... と numbers do not ...）があることを押さえる。また very often, though not necessarily, ... の though not necessarily「必ずというわけではないが」は，追加的に**挿入**されている。

91 演習 91 （問題→本冊：p.183）

In many cases known reserves or even likely reserves will begin to run out during the next hundred or few hundred years. These resources have been laid down over many millions if not billions of years.

【全文訳】多くの場合，今わかっている埋蔵量とかありそうな埋蔵量でさえ，これからの百年あるいは二，三百年の間に，枯渇し始めるだろう。こういった資源は何十億年ではないにしても，何百万年にも渡って蓄積されてきたのだ。

【解説】第 2 文の **over** は，「**（…の期間）に渡って**」の意味の前置詞。構造的には以下のような共通関係をとらえることが重要。

many millions ⎫
⎬ of years
if not billions ⎭

92 演習 92

（問題→本冊：p.185）

If you are acting as mother, father, food-provider and protector to an animal, half a year is enough to build up a very real friendship with it. The creature trusts you and, what is more important, behaves naturally when you are around.

【全文訳】動物に対して母親として，父親として，飼育係として，そして保護者としてふるまうとしたら，半年というのはその動物と本当の友情を築きあげるのに十分だ。動物は世話した人を信頼し，さらに重要なことに，その人がまわりにいた場合自然なふるまい方をする。

【解説】**as** の後の名詞が「唯一のもの」であれば**冠詞を置かない**のが通例。**you** は**一般の人**を意味する。ポイントは **what is more important「より重要なことには」**だが，前後にカンマがあることからも副詞的な感じを持たせる**挿入表現**になっている。

93 演習 93

（問題→本冊：p.187）

The reason that we know as much as we do about the early plants and animals is that in many cases the earth has kept its own records. When mud is squeezed together with great force, as may happen when there is an upheaval of the earth's crust, this mud will in time turn to stone.

【全文訳】私たちが初期の動植物について現在のようにたくさん知っている理由は，多くの場合，地球が自身の記録を保存していてくれているということだ。泥が強い力で圧迫されると，地球の地殻が隆起するときに起こるようだが，この泥はやがて石に変わるのである。

【解説】第 1 文の reason の後の **that** は**関係副詞**。we know ... の部分に続く **do** は**代動詞**で know の代わり。文字どおりには，「私たちは自分たちが知っているのと同じくらいたくさん知っている」ことから，「実によく知っている」の気持ち。as may happen において **as** は**関係代名詞**で，前出の mud is ... force を指す。

94 演習 94 （問題→本冊：p.189）

Ever since her childhood she had been hearing her mother and her mothers friends talking of the new woman and the new woman's right to live her life as she chose. She felt that, social customs or no social customs, she should be free to become an unmarried mother if she wanted to.

【全文訳】子どものときから彼女は母親と母親の友人たちが新しい女性とか，自分の選ぶとおりに生活するという新しい女性の権利のことを話しているのを耳にしていた。彼女は，社会的慣習であろうとなかろうと，自分が望めば自由に未婚の母になれるべきだと思った。

【解説】第 1 文の文の骨組みは以下のとおり。

she (S) had been hearing (Vt（過完・進）) { her mother (O①) and her mothers friends (O①) } talking of (Vt) { the new woman (O②) / the new woman's right (O②) }

(to live her life [as she chose])
（不）（Vt） O

第 2 文は，**or をはさんで対立する表現**になっていることに着目する。この表現はイディオムと見たほうがいいが，無理に節にすると，whether she should follow social customs or not となる。as は様態「～のように」の意味の接続詞。

95 演習 95 （問題→本冊：p.191）

Spoken language, rich and beautiful as it can be in other respects, must often be less compact and complex, because it does not have the precise syntactical signals that marks of punctuation give to written language.

【全文訳】話しことばは，ほかのいくつかの点では豊かで美しいものになる可能性はあるけれども，簡潔さや複雑さはそれほどでもないことが多いに違いない。なぜかというと，話しことばには句読法の符号が書きことばに与えるような，正確な統語論上の記号がないからだ。

【解説】以下の語順をきちんと判断すること。

rich and beautiful (C) as it (S) can be (V)

signals の後の **that** は**関係代名詞目的格**。

96 演習 96 （問題→本冊：p.193）

Anthropologists seeking the origins of humankind have attempted to differentiate between most animals and the genus “human”. One distinction they find is that humans employed tools. Humankind as we know it probably could not have evolved or survived without tools.

【全文訳】人類の起源を追及している文化人類学者たちは，たいていの動物と「ヒト属」とを区別しようとしてきた。彼らが見いだしている 1 つの区別は，人間は道具を使ったことである。私たちの知る人類はたぶん，道具がなければ，進化も生き残ることもできなかったであろう。

【解説】seeking は Anthropologists を修飾する。[they find] は distinction への接触節。下線部のポイントは以下のように as 節が名詞を修飾すること。

Humankind [as we know it]

without のある**仮定法過去完了**にも注意。

97 演習 97 （問題→本冊：p.195）

If the chief end of all art is delight, there is small blame to be attached to most of us in that we are glad to take our pleasure carelessly and to give little thought to the means whereby we have been moved.

【全文訳】もし，すべての芸術の主な目的が喜びであるなら，私たちが気楽に楽しみ，自分たちが感動したわけをほとんど考えないで喜んでいるからといって，私たちの大多数はほとんど非難されるべきではない。

【解説】〈There is S to be ＋過去分詞〉を思い出して（→ 30 課），Small blame is to be attached ... と考える。in that = because。

98 演習 98 (問題→本冊：p.197)

> We often hear the expression, “Stop and smell the roses,” which encourages us to make time to enjoy the simple things in life, be it a walk in the park, a talk with a child, or nothing more than lying quietly and letting your mind wander, experiencing the sounds and smells around you.

【全文訳】私たちはよく「立ち止まってバラの香りをかいでみなさい」という言葉を耳にするが，それは私たちに生活の中のごくありふれたもの ― それが公園での散歩であれ，子どもとの会話であれ,身の回りの音やにおいに触れながらただじっと横になってあれこれ思いを巡らすのであれ ― を楽しむ時間を作るように勧めているのだ。

【解説】第 1 文の引用部分“Stop ...”は expression の**同格語**で，かつ関係代名詞 which の先行詞。〈**encourage O to Ⓥ**〉の to Ⓥは補語になっている。to enjoy 以下は time を修飾する形容詞的用法の to Ⓥ。be it a walk 以降は〈**be it C**〉で，C は a walk から lying ... and letting ...（この 2 個の動名詞はセット）3 個。nothing は副詞，で more than ... を修飾している。実質的に nothing more than は only と同じ意味。**let** は**使役動詞**なので，wander は原形。**experiencing** は前の 2 つの動名詞を修飾する**分詞構文**である。

99 演習 99 (問題→本冊：p.199)

> Sadly the world is not at all like those school mathematics problems in which all the information you need is given and all you have to do is to apply the right process and extract the result. Alas!

【全文訳】悲しいことに，この世の中は，必要なすべての情報が与えられ，せいぜい適当な方法を当てはめて結果を引き出せばいい学校の数学の問題とはまったく異なる。ああ悲しいかな。

【解説】文頭での文修飾の Sadly は「悲しことに」。**those** は訳す必要がない。

those ... in which ...（→14 課）。like 以下は is の補語。[you need] は information に対する**接触節**。以下の構造を押さえる。

all [(that) you have] (to do)
O S Vt

100 演習 100

（問題→本冊：p.201）

> She entered the station twenty minutes before the train was due, since her parents had impressed upon her that she would not miss it. If she did, she would cause the friends with whom she was going to stay to make two journeys to meet her. She gave her luggage to a porter and showed him her ticket. To her horror he said that she was two hours too soon.

【全文訳】彼女は，両親が列車に乗り遅れないようにとしっかり言ったので，列車の到着時間 20 分前に駅に入った。もしも乗り遅れると，泊り先の友達を出迎えに 2 往復させることになるよ（と両親は言った）。彼女は赤帽に荷物を渡して切符を見せた。ぞっとしたことに，赤帽は 2 時間も早過ぎると言った。

【解説】If she did, she would ... の did は missed the train と同じだが，仮定法ととるのは無理。第 1 文の she would と下線部の she would を重ねてみる。すると，この部分は両親の言ったこと。To her horror の to は**結果の前置詞**で to **「～なことに」**。第 2 文は以下の構造をつかむこと。

she	would cause	the friends	(to make)
S	Vt	O	C →（不）(vt)

［with whom she was ... stay］は friends を修飾する関係詞節。

桐原書店